AutoCAD

自動化

攻略読本

鈴木裕二 著

はじめに

筆者の経験した話です。新人 2 人に杭の配置図を作成する仕事を頼みました。円と座標寸法を作成する仕事です。Excel シートにある座標値と直径を読み取って円を配置し、そこに寸法を入れる作業です。10 本ほどの杭の配置ですから、チェックを含めても 1 日もかかりません。

数日後に杭の本数が 200 本の図面を作らなければいけなくなりました。20 倍のボリュームです。

A 君は「前回で慣れていますし、図面は 2 ～ 3 枚ですから 3 日もあればできると思います」
B 君は「1 日でできます。前回の仕事のときマクロを作っておきましたから」

A 君は Excel に記載された座標を目で見て覚え、あるいはコピー＆ペーストで AutoCAD に入力して円をかきます。円の中心を間違わないようにクリックして座標寸法を作成します。これを 200 回繰り返します。たぶん 20 回を超えたあたりからミスが発生します。杭の半径を間違う、座標寸法の寸法線が水平じゃない、長すぎる、こんなミスです。このミスをなくす B 君のマクロを使う方法が「自動化」です。

もう一つ B 君の方法には利点があります。作られたマクロを保存して共有しておけば、次に誰が作業しても同じ書式の杭の配置図ができあがります。手順を細かく書いたマニュアルは不要です。うまくいけばワンクリックで図面ができあがります。B 君によって杭配置図作成の「仕組み」づくりができました。

さらにもう一つ、B 君の方法には可能性があります。上流の設計段階の構造計算データとこのマクロをつなぐ、下流の杭打ち機が使うデータとつなぐ、現場検査用の測量データとつなぐ可能性です。「つなぐ」ことで業務全体を変えることができます。

小さな B 君のマクロに「自動化」「仕組みづくり」「つなぐ」という流行のキーワードを見ることができました。

■本書で取り上げる自動化

本書では、アクションレコーダから始まり、スクリプト、メモ帳や Excel を使ったコマンド実行、コマンドマクロ、AutoLISP、VBA の順に解説しています。どんなことができるのか、その一例を次に紹介します。

複数の円を作図

Excel などに円の中心座標が並んだデータがあるとして、そのデータを使って一気に複数の円を作成します。処理はすべて Excel シート側でおこない、AutoCAD のコマンドウインドウにそのデータを貼り付けるだけです。Excel と連携することで作図作業を一気に進めるテクニックです。

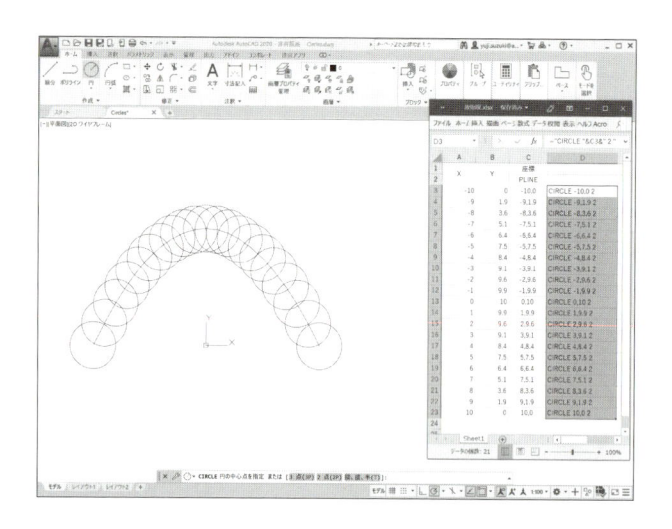

円に寸法を記入

円をかいて同時に座標寸法を記入するコマンドを作ることができます。2 つ以上の手順を 1 つにまとめるコマンドを作る自動化テクニックです。これはコマンドマクロを使って実現します。

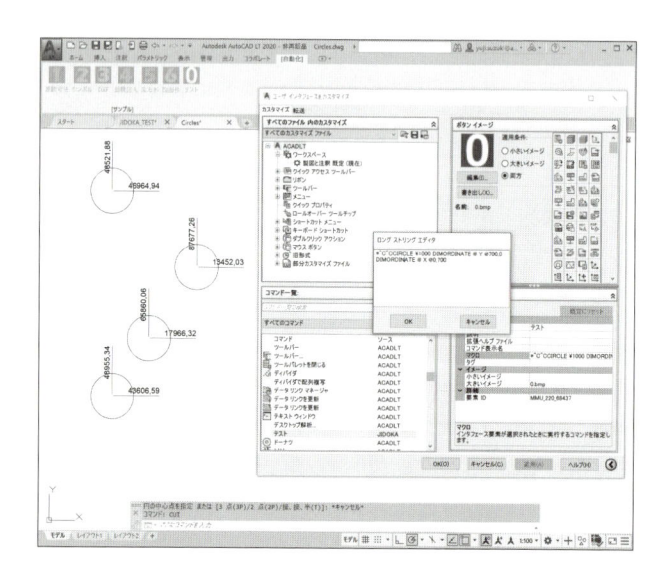

連続番号を配置

　10 個でも 100 個でも複数の円を、クリックだけで作成して寸法を記入し、中心座標値の小さい順に連続番号を文字として記入する、こうなるとプログラムの登場です。AutoCAD では AutoLISP、VBA、.Net、ARX、JavaScript というプログラムによるカスタマイズをおこなうことができます。本書ではこのうち比較的取り組みやすい AutoLISP、VBA を取り上げます。

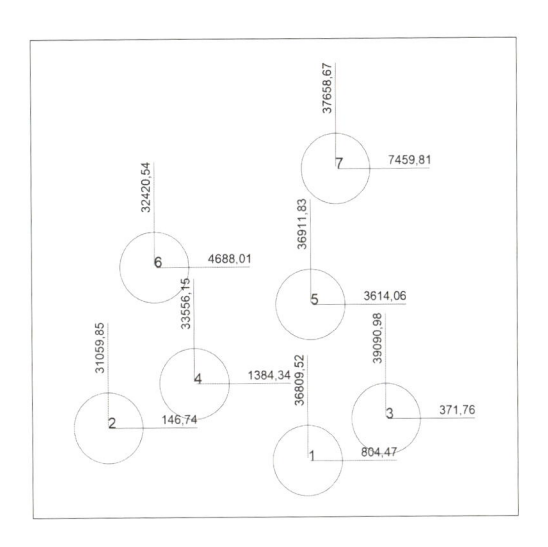

■ AutoCAD LT でできること・できないこと

　「AutoCAD LT でどんなカスタマイズが可能ですか？」とよく聞かれます。

　本書で解説したリボンなどのユーザインタフェースやコマンドマクロを作成することは可能です。円と座標寸法をかくコマンドマクロは可能ですが、複数の円の中心座標を調べて小さい順から番号を打つというようなことは、プログラムを使えない AutoCAD LT ではできません。したがって、AutoLISP、VBA を解説する 4 章と 5 章は、AutoCAD LT は対象外となります。

　その分といっては何ですが、AutoCAD LT で効果を十分に発揮するコマンドマクロの DIESEL 式（P.75）について、複数の例と解説を追加しています。AutoCAD LT でも業務をラクにする自動化は可能です。ぜひ参考にしてみてください。

　どうせなら AutoCAD で 3D の図形を作るプログラムも載せたい、.Net でカスタマイズの入り口だけでも、自動ロードのテクニックは詳しく、インターネットでは得にくいプロテクト関連の情報も解説しよう、とこの本に取りかかったとき筆者の夢はふくらみました。が、そこまで 1 冊に入りきりませんと編集者に指摘されました。では何を取り上げ、何をあきらめるかです。誰でもが無償で手に入れることのできるツールであること、特別な知識がなくても今すぐ取りかかれることを条件にテーマとしました。そんな編集者とのやりとりでできあがった本です。読者のみなさんはぜひ、ご意見、感想を質問シートでお寄せください。

　編集者のエクスナレッジ杉山さんからはそんなアドバイスをいただき、オートデスク社のみなさんには最新の情報を提供していただきました。感謝いたします。

2019 年 11 月　鈴木 裕二

Contents

Chapter 1　AutoCADコマンドでできる自動化

Chapter 2　コマンド作成の基本

Chapter 3 コマンドマクロの応用

Chapter 4 AutoLISP で自動化

Appendix

練習用ファイルのダウンロード

本書の操作練習で使用できるファイルを、以下のエクスナレッジサポートページからダウンロードできます。下記ページの記載事項を必ずお読みになり、ご了承いただいたうえで付録ファイルをダウンロードしてください。

http://xknowledge-books.jp/support/9784767826820

ダウンロード

●本データは、ZIP形式で圧縮されています。ダウンロード後は解凍（展開）して、デスクトップなどわかりやすい場所に移動してご使用ください。ZIP形式ファイルの解凍（展開）方法は、ご使用のWindowsなどOSのヘルプやマニュアルを読んでご確認ください。

●練習用ファイルは、AutoCAD／AutoCAD LT 2018以降のバージョンに対応しています。2017以前のバージョンには対応していません。

●「.lsp」「.dvb」ファイルは、AutoCAD LTでは使用できません。

●以下のリンクをクリックするとダウンロードが開始されます。ダウンロードデータの保存方法、保存先などはご使用のWebブラウザの種類やバージョンによって異なります。ご使用のWebブラウザのヘルプやマニュアルを読んでご確認ください。

■ 練習用ファイル
　▶ autocad_jidoka.zip [126.55KB]

■練習用ファイル

練習用ファイルのリンクをクリックすると、ダウンロードできます。ダウンロードした ZIP ファイルを解凍（展開）すると、「AutoCAD_jidoka」フォルダーが表示されます。操作練習で使用できるファイルは、章（Chapter）ごとに収録しています。

練習用ファイルの対応バージョンは AutoCAD ／ AutoCAD LT 2018 以降です。それより前（2017 以前）のバージョンではファイルを使用できません。Excel は Excel 2007 以降のバージョンに対応しています。

「Circles.lsp」「Circles.dvb」は AutoCAD LT では使用できません。

Chapter 1

AutoCAD コマンドで できる自動化

1.1 アクション レコーダ

AutoCAD にはプログラムの知識がなくても実行できる、かんたんな自動化コマンドが用意されています。AutoCAD のリボンに標準で用意されている「アクション レコーダ」から紹介します。アクション レコーダは、AutoCAD LT にはない AutoCAD のみの機能です。

1.1.1 アクション レコーダを使う

アクション レコーダとは、コマンド操作を記録して、それを再生して使う機能のことです。記録された操作は**アクション マクロ**として保存されます。ただし、連続操作やアレンジが必要な操作の自動化には向いていません。よく使う一連の単純操作を登録しておけば、効率化に役立ちます。

AutoCAD の「管理」タブに「アクション レコーダ」パネルがあり、この中の「記録」や「再生」のコマンドでアクション レコーダを操作します。なお、**アクション レコーダは AutoCAD LT では使うことはできません**。

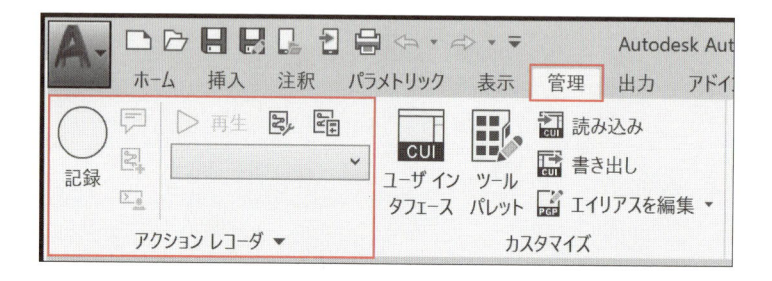

それでは、次の例でアクション レコーダを操作してみましょう。（3000,1500）の点を中心とした円を作成し、座標寸法を入力する操作です。

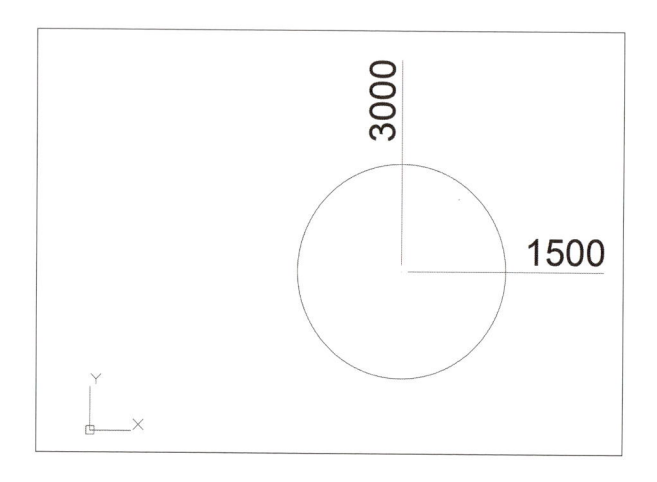

❶「管理」タブの「アクション レコーダ」パネルにある「記録」をクリックします。ボタンが「停止」に変わり「アクションツリー」が表示されます。

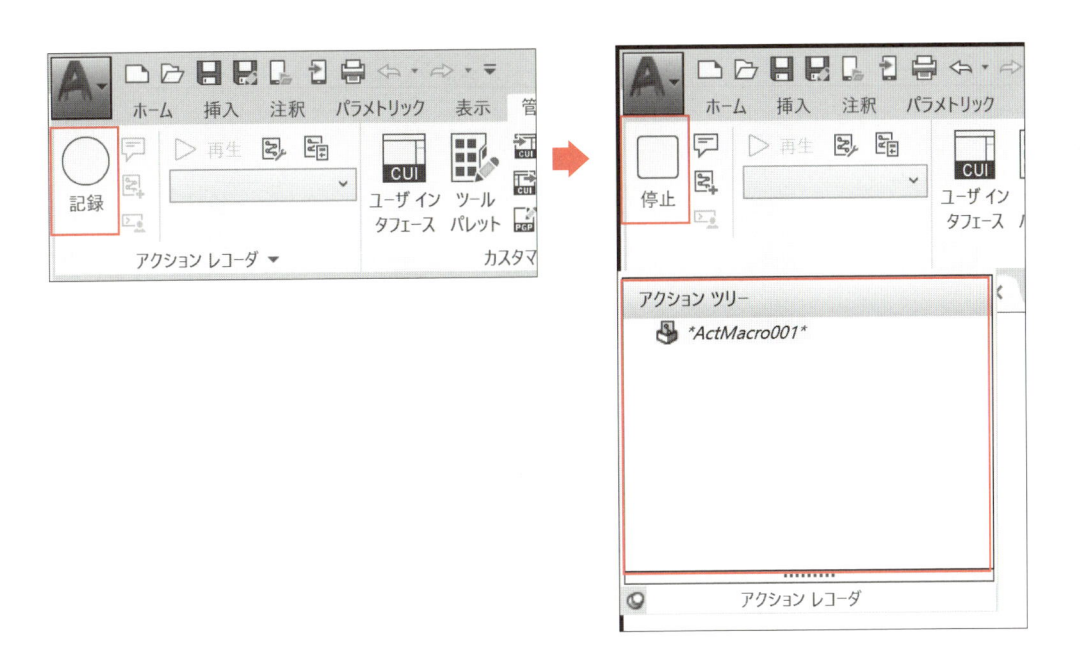

❷ 記録したい操作を実行します。「ホーム」タブの「作成」パネルにある「円」をクリックして、CIRCLE（円）コマンドを実行します。

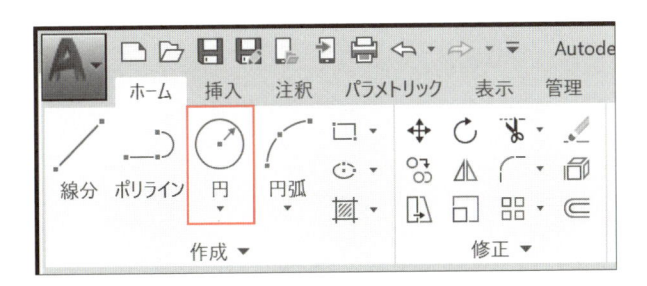

1

AutoCAD コマンドでできる自動化

❸ 円の中心点「3000,1500」を入力し、続けて円の半径「1000」を入力すると円が作図されます。

❹ 座標寸法を入力します。「ホーム」タブの「注釈」パネルにある「長さ寸法」のドロップダウンから「座標寸法」をクリックし、DIMORDINATE（座標寸法）コマンドを実行します。

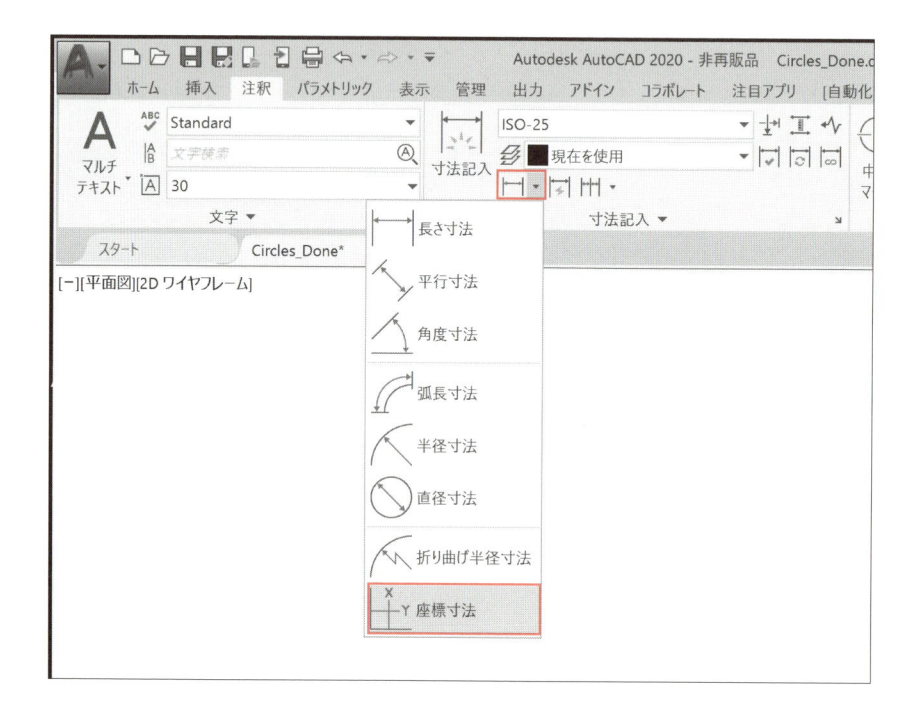

❺ 最初にY方向の座標寸法です。「起点の位置」として円の中心 **a** をクリックし、「引出線の終点」として **b** のあたりでクリックします。

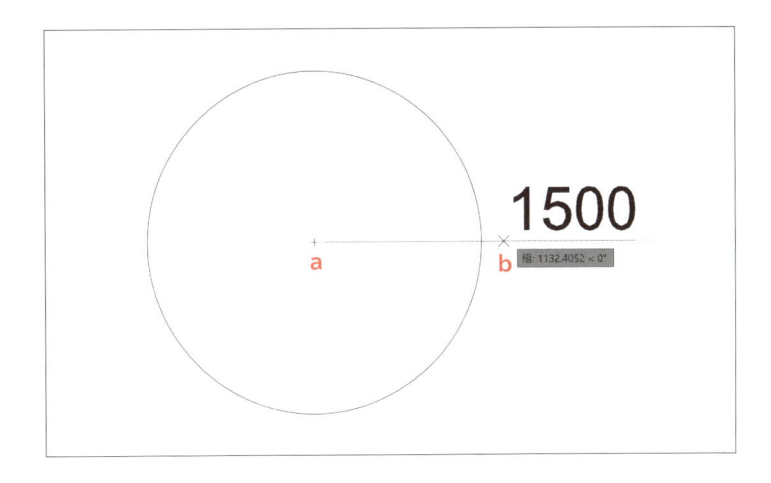

⑥ X方向の座標寸法も、円の中心 **a** と **c** のあたりのクリックで作成します。

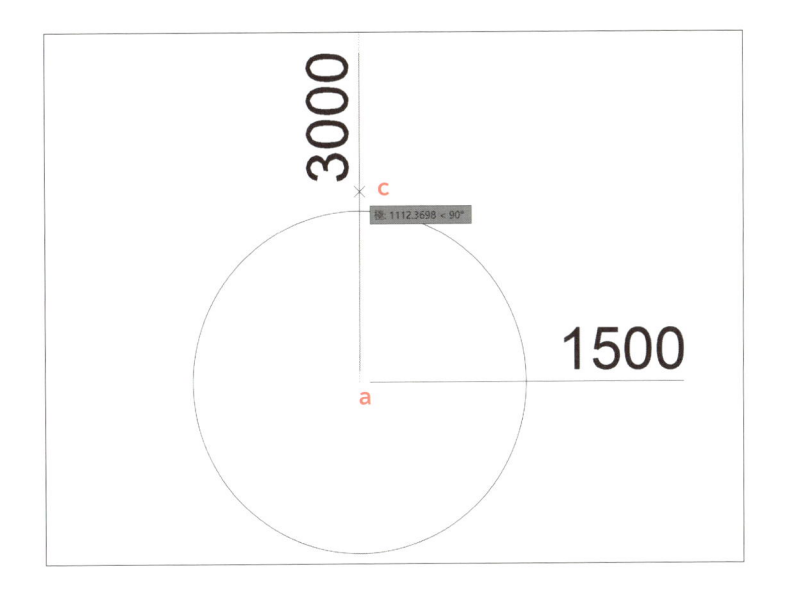

⑦ 作図した円と座標寸法が見えるように調整したら、「アクションレコーダ」パネルの「停止」をクリック
して記録を終えます。

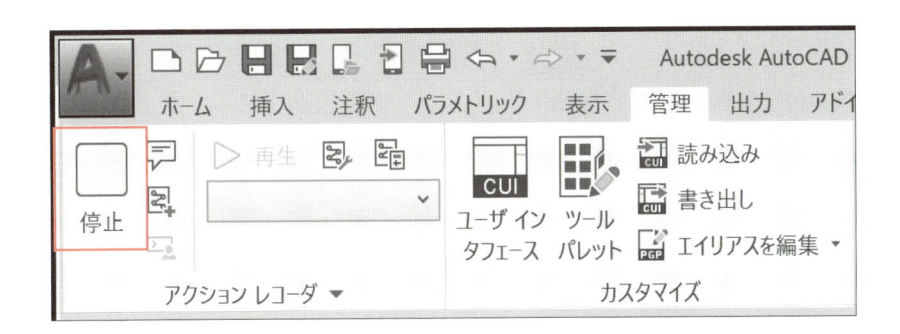

❽ 「アクション マクロ」ダイアログボックスが表示されます。「アクション マクロ コマンド名」が「ActMacro001」となっていますが、ここでは何も変更せずに [OK] ボタンでダイアログボックスを閉じます。ここまでの操作が「ActMacro001」というアクション マクロとして保存されました。

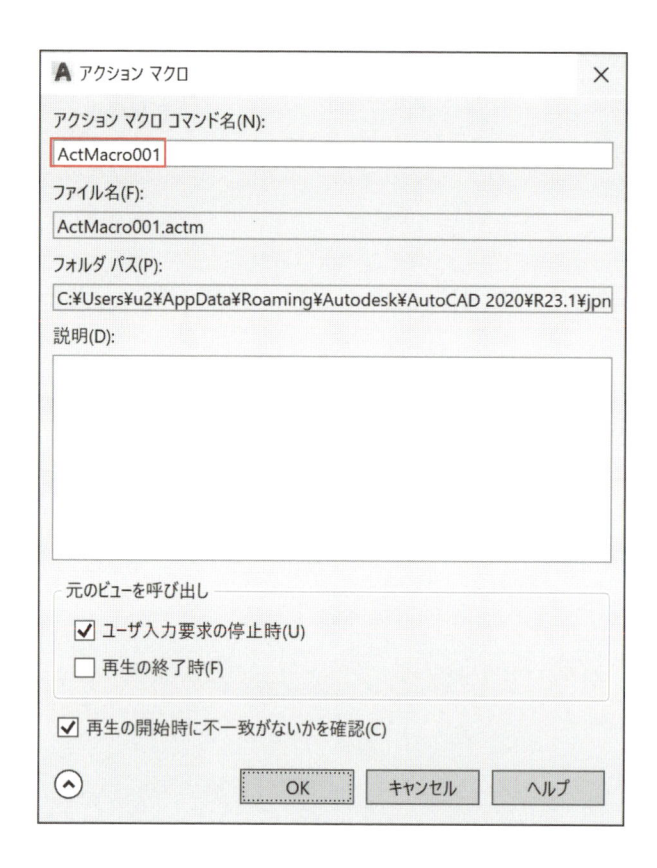

❾ 作図ウインドウに描かれた円と座標寸法をいったん削除します。「アクション レコーダ」パネルで「有効なアクション マクロ」が「ActMacro001」になっていることを確認して、「再生」をクリックします。

❿ 図のようなメッセージが表示されて、さきほどの円と座標寸法と同じ図形が自動的に作図されました。

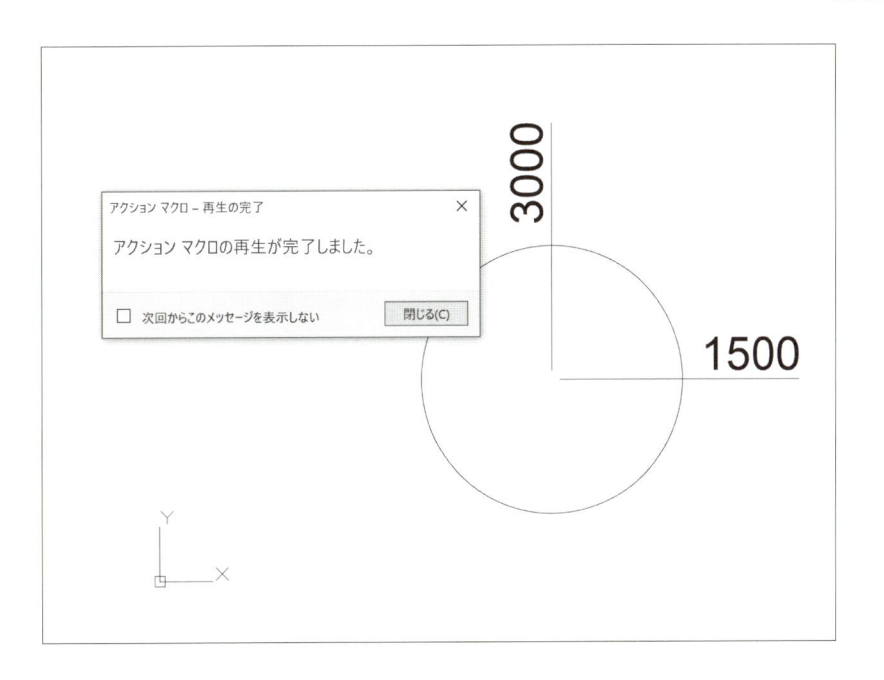

1.1.2 アクション マクロを編集する

「アクション レコーダ」パネルのパネル名の▼をクリックすると、**アクション ツリー**に記録された
コマンドやオプションが表示されます。これらの項目を削除したり、ユーザー入力の要求に置き換えた
りすることで、アクション マクロの編集ができます。

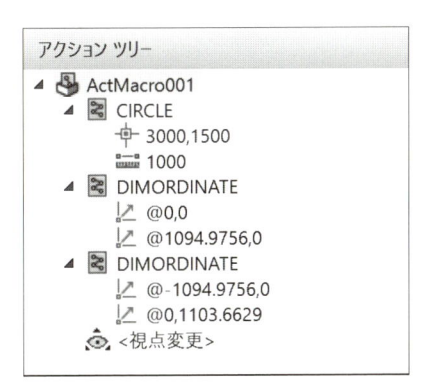

アクション ツリーに記録されたコマンド

　前項の円と座標寸法のアクション マクロは特定の位置（3000,1500）に作図するので、ツールと
しては実用的ではありません。どこをクリックしてもその位置に円と座標寸法を作図するように、編集
してみましょう。

❶「アクション レコーダ」パネルの▼をクリックして、「ActMacro001」のアクション ツリーを表示し
ます。

❷ （3000,1500）ではなく、ユーザーが指定した点に円を作図したいので、「CIRCLE」コマンドの下に
表示されている「3000,1500」を選択し、右クリックして「ユーザ入力を要求」を選択します。

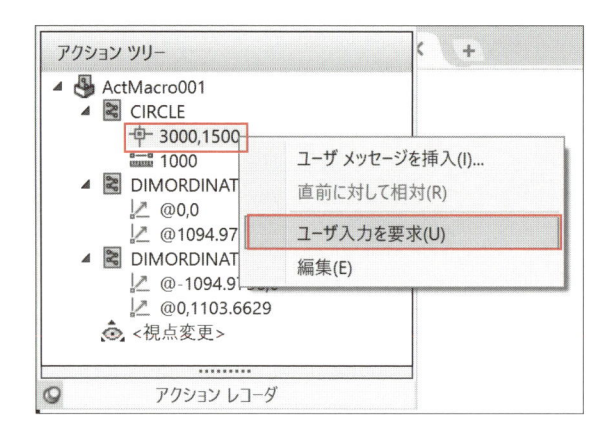

❸ 「3000,1500」の文字が薄くなり、斜体に変わります。アイコンもユーザー入力を示すデザインに変
更されました。

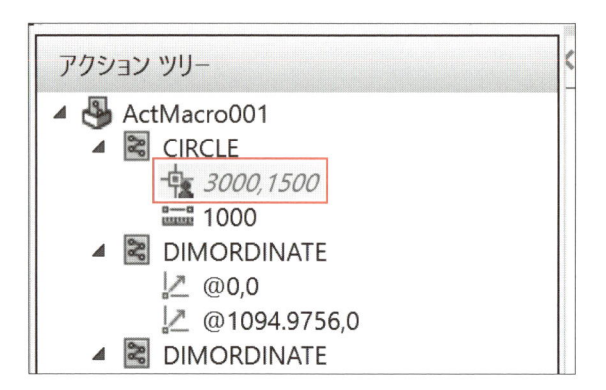

❹ 最後に表示位置を調整した「＜視点変更＞」は不要なので、選択して右クリックし、「削除」を選択しま
す。

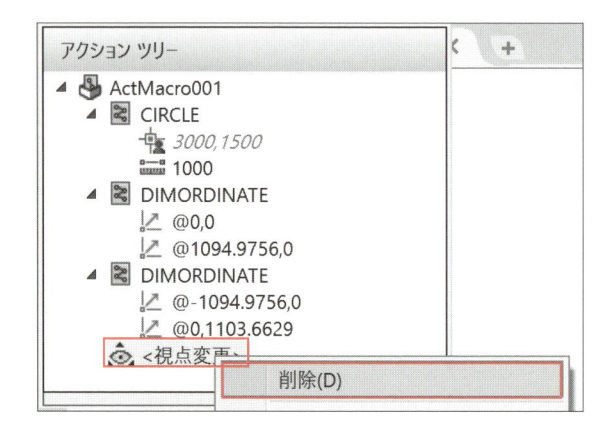

❺ これで「ActMacro001」の編集は完了です。「再生」をクリックします。

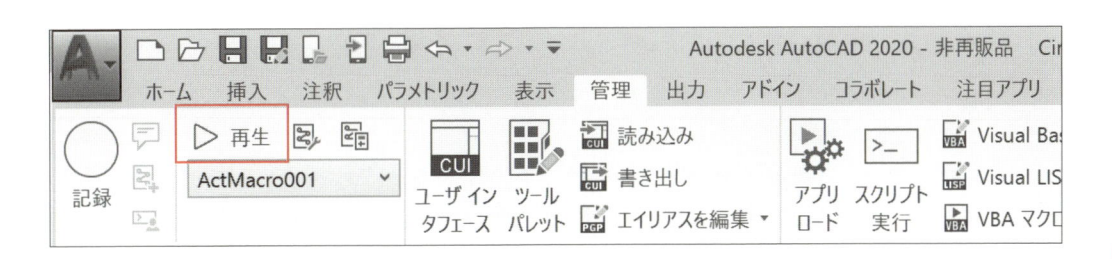

❻ 最初に「円の中心点を指定または」というユーザー入力の要求が表示されるようになりました。クリックした位置に円と座標寸法が作成されることを確認します。

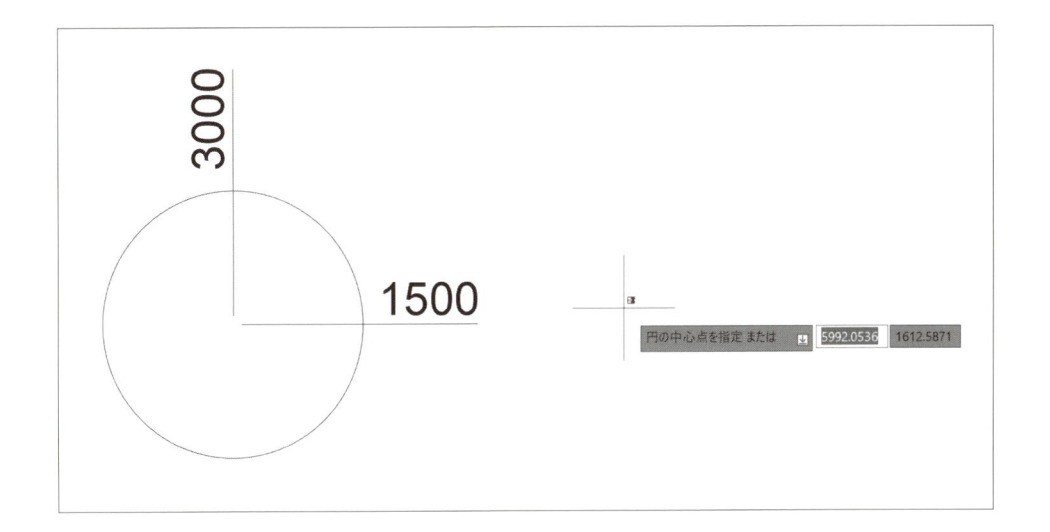

　アクション マクロは小さな編集などは可能ですが、繰り返し制御ができなかったり、コマンドマクロ（P.45）における「変数」（P.84）がないことなどから、Excel のマクロレコーダーのようにプログラムとして使うことができません。自動化というには制限のあるツールです。

　しかし利点は手軽なことです。ちょっとした操作をすぐ記録して再生できる点には利用価値があります。この作業は単純作業で面倒くさいな、と思ったらアクション レコーダの利用を検討してみてください。

1

AutoCAD コマンドでできる自動化

1.2 スクリプト実行

スクリプトファイルとは AutoCAD のコマンド文字列を並べたファイルです。AutoCAD と AutoCAD LT では SCRIPT（スクリプト実行）コマンドが使えます。スクリプトファイルの内容を読みこんで、コマンドを実行する機能です。

1.2.1 スクリプト実行を使う

スクリプトファイルとは AutoCAD の**コマンド文字列**を並べたファイルで、拡張子は「**.scr**」です。AutoCAD では「管理」タブの「アプリケーション」パネルに「スクリプト実行」があります。AutoCAD LT では、リボンに実行ツール（ボタン）はありませんが、キーボードから「SCRIPT Enter 」と入力して SCRIPT（スクリプト）コマンドを実行できます。

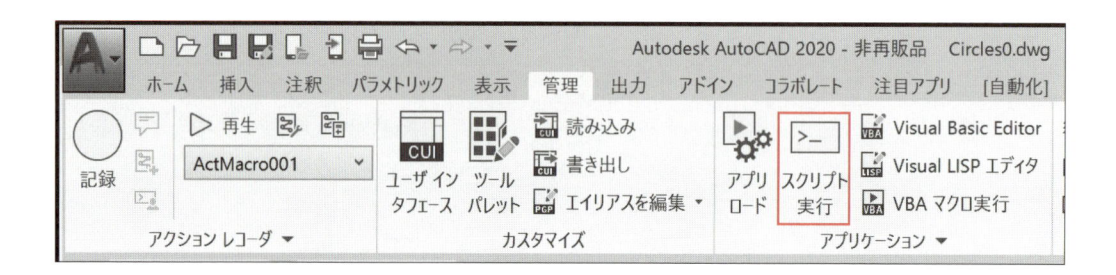

コマンド文字列については次章で詳しく解説しますので、ここではスクリプトファイルの実行方法を確認してください。P.12 のアクション レコーダで作成した（3000,1500）を中心点とした円に座標寸法を入力するスクリプトファイルを作成してみましょう。

❶「メモ帳」などのテキストエディタを開き、次のように入力して保存します。保存したファイルの拡張子を「.txt」から「.scr」に変更します。

```
CODE
CIRCLE
3000,1500
1000
DIMORDINATE
@
Y
@700,0
DIMORDINATE
```

```
@
X
@0,700
```

❷ AutoCADでは「管理」タブの「アプリケーション」パネルにある「スクリプト実行」をクリックして **SCRIPT**（スクリプト）コマンドを実行します。AutoCAD LT ではコマンドラインに「SCRIPT [Enter]」と入力します。

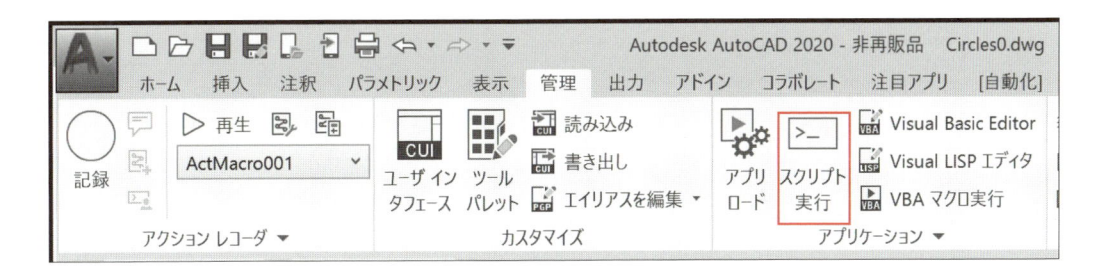

❸「スクリプト ファイルを選択」ダイアログボックスが表示されます。作成したスクリプトファイル（ここでは「TEST.scr」）を選択して、[開く]ボタンをクリックします。

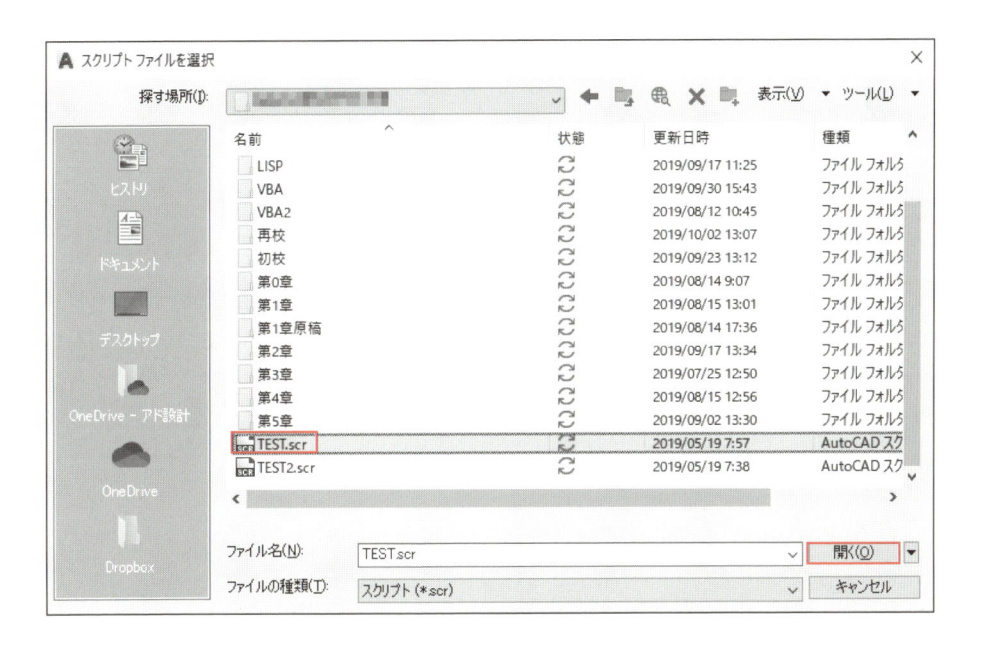

1

AutoCAD コマンドでできる自動化

④ スクリプトファイルに書かれたコマンドが実行されます。

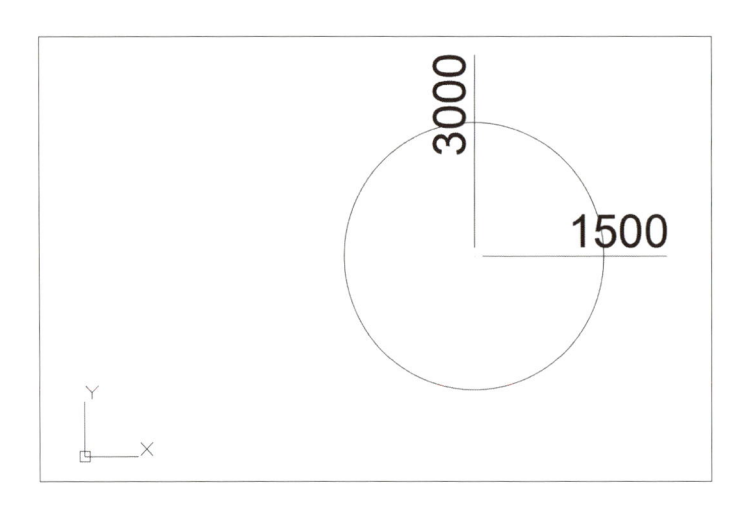

　このように自動化の雰囲気は味わえたと思いますが、スクリプトファイルも前項のアクション レコーダと同じく、変数や繰り返しの機能を持ちません。また、後述するシステム変数（P.74）や DIESEL 式（P.77）も使えないので、やはり複雑な自動化作業には向いていません。

（P.74）（P.77）

1.2.2　スクリプトでファイルを操作する

　スクリプトファイルにはアクション レコーダや次章で解説するコマンドマクロにはない大きな特徴があります。それは図面ファイルの操作ができるということです。スクリプトは複数の図面を操作することもできます。

　たとえば次のような名前のファイルを作成しておき、そのファイルを次々と開くスクリプトファイルをつくって実行してみましょう。ここでは「C:¥book」フォルダーに 5 つのファイルがあるものとして、次のように入力します。パス名の区切り文字は、「¥」と「/」のどちらでもかまいません。ファイル名にスペースを含む場合は、パスを「"」で囲みます。

CODE

```
OPEN C:/book/Drawing1.dwg
OPEN C:/book/Drawing2.dwg
OPEN C:/book/Drawing3.dwg
OPEN C:/book/Drawing4.dwg
OPEN C:/book/Drawing5.dwg
```

　このスクリプトを実行すると指定した 5 つの図面ファイルが開きます。どのコマンド ウインドウにも図面ファイルを開く OPEN コマンドの実行結果は表示されていません。図面ごとのコマンド ウインドウより上位でスクリプトが実行されたからです。

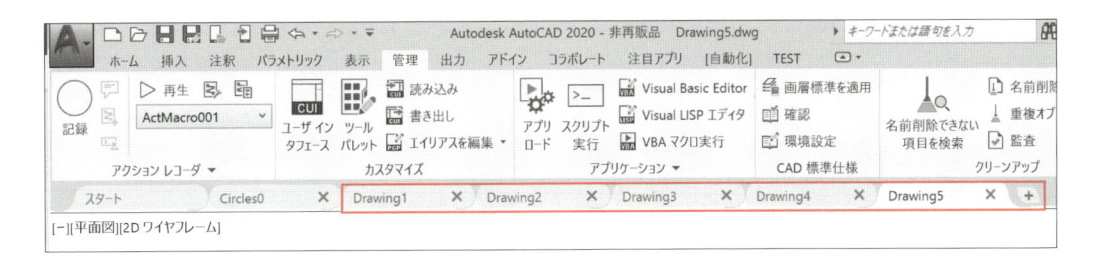

　図面を開いただけでは役に立ちそうもありませんが、これら 5 つの図面ファイルを 2000 形式の DXF ファイルとして保存するスクリプトを考えてみましょう。保存した後はファイルを閉じるようにします。

　このスクリプトの基本は次の 3 行です。**OPEN**（開く）コマンドでファイルを開き、**SAVEAS**（名前を付けて保存）コマンドで DXF かつ 2000 バージョン形式を指定したら、名前（ここでは「AAA_2000」）を付けて保存します。最後に **CLOSE**（閉じる）コマンドでファイルを閉じるという流れです。

CODE

```
OPEN C:/book/Drawing1.dwg
SAVEAS DXF V 2000 16 C:/book/AAA_2000
CLOSE
```

　このスクリプトを実行すると、Drawing1.dwg のコマンド ウインドウには次のように表示されます。

COMMANDLINE

コマンド : SAVEAS
現在のファイル形式 : AutoCAD 2018 図面
ファイル形式を入力 [R14(LT98&LT97)/2000(LT2000)/2004(LT2004)/2007(LT2007)/2010(LT2010)/2013(LT2013)/2018(LT2018)/ 標準仕様 (S)/DXF(DXF)/ テンプレート (T)] <2018>: DXF
現在の DXF の設定 : 精度 = 16 形式 = ASCII プレビュー = いいえ バージョン = 2018
精度として小数点以下の桁数 (0 から 16) を入力 または [バイナリ (B)/ オブジェクトを選択 (O)/ プレビュー (P)/ バージョン (V)] <16>: V
バージョンを入力 [R12(LT2)/2000(LT2000)/2004(LT2004)/2007(LT2007)/2010(LT2010)/2013(LT2013)/2018(LT2018)] <2018>: 2000
精度として小数点以下の桁数 (0 から 16) を入力 または [バイナリ (B)/ オブジェクトを選択 (O)/ プレビュー (P)/ バージョン (V)] <16>: 16
図面に名前を付けて保存 <C:\book\Drawing1.dxf>: C:/book/AAA_2000

　開くファイルが見つからなかった場合や、保存先と同名のファイルがすでに存在している場合は、エラーになってそれ以降のコマンドは実行されないので注意しましょう。

　この基本のスクリプトを元に、5 つの図面ファイルを 2000 形式の DXF ファイルとして保存するスクリプトは次のようになります。

```
OPEN C:/book/Drawing1.dwg
SAVEAS DXF V 2000 16 C:/book/AAA_2000
CLOSE
OPEN C:/book/Drawing2.dwg
SAVEAS DXF V 2000 16 C:/book/BBB_2000
CLOSE
OPEN C:/book/Drawing3.dwg
SAVEAS DXF V 2000 16 C:/book/CCC_2000
CLOSE
OPEN C:/book/Drawing4.dwg
SAVEAS DXF V 2000 16 C:/book/DDD_2000
CLOSE
OPEN C:/book/Drawing5.dwg
SAVEAS DXF V 2000 16 C:/book/EEE_2000
CLOSE
```

決してスピードは速くはないですが、ファイルを開き、名前を付けて保存、閉じるという操作が進んでいく様子をみれば、まさに「自動化」を実感できるのではないでしょうか。

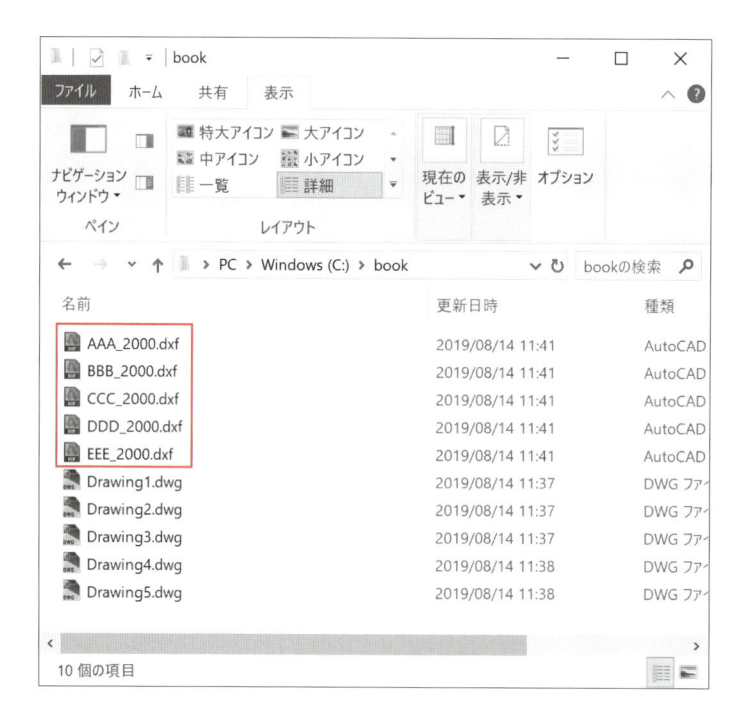

> **Column** AutoCAD 起動時にスクリプトファイルを実行

スクリプトを実行するテクニックとして、AutoCAD 起動時にスクリプトファイルを実行するという方法があります。デスクトップなどにある AutoCAD を実行するショートカットのプロパティを見てみます。次の図は AutoCAD 2020 の例です。「リンク先」には次のように書かれています。

```
"C:¥Program Files¥Autodesk¥AutoCAD 2020¥acad.exe"  /product ACAD /
language "ja-JP"
```

　正確な意味でのリンク先は acad.exe ファイルですが、その後に「/product」や「/language」と付いています。これは acad.exe 実行時の**コマンドライン スイッチ**と呼ばれるオプションです。これらに続けてスクリプトファイルを指定する「**/b**」のコマンドライン スイッチを追加し、スクリプトファイル名を書きます。

```
"C:¥Program Files¥Autodesk¥AutoCAD 2020¥acad.exe"  /product ACAD /
language "ja-JP" /b "C:¥book¥TEST2.scr"
```

　このショートカットから AutoCAD を起動すると、5 枚の図面を開き名前を付けて保存という処理を自動で行ないます。スクリプトの内容を変えれば、図面への加筆なども可能です。スクリプトをよく使うなら、標準の AutoCAD ショートカットをコピーして、スクリプトを実行する AutoCAD のショートカットを別につくっておくと便利です。
「/product」や「/language」に続けて使えるコマンドライン スイッチを次ページにまとめました。

AutoCAD 2020 -
日本語 (Japanese)

AutoCAD 2020 -
スクリプト実行

■コマンドライン スイッチの種類

/b	スクリプトファイル名を指定して実行
/c	環境設定フォルダーを設定
/ld	ARX と DBX アプリケーションをロード
/nohardware	ハードウェア アクセラレーションを無効にする
/nologo	製品ロゴ画面を表示しない
/nossm	[シート セット マネージャ] パレットを表示しない
/p	プログラム起動時のプロファイルを設定
/pl	バックグラウンド印刷
/r	既定のシステム ポインティング デバイス
/s	サポート フォルダーを設定
/safemode	すべての実行可能コードを無効にする
/set	シート セットを開く
/six	「作業」フォルダーから実行
/t	テンプレート ファイル名を指定して開く
/v	ビュー名を指定
/w	既定のワークスペースを指定

Chapter 2

コマンド作成の基本

2.1 コマンドを実行する さまざまな方法

AutoCAD は「コマンド」でできています。たとえば円をかく、図形を移動する、寸法を記入するなど、AutoCAD でできることすべてが、「コマンド」と呼ばれる英単語をキーボードから入力することで実行できます。この「コマンド」の使い方を知ることが AutoCAD 自動化の第一歩です。

2.1.1 ツールを使った一般的なコマンド操作

AutoCAD でコマンドを実行するときは、一般にメニューやリボンのツールをマウスでクリックして操作します。まず、リボンを使って円を作成する操作を確認しましょう。

❶ リボンの「ホーム」タブの「作成」パネルにある「円」をクリックします。

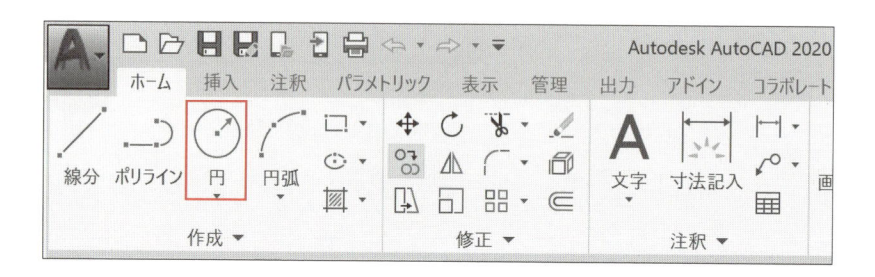

❷ コマンド ウインドウには、ユーザーに向けて「次はこれをしてください」と指示するプロンプトが次のように表示されます。「_circle」がコマンドです。「_ (アンダーバー)」は英語コマンドを意味する記号なので、「circle」が「円」コマンドの正体です。

COMMANDLINE

コマンド：_circle
円の中心点を指定 または [3 点 (3P)/2 点 (2P)/ 接、接、半 (T)]:

❸ 「円の中心点を指定」のプロンプトに従って、作図ウインドウの適当な点をクリックします。コマンドウインドウの表示が次のように変わります。

COMMANDLINE

円の半径を指定 または [直径 (D)]:

❹ 作図ウインドウに円が表示されます。ここでマウスをクリックして円の大きさを確定することもできますが、ここではマウスは使わずに、「円の半径を指定」とプロンプトに応えてキーボードから「1000 Enter 」と入力します。

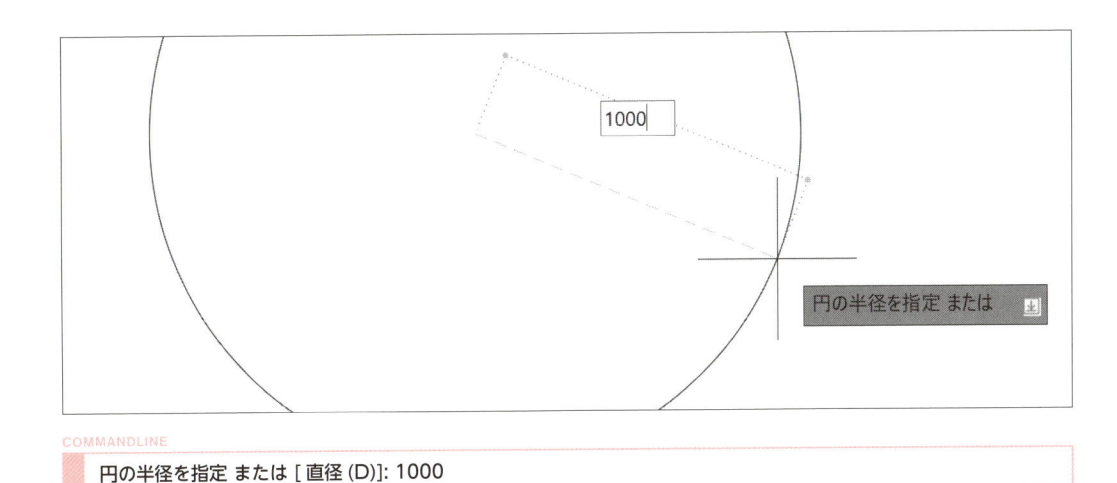

COMMANDLINE

円の半径を指定 または [直径 (D)]: 1000

❺ 半径1000の円が作成されました。

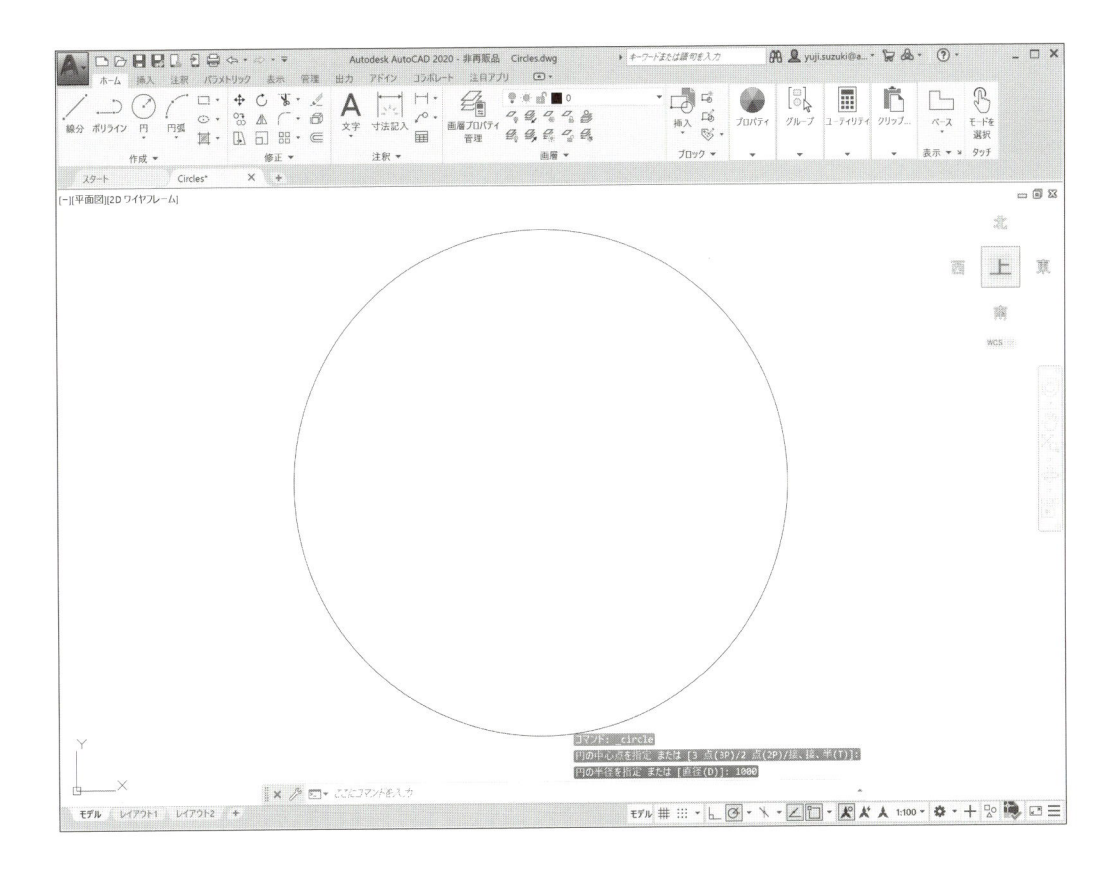

2.1.2 キーボード入力でコマンドを実行

　先ほどはリボンにある「円」ツールをクリックすることから始めましたが、今度はキーボードだけを使って円をかいてみましょう。マウスは使用禁止 です。円の中心は X = 3000、Y = 1500 の位置とします。

❶ 円を作成するコマンドは「circle」でした。AutoCADでキーボードから「CIRCLE Enter 」と入力します。コマンドは大文字でも小文字でもかまいませんが、全角文字は受け付けてくれません。ここでは見やすいように大文字を使います。

COMMANDLINE

> コマンド : <u>CIRCLE</u>

❷ 次に円の中心点「3000,1500」を入力し、最後に円の半径「1000」を入力します。

COMMANDLINE

> 円の中心点を指定 または [3 点 (3P)/2 点 (2P)/ 接、接、半 (T)]: <u>3000,1500</u>

> 円の半径を指定 または [直径 (D)]: <u>1000</u>

❸ 中心点の座標が (3000,1500) で、半径1000の円が作成できました。

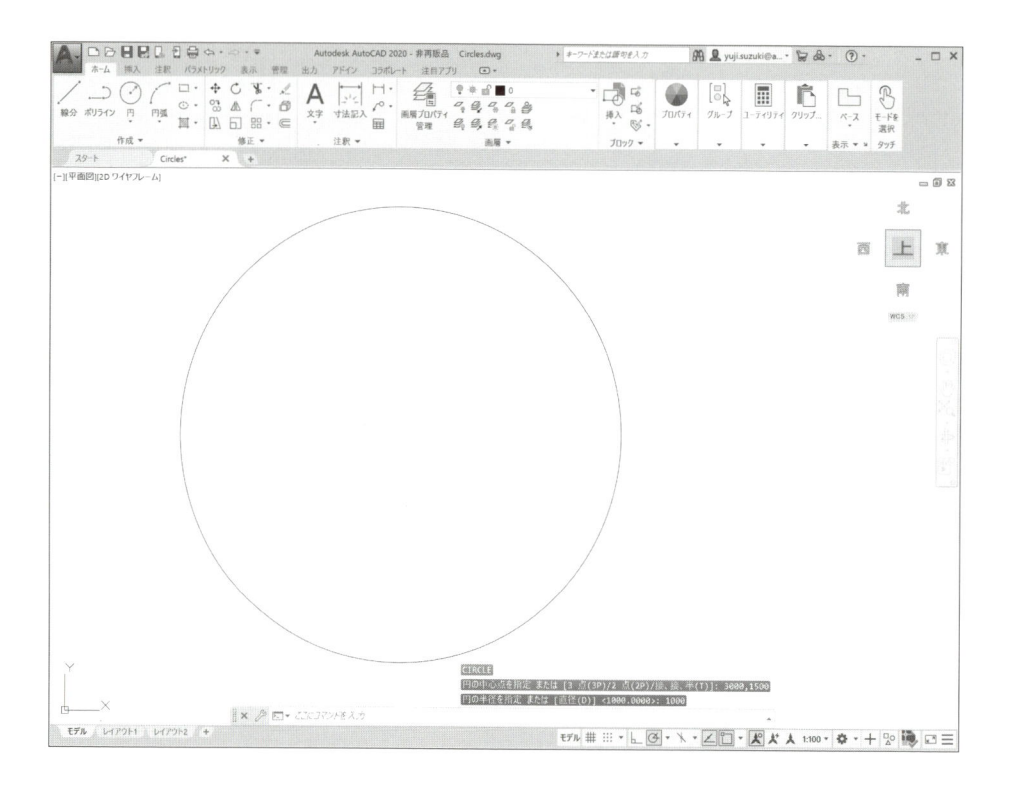

2.1.3 メモ帳を使ってコマンドを実行

メモ帳を使ってもコマンドを実行できます。先ほどキーボードから入力した文字列（下線部分）を書き出しました。この 3 行が X = 3000、Y = 1500 を中心とした半径 1000 の円をかく**コマンド文字列**です。1 章で解説したスクリプトもこのコマンド文字列で作成されています。

CODE
```
CIRCLE
3000,1500
1000
```

メモ帳を開き、この 3 行を書きましょう。全角は使用禁止ですので気をつけて書いてみてください。最後の「1000」の直後にも Enter キーを押して改行を入れておきます。書き終わったら次のように操作してみましょう。

❶ Ctrl + A キーでメモ帳に書いた 3 行を選択します。Ctrl + C キー、もしくは右クリックして「コピー」を選択し、クリップボードにコピーします。

❷ AutoCAD のコマンド ウインドウ内をクリックします。右クリックして「貼り付け」を選択します。

❸ 作図ウインドウに円が作図されます。

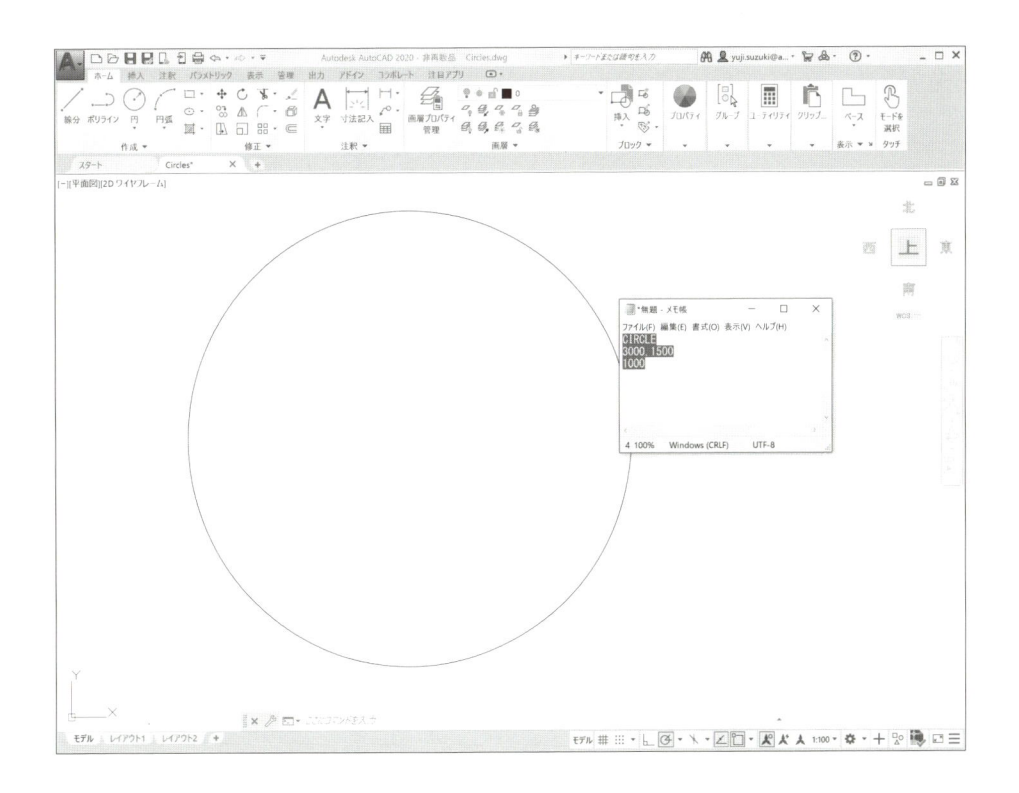

2

コマンド作成の基本

「なんだ、これくらいあたりまえじゃないか」の声が聞こえてきそうですが、次のようなテキストを
メモ帳で作成し、同じようにコマンド ウインドウに貼り付けてみたらどうでしょう。

```
CIRCLE
3000,1500
1100
CIRCLE
3000,1500
1200
CIRCLE
3000,1500
1300
CIRCLE
3000,1500
1400
CIRCLE
3000,1500
1500
CIRCLE
3000,1500
1600
CIRCLE
3000,1500
1700
CIRCLE
3000,1500
1800
CIRCLE
3000,1500
1900
```

　一度に 9 個の円をつくることができました。少しは AutoCAD 自動化の目標に近づいたのではない
でしょうか。

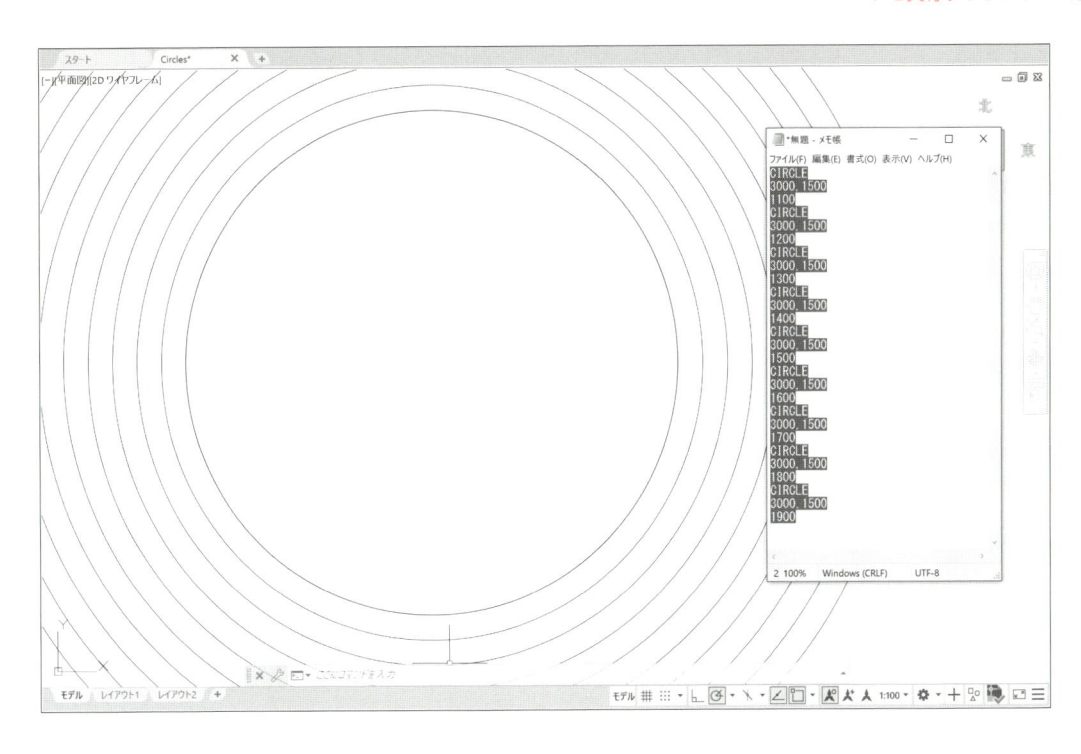

2.1.4 絶対座標と相対座標

前項で X = 3000、Y = 1500 の位置を「3000,1500」と X と Y の間に「,（コンマ）」を入れて表記しました。このような X = 0、Y = 0 の原点からの座標を**絶対座標**といいます。AutoCAD で作成した円の中心と原点の間に寸法を入れると次の図のようになります。

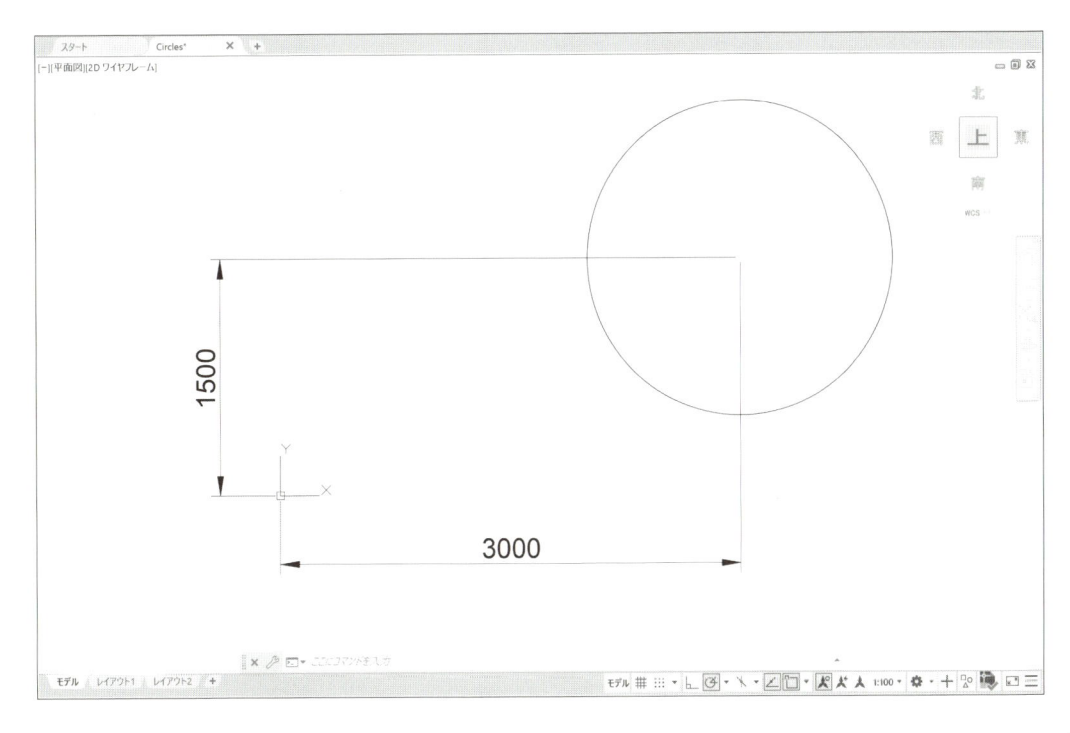

AutoCAD では**相対座標**も使えます。相対座標とは前回クリックした位置からの座標です。座標値の頭に「@（アットマーク）」を付けて「@-300,-150」のように書きます。前回クリックした位置そのものを指示する場合は「@0,0」と書かなくても「@」一文字で済ますことができます。メモ帳を開いて次のようなテキストを書いてみましょう。座標の前の @ を忘れずに。

CODE

```
CIRCLE
3000,1500
1000
CIRCLE
@-300,-150
1000
CIRCLE
@-300,-150
1000
CIRCLE
@-300,-150
1000
CIRCLE
@-300,-150
1000
CIRCLE
@-300,-150
1000
CIRCLE
@-300,-150
1000
CIRCLE
@-300,-150
1000
CIRCLE
@-300,-150
1000
```

　前項と同じようにコマンド ウインドウに貼り付けます。図のように最初にかいた円から、X 方向に -300、Y 方向に -150 ずつ離れた位置に 9 個の円が作図されました。-300 はマイナスが付いているので左に 300、-150 は同じく下方向に 150 という意味です。この相対座標を使うテクニックはいろいろな場面で応用できます。

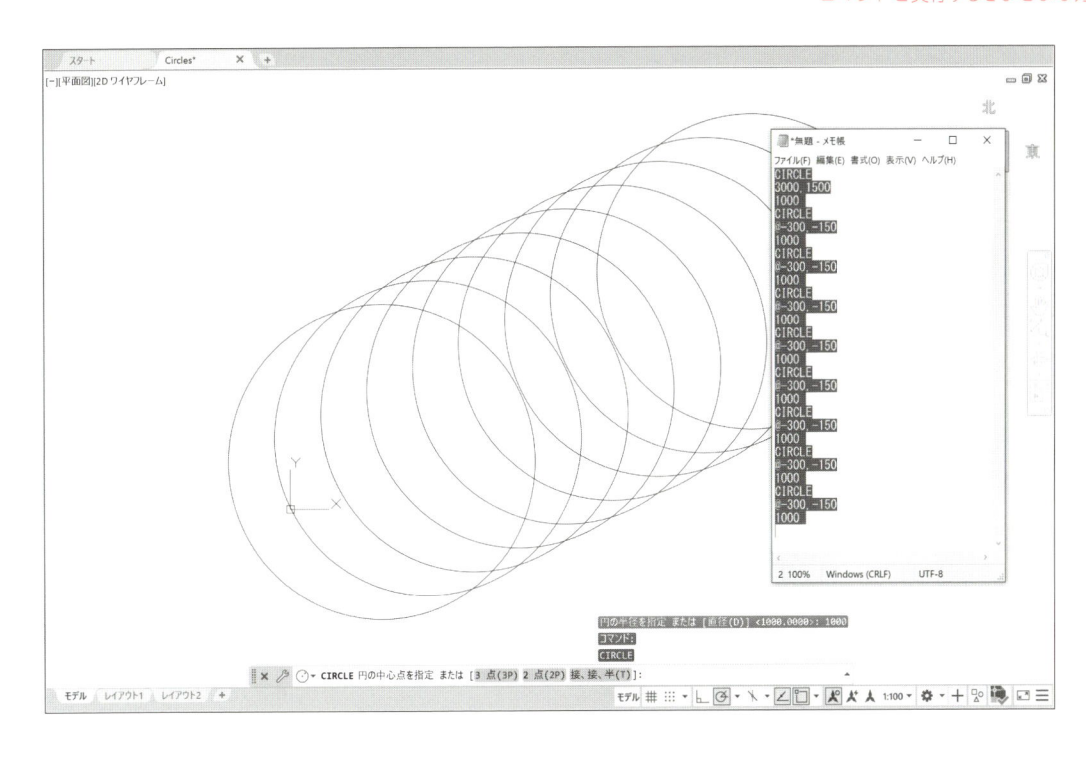

2.1.5 相対座標の振る舞い

　円をかいてそこに寸法を入力するコマンドを「@」を付けた相対座標で作成してみます。作図する
寸法は原点からの水平垂直の距離を示す「座標寸法」です。まずはリボンにあるコマンドで操作し
てみましょう。ここでは（3000,1500）の位置に半径1000の円をかいたところから始めます。
DIMORDINATE（座標寸法）コマンドは図の位置にあります。

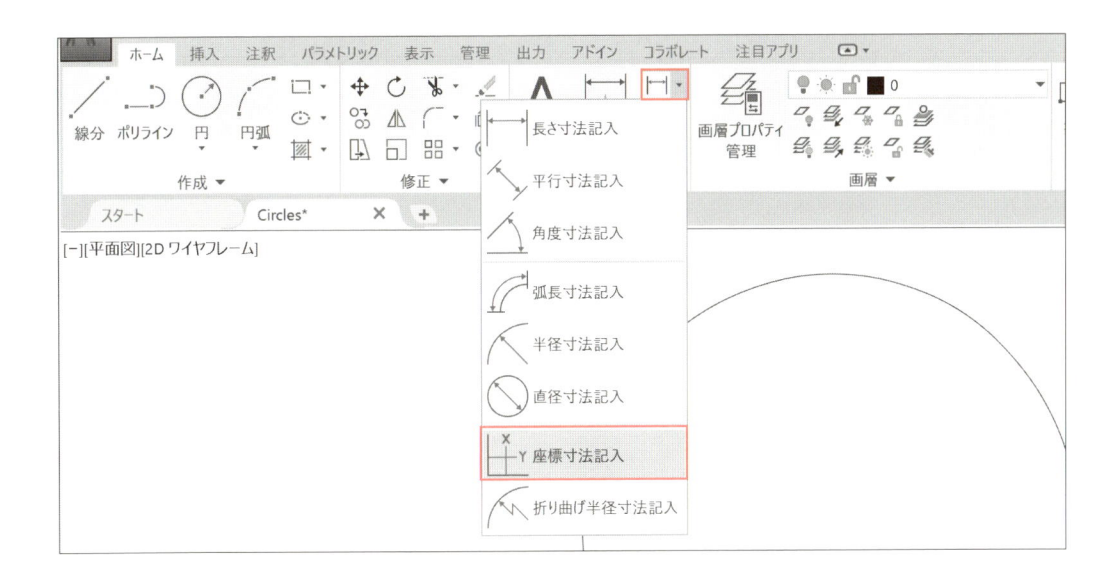

コマンドの実行手順です。

1 リボンからDIMORDINATE（座標寸法記入）コマンドを実行します。

2 円の中心点**a**をクリックします。

3 キーボードから「Y Enter 」と入力します。1500の寸法値が見えます。

4 マウスを右方向に動かして**b**の位置でクリックします。

5 もう一度リボンからDIMORDINATE（座標寸法記入）コマンドを実行します。

6 円の中心点**a**をクリックします。

7 キーボードから「X Enter 」と入力します。3000の寸法値が見えます。

8 マウスをY方向に動かして**c**の位置でクリックします。

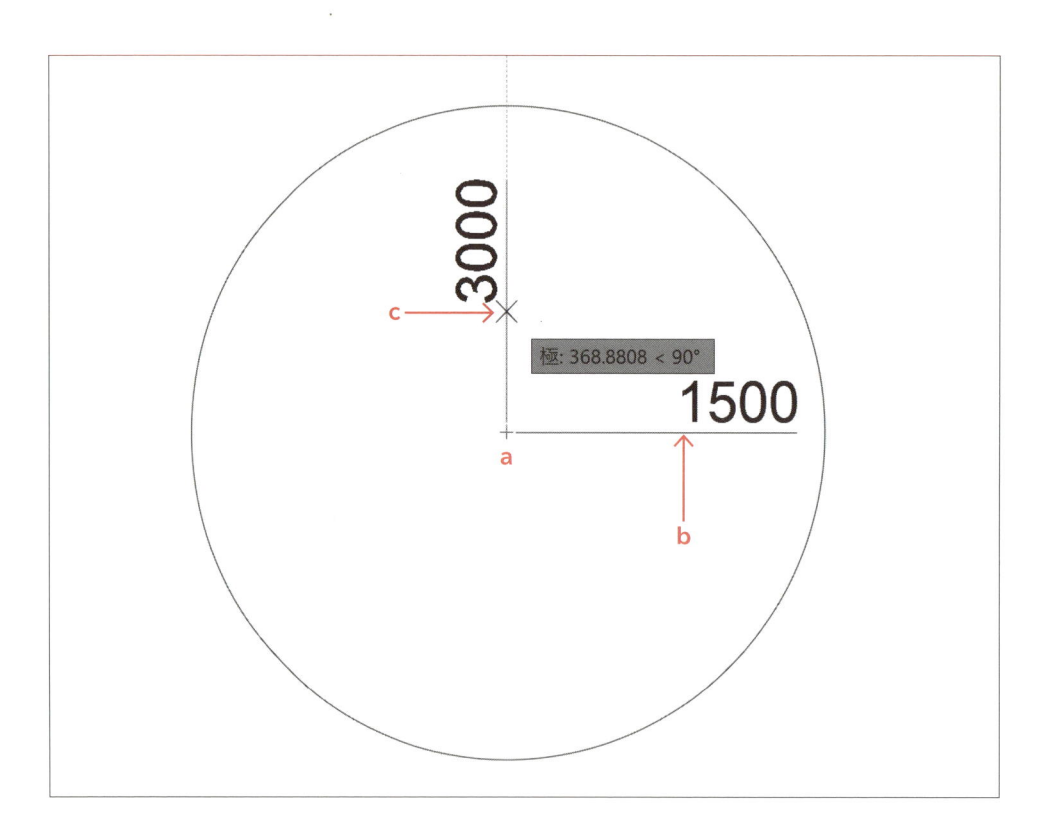

コマンド ウインドウの表示は次のようになります。

COMMANDLINE

コマンド：_dimordinate
起点の位置を指定：
引出線の終点を指定 または [X 座標 (X)/Y 座標 (Y)/ マルチ テキスト (M)/ 寸法値 (T)/ 寸法値角度 (A)]: Y
引出線の終点を指定 または [X 座標 (X)/Y 座標 (Y)/ マルチ テキスト (M)/ 寸法値 (T)/ 寸法値角度 (A)]:
寸法値：1500
コマンド：_dimordinate
起点の位置を指定：
引出線の終点を指定 または [X 座標 (X)/Y 座標 (Y)/ マルチ テキスト (M)/ 寸法値 (T)/ 寸法値角度 (A)]: X
引出線の終点を指定 または [X 座標 (X)/Y 座標 (Y)/ マルチ テキスト (M)/ 寸法値 (T)/ 寸法値角度 (A)]:
寸法値：3000

　（3000,1500）を中心とした半径 1000 の円をかくところから始めたコマンド文字列を、メモ帳に書くと次のようになります。

CODE

```
CIRCLE
3000,1500
1000
DIMORDINATE
@
Y
@700,0
DIMORDINATE
@
X
@0,700
```

　はじめの 3 行は円をかくコマンドです。中心点を指定したので、ここが最後の指示点「@」の位置になるはずです。DIMORDINATE を実行して、「起点の位置」に円の中心 a、「終点の位置」b に「@700,0」、つまり a から右に 700 離れた（3700,1500）の位置を指示しています。

　ここで最後の指示点「@」が示す座標は終点（3700,1500）になったのでしょうか？

　実は（3700,1500）にはならず、「@」は円の中心（3000,1500）のままです。「@」が移動しないので、次の 8 行目から X 座標寸法の「起点の位置」は「@」で円の中心、「終点の位置」c は「@0,700」で中心から上に 700 離れた（3000,2200）の位置になりました。

　今度は円の中心からいくつかの線分を引いてみましょう。線分コマンドは LINE です。今度も円の作図から始めます。線を 1 本引いたら LINE コマンドをいったん終わらせたいので、その下に Enter で空行をそれぞれ入れます。これもメモ帳に入力してコマンド ウインドウに貼り付けます。

```
CIRCLE
3000,1500
1000
LINE
@
@700,0

LINE
@
@0,700
```

　DIMORDINATE コマンドでは、「@」が示す座標はコマンドの実行中は動かなかったので、2 本目の線分も円の中心から作図されるはずでしたが、図のように最初の線分の終点から引かれました。相対座標の振る舞いはコマンドによって変わります。

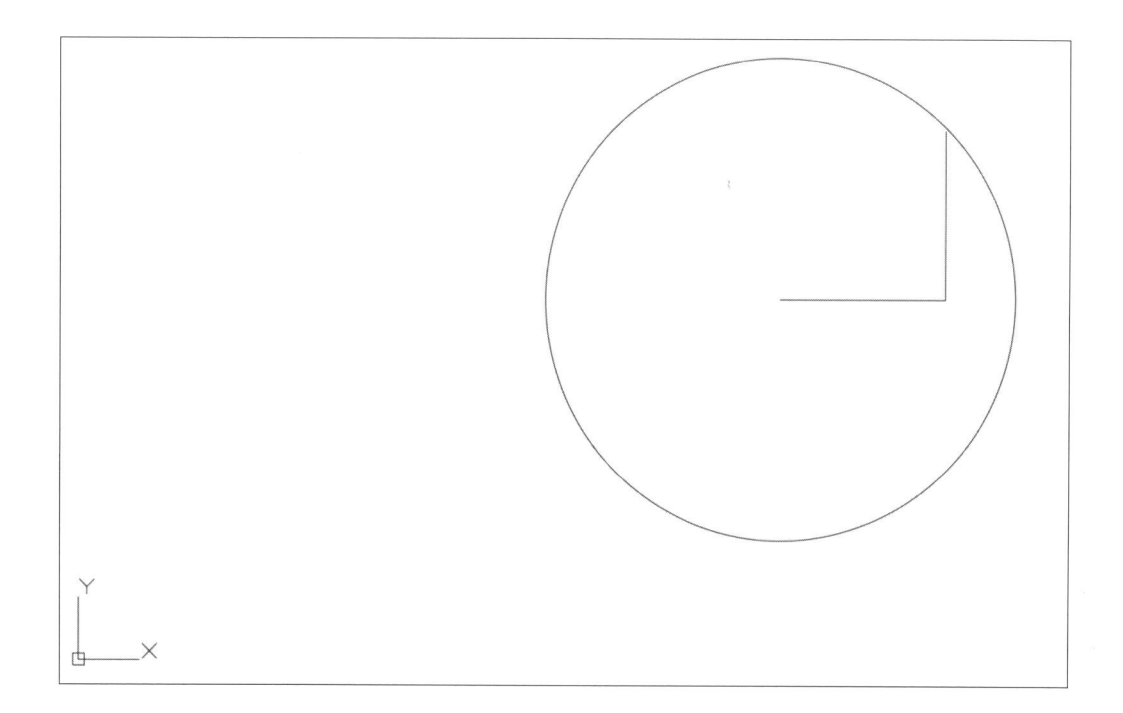

コマンド作成の基本

2

2.1.6 Excel を使ってコマンドを実行

　クリップボード経由でデータを貼り付けられる Windows アプリケーションなら、同じようにコマンドを作成して、AutoCAD で実行できます。計算結果の数値を使うなら Excel が最適です。ここでは計算式から作成した座標とコマンドを組み合わせて、放物線を作成してみましょう。次のような Excel シートを用意しました。

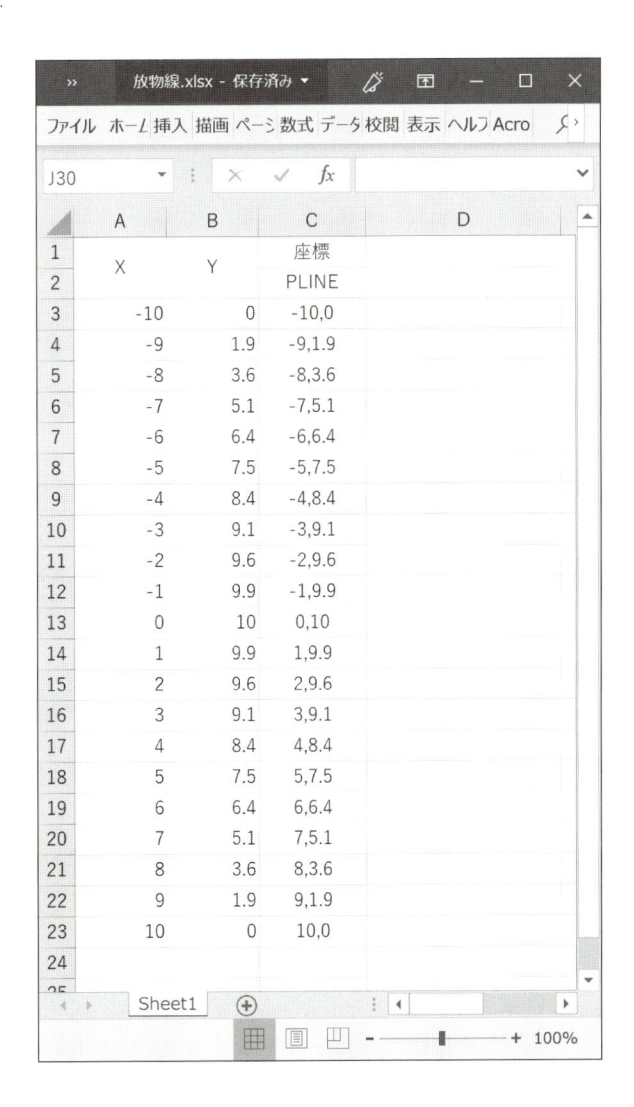

　A 列には X 座標として -10 から 10 まで 1 刻みで 21 個の数値を入力しました。

　B 列は B3 に「**=-0.1*(A3^2)+10**」という計算式を入れ、連続コピーしています。この式は放物線を作図する二次方程式 「$y = -0.1x^2 + 10$」を Excel の書式にしたものです。この計算結果が Y 座標になります。

　C 列には A 列の X 座標と、B 列の Y 座標を「,（コンマ）」でつないだ座標値になるように、C3 に「**=A3&","&B3**」と「&」で文字列をつなぐ計算式を入れ、連続コピーしています。

この座標値を使って放物線を作図します。最初に PLINE（ポリライン）コマンドを実行します。キーボードから「PLINE Enter 」と入力してもいいし、リボンの「ホーム」タブの「ポリライン」をクリックしても、どちらでもかまいません。

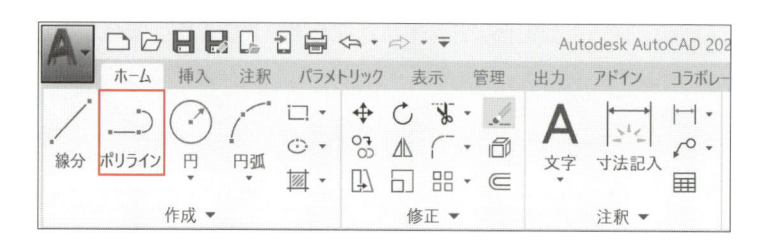

コマンド ウインドウには次のように表示されます。

COMMANDLINE

始点を指定：

「始点を指定」のプロンプトに対して、Excel の C 列 C3 から C23 をクリップボード経由でコマンド ウインドウに貼り付けます。コマンドを終わらせるために最後に Enter キーを押します。ズーム範囲を調整して、できあがった放物線を確認してください。

簡単に放物線を作図できました。この方法は道路の平面線形、クロソイド曲線などにも使えます。応用範囲は広いでしょう。

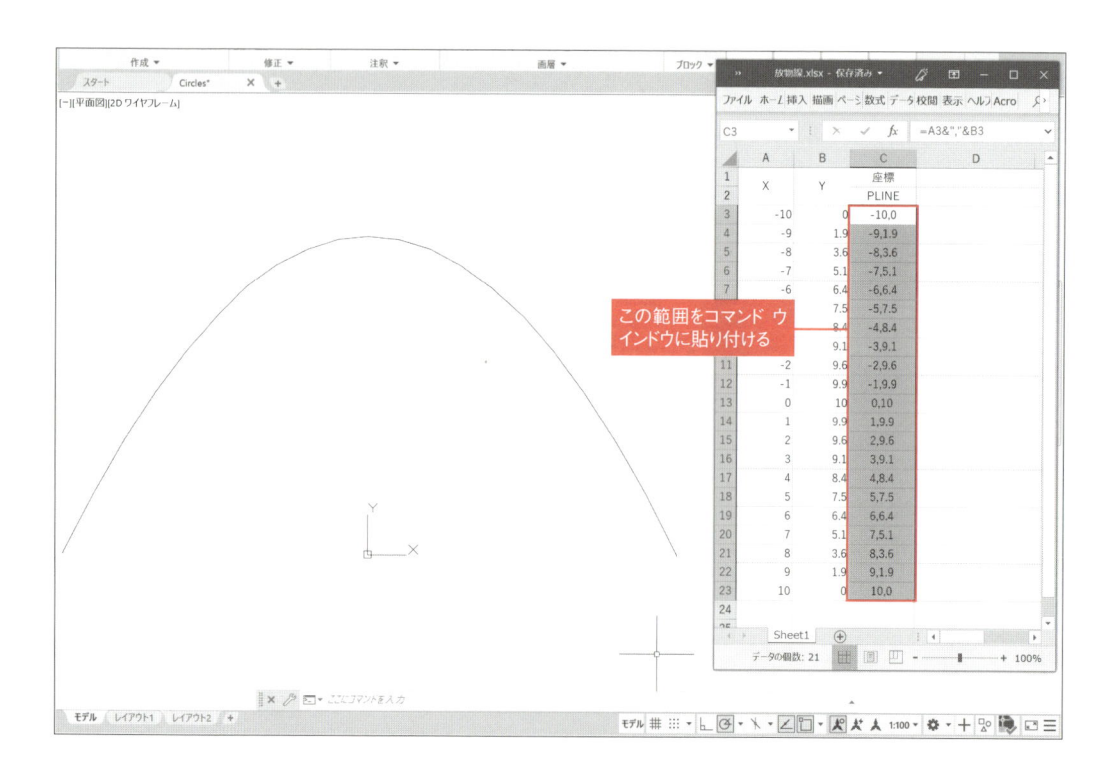

　この放物線に複数の円を追加してみましょう。Excel の D 列に「**="CIRCLE "&C3&" 2"**」を入力して連続コピーします。これは文字「CIRCLE」と C 列の座標値、半径「2」をつないで円をかく式です。

　「CIRCLE」の E の後ろと「2」の前に 1 文字分のスペースが入っていることに注意してください。AutoCAD でスペースは　Enter　キーと同じ意味を持ちます。最初の行の文字列は、わかりやすいように半角スペースを□で表すと「**CIRCLE □ -10,0 □ 2**」になります。

　D 列の文字をコピーし、AutoCAD のコマンド ウインドウに貼り付けます。すると、ボールが飛んでいるように複数の円が作図できました。この方法は敷地の測量点をプロットするときなどによく使われます。

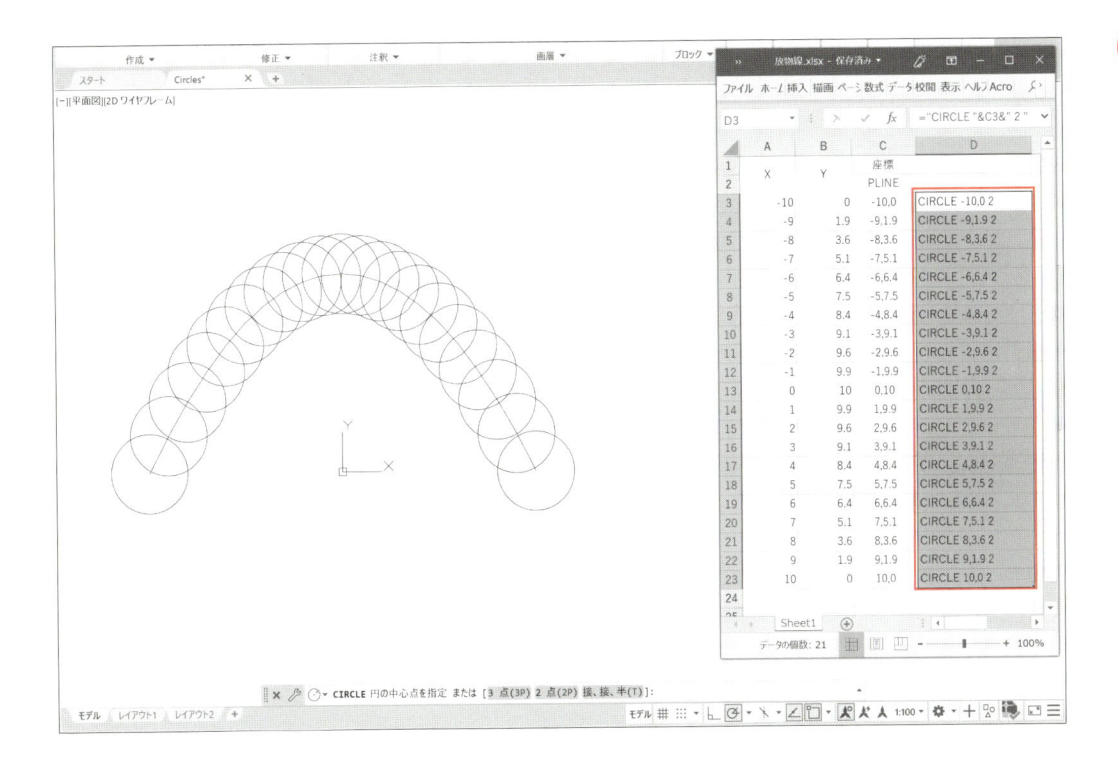

さて、さまざまなコマンドの実行方法を説明しましたが、毎回文字を入力してコマンドを実行するより、ボタンのクリックで実行するほうが簡単です。よく使うオリジナルコマンドを作成したら、AutoCAD のリボンに新しいボタンをつくって実行できるようにしましょう。

2.2.1 「ユーザ インタフェースをカスタマイズ」ダイアログボックス

　　AutoCAD のリボンをカスタマイズするときに使うのが「ユーザ インタフェースをカスタマイズ」ダイアログボックスです。最初にこのダイアログボックスを CUI（ユーザ インタフェース）コマンドで開きます。

❶ キーボードから「CUI Enter 」と入力するか、リボンの「管理」タブ−「カスタマイズ」パネルの「ユーザ インタフェース」をクリックします。

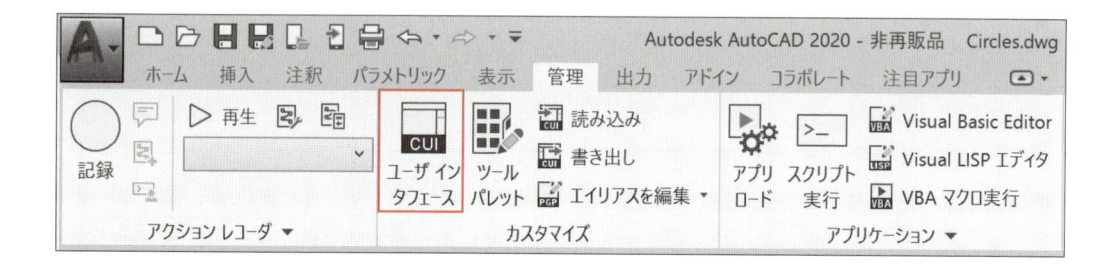

❷「ユーザ インタフェースをカスタマイズ」ダイアログボックスが表示されます。このダイアログボックスを使って、コマンドを新しいボタンに割り当ててリボンに表示させていきます。

2.2.2 コマンドを登録する

　「ユーザ インタフェースをカスタマイズ」ダイアログボックス左下の「コマンド一覧」にある「新しいコマンドを作成」ボタンをクリックします。

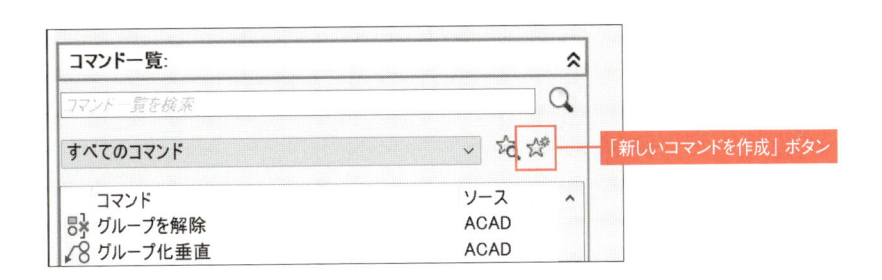

「新しいコマンドを作成」ボタン

ダイアログボックス右側が図のように変わります。この「ボタンイメージ」と「プロパティ」を使って新しいコマンドを登録します。

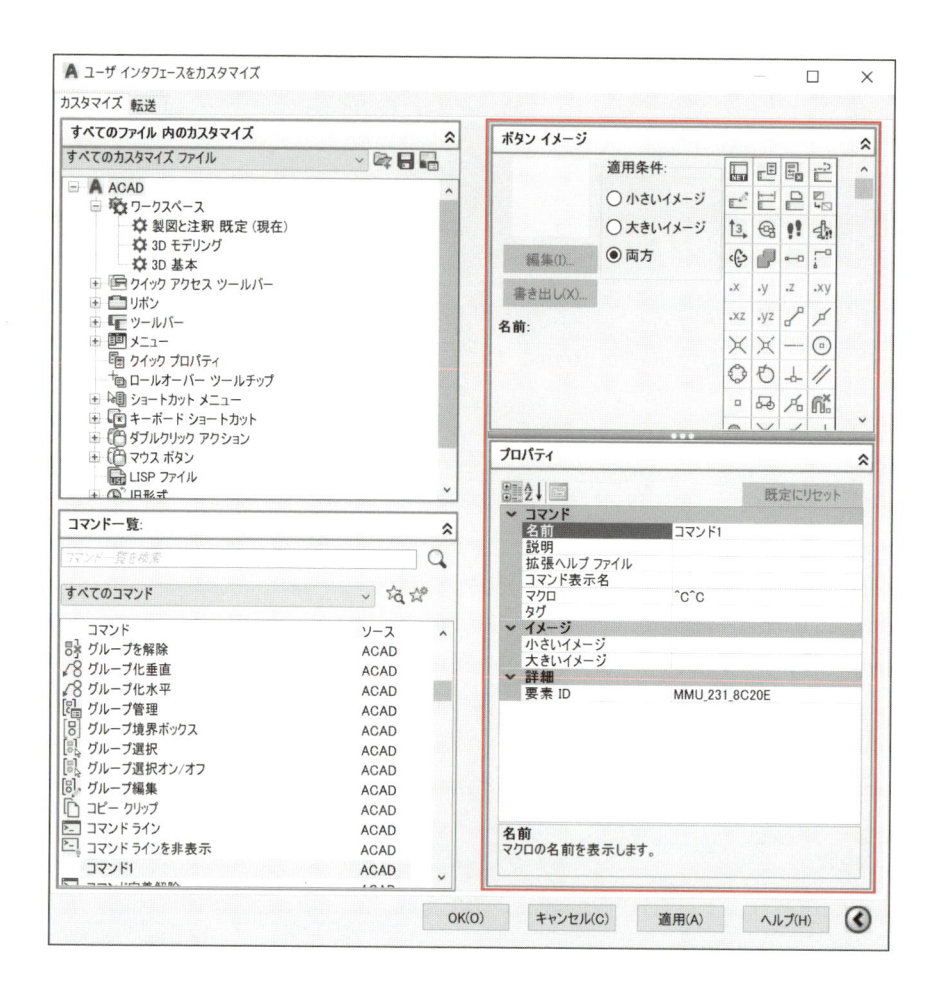

　これまでに作成したコマンドを確認しましょう。（3000,1500）を中心点とした半径 1000 の円をかくコマンドは次の 3 行でした。

```
CIRCLE
3000,1500
1000
```

　リボンに登録するため、このコマンドの書式を変更します。まず、改行のかわりにスペースでつないで 1 行にします。

```
CIRCLE 3000,1500 1000
```

スペースや「;（セミコロン）」は Enter キーによる改行と同じ意味です。最後の Enter は無条件に追加されるので、最後にスペースを入れる必要はありません。

また、このコマンドを実行するときに、何か別のコマンドが実行中かもしれません。最初に実行中のコマンドをキャンセルしてから実行したいので、キーボードから Esc キーを2回押すのと同じ動作をする「^C^C」を行頭に入れます。

CODE

```
^C^CCIRCLE 3000,1500 1000
```

これでコマンドの書式を変更できました。このようにコマンドをつないで実行する文字列を**コマンドマクロ**といいます。コマンドマクロ3原則は次のとおりです。頭に入れておきましょう。

＜コマンドマクロ3原則＞

- Enter （改行）をスペースに置き換え
- 頭に「^C^C」を入れて実行中のコマンドをキャンセルしてから
- 最後の Enter を意味するスペースは不要

それでは登録操作に入ります。「ユーザ インタフェースをカスタマイズ」ダイアログボックスに戻ってください。

❶「プロパティ」にある「名前」を「コマンド1」から「円（半径1000）」に変更します。

❷「プロパティ」にある「マクロ」に先ほど編集したコマンドマクロを入力します。

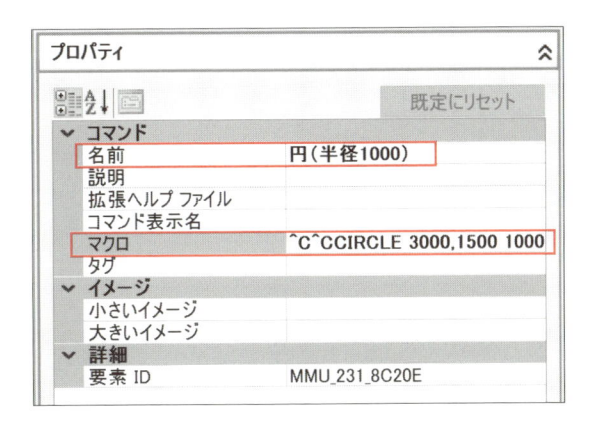

❸ 上部の「ボタンイメージ」に移動し、ここでは一覧から適当なものを選択します。この段階ではリボンに表示されている他のアイコンと重なってもかまいません。プレビューで選択したイメージを確認します。

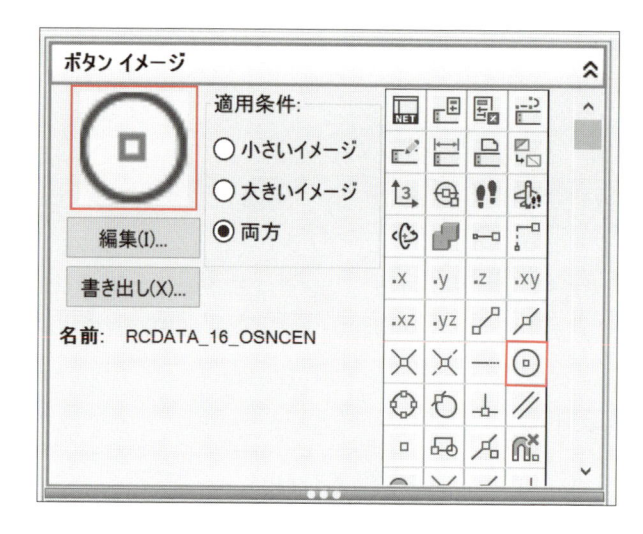

❹ ダイアログボックス右下の［適用］ボタンをクリックします。左下の「コマンド一覧」に作成した「円（半径1000）」コマンドが登録されました。

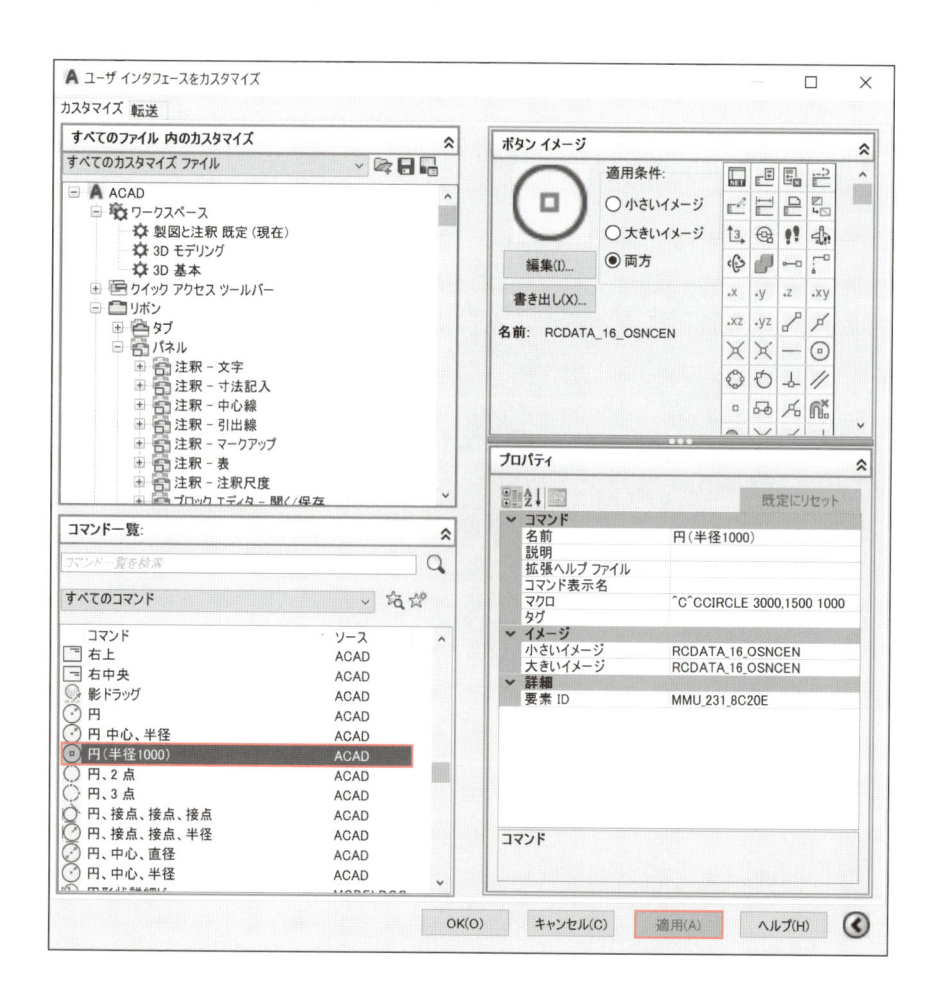

2.2.3 リボンに配置する

　引き続き「ユーザ インタフェースをカスタマイズ」ダイアログボックスで操作します。次は作成したコマンドをリボンに配置する作業です。新しい「円（半径1000）」コマンドは標準の「円」ツールのドロップダウンに表示されるようにしま す。

「円」ツールのドロップダウン

❶ 左下の「コマンド一覧」で登録したコマンド「円（半径1000）」を選択し、右クリックして表示されるメニューから「コピー」を選びます。

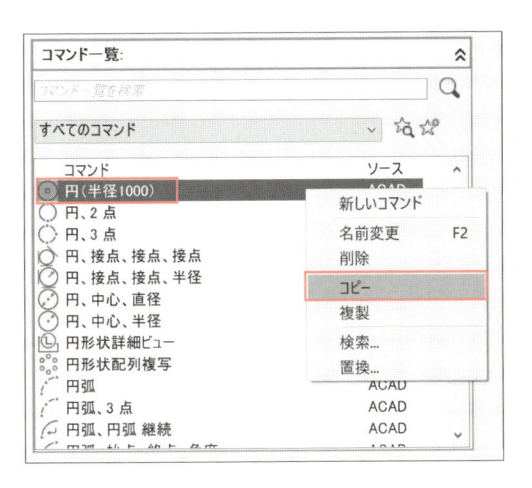

❷ 左上の「すべてのファイル内のカスタマイズ」で「リボン」－「パネル」－「ホーム 2D－作成」－「行1」－「円」を展開します。

❸ 一番下の「接点、接点、接点」を選択して右クリックし、表示されるメニューから「貼り付け」を選択します。

❹ 「接点、接点、接点」の下に「円（半径1000）」が貼り付けられました。[OK] ボタンでダイアログボックスを閉じます。

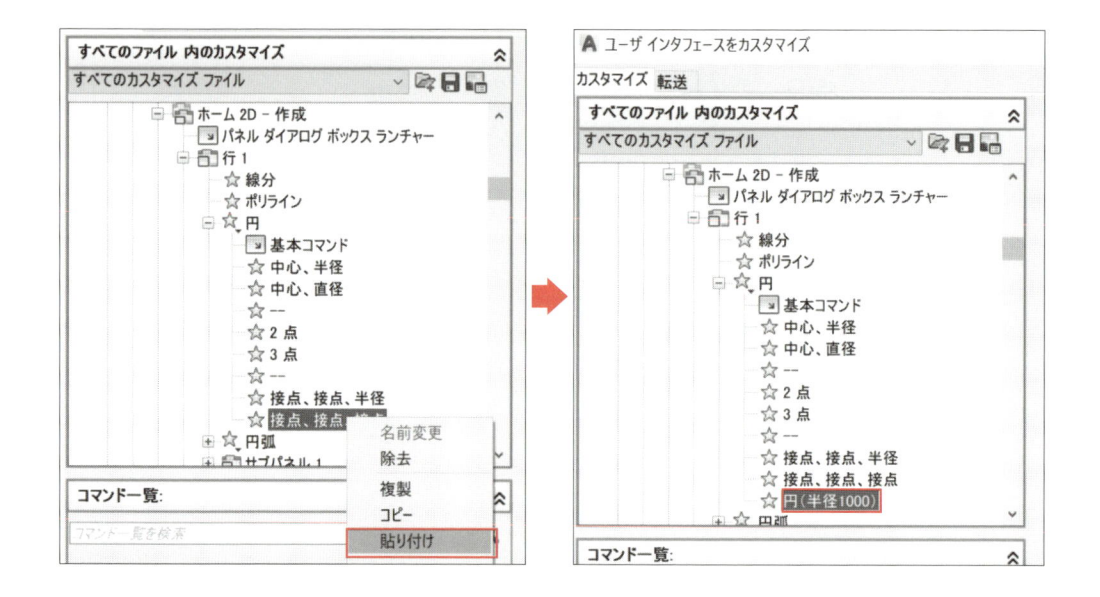

HINT

❶〜❸の操作はドラッグ＆ドロップでもできますが、マウス操作が難しいのでより簡単なコピー ＆ ペーストを使いました。

❺ リボンの「ホーム」タブ−「作成」パネル−「円」ツールの▼をクリックして円のドロップダウンを開きます。一番下に「円（半径1000）」が追加されたことを確認します。「円（半径1000）」をクリックして、正しく動作するかも確認しましょう。

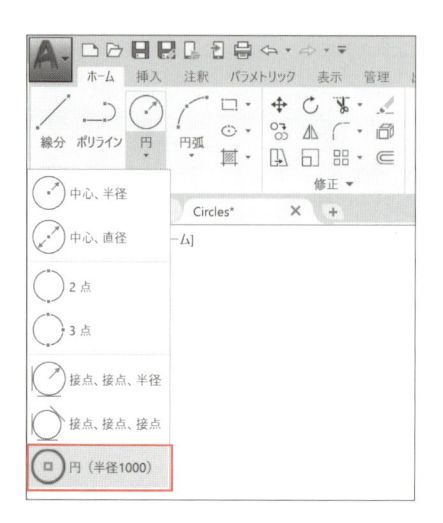

2 コマンド作成の基本

2.2.4 アイコンイメージをつくる

せっかくの自作コマンドですから、アイコンもオリジナルイメージに変えておきましょう。もう一度 CUI（ユーザ インタフェース）コマンドで、「ユーザ インタフェースをカスタマイズ」ダイアログボックスを開きます。

1 左下の「コマンド一覧」にある「円（半径1000）」コマンドを選択します。

2 右上の「ボタンイメージ」にある［編集］ボタンをクリックします。

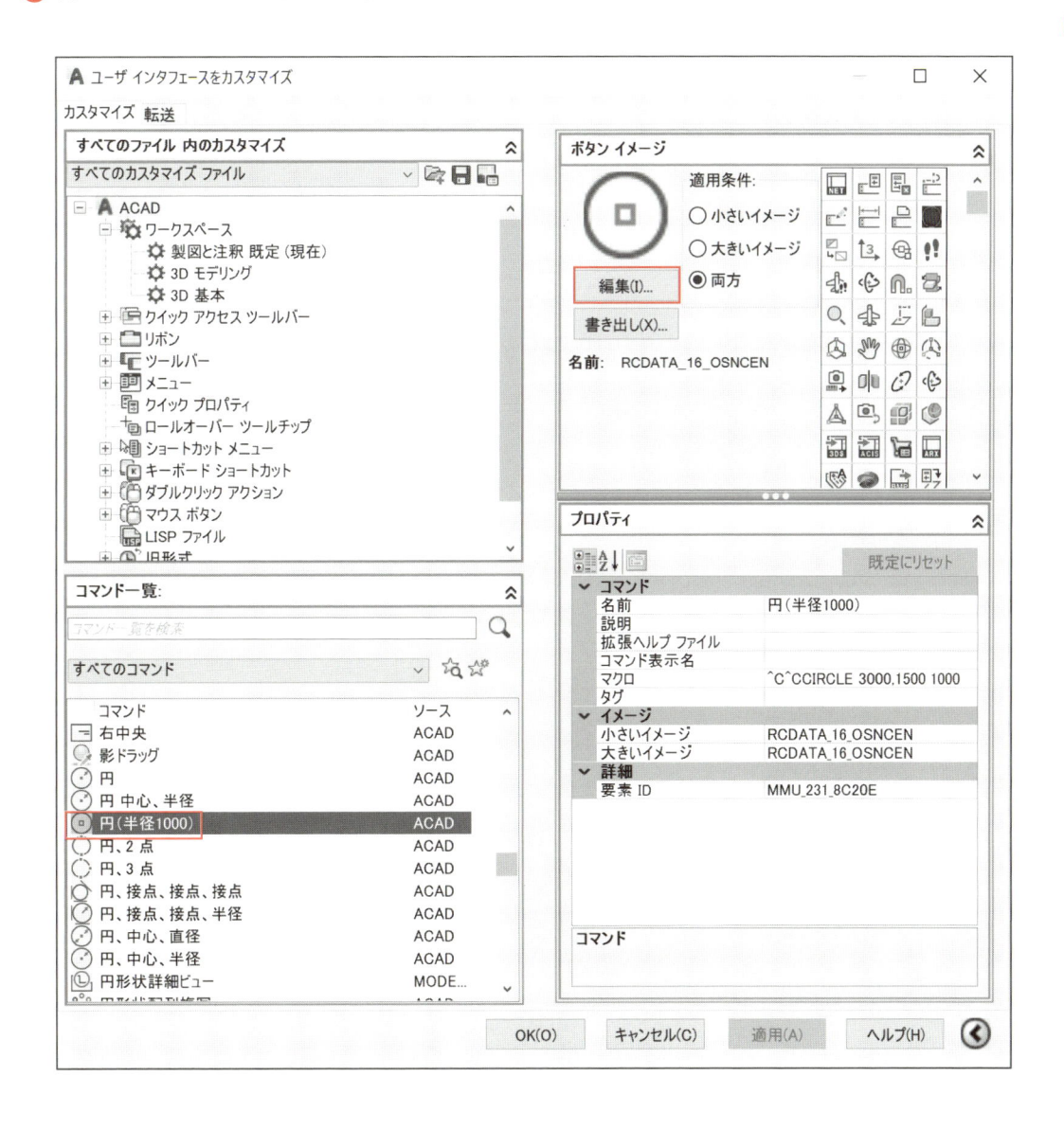

❸ 「ボタン エディタ」ダイアログボックスが表示されます。ここでアイコンのデザインを変更・編集することもできるのですが、イメージ エディタとしては使いにくいので、いったんファイルに書き出すことにします。[書き出し] ボタンをクリックします。

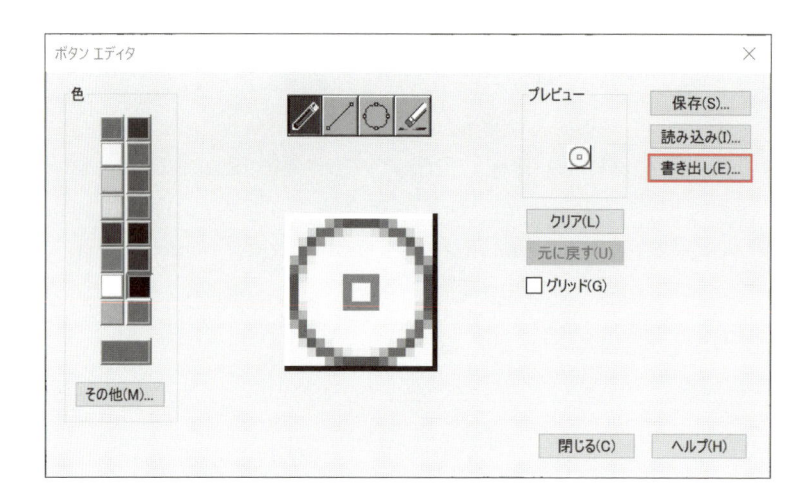

❹ ファイル名を入力して、書き出します。デフォルトでは「% APPDATA%¥Autodesk¥AutoCAD 2020¥R23.1¥jpn¥Support¥Icons」フォルダーに保存されます（AutoCAD 2020の場合）。ここではファイル名を「CIRCLE1000」.bmpとしました。ファイル形式はBMPです。

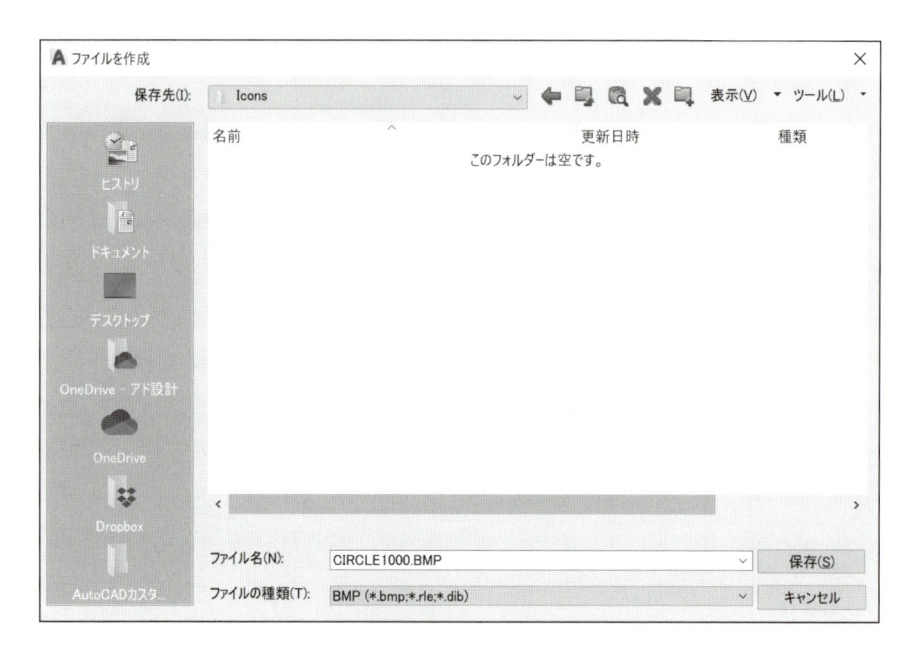

❺ 「CIRCLE1000」.bmpをイメージエディタで開き、編集します。図はpaint.netというアプリケーションを使っています。ここでは中央の四角を削除して、色を変更しました。編集が終わったら同じ名前のファイルで保存します。

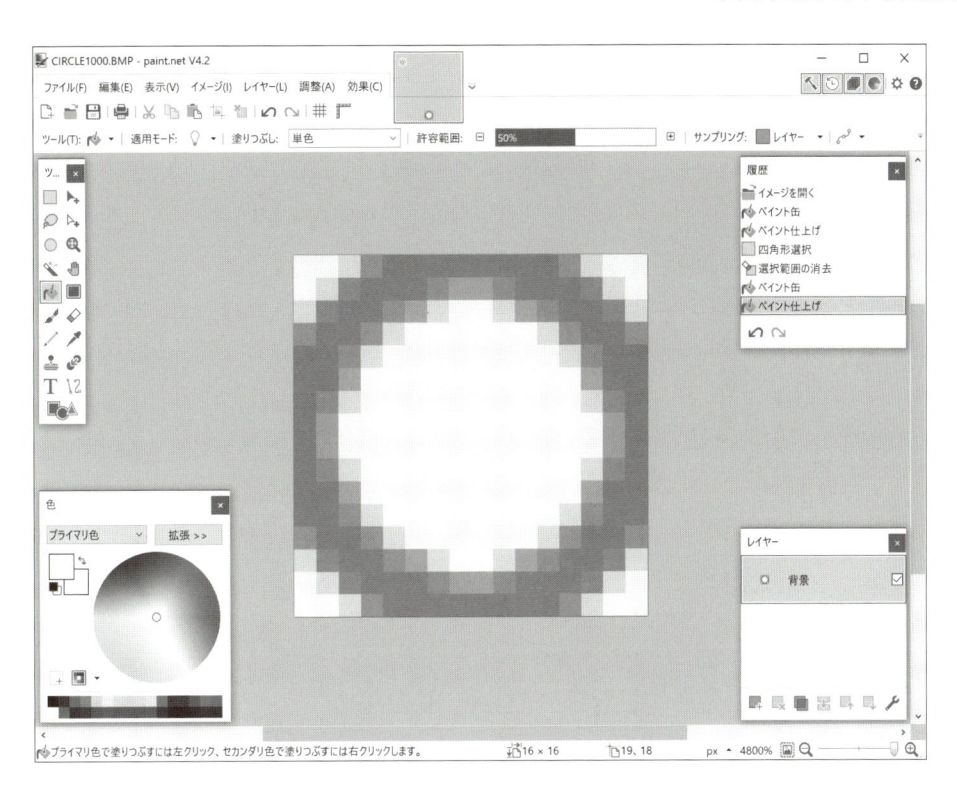

6 「ボタン エディタ」ダイアログボックスに戻り、[読み込み] ボタンをクリックして、編集した「CIRCLE1000」.bmpを読み込み、変更を確認します。

7 [閉じる] ボタンで「ボタン エディタ」ダイアログボックスを閉じます。次に表示される「ボタンに対する変更を保存しますか?」には [はい] ボタンで応え、次のダイアログボックスでイメージ名「CIRCLE1000」を確認して [OK] ボタンをクリックします。

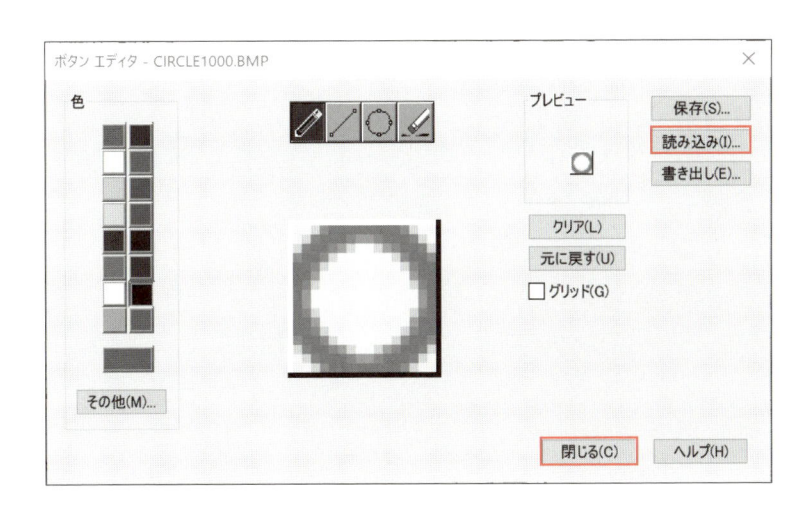

❽ 「ボタンイメージ」のプレビューが変更されました。[OK] ボタンで「ユーザ インタフェースをカスタマイズ」ダイアログボックスを閉じます。

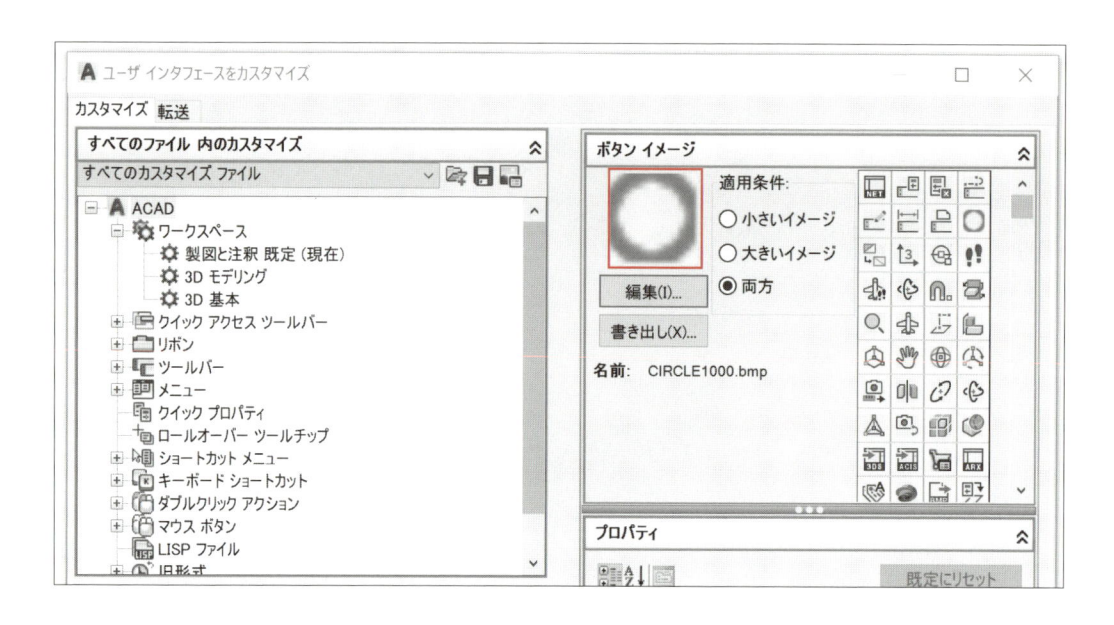

❾ リボンの「ホーム」タブー「作成」パネルー「円」ツールの▼をクリックして円のドロップダウンを開きます。「円 (半径1000)」のアイコンのデザインも変更されています。

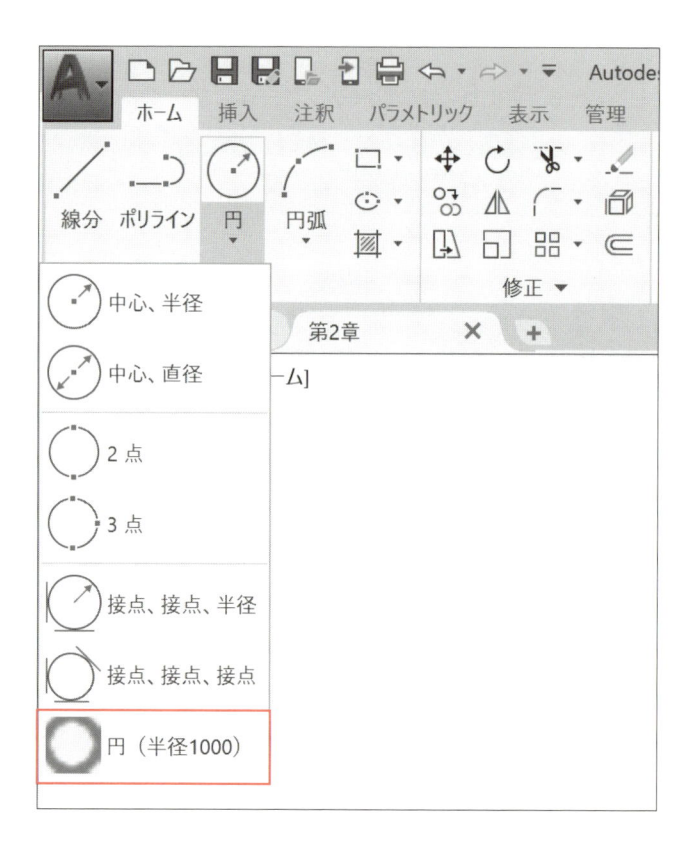

2.3 CUIファイルを使う

前項でリボンにコマンドマクロを登録して、アイコンのデザインを変更しました。これらの変更はすべてCUIファイルに自動で保存されます。ファイルの拡張子は「.cuix」ですが、ここでは慣習にならってCUI（シーユーアイ）ファイルと呼びます。CUIファイルの使い方や種類について解説します。

2.3.1 メインカスタマイズファイル

さきほど作成した「円（半径1000）」コマンドはどのファイルに記録されているかを確認します。

CUI（ユーザ インタフェース）コマンドで「ユーザ インタフェースをカスタマイズ」ダイアログボックスを表示して、「円（半径1000）」コマンドを選択します。ダイアログボックス左上の「すべてのカスタマイズファイル」をクリックして、「メインカスタマイズファイル (acad.cuix)」に切り替えます。

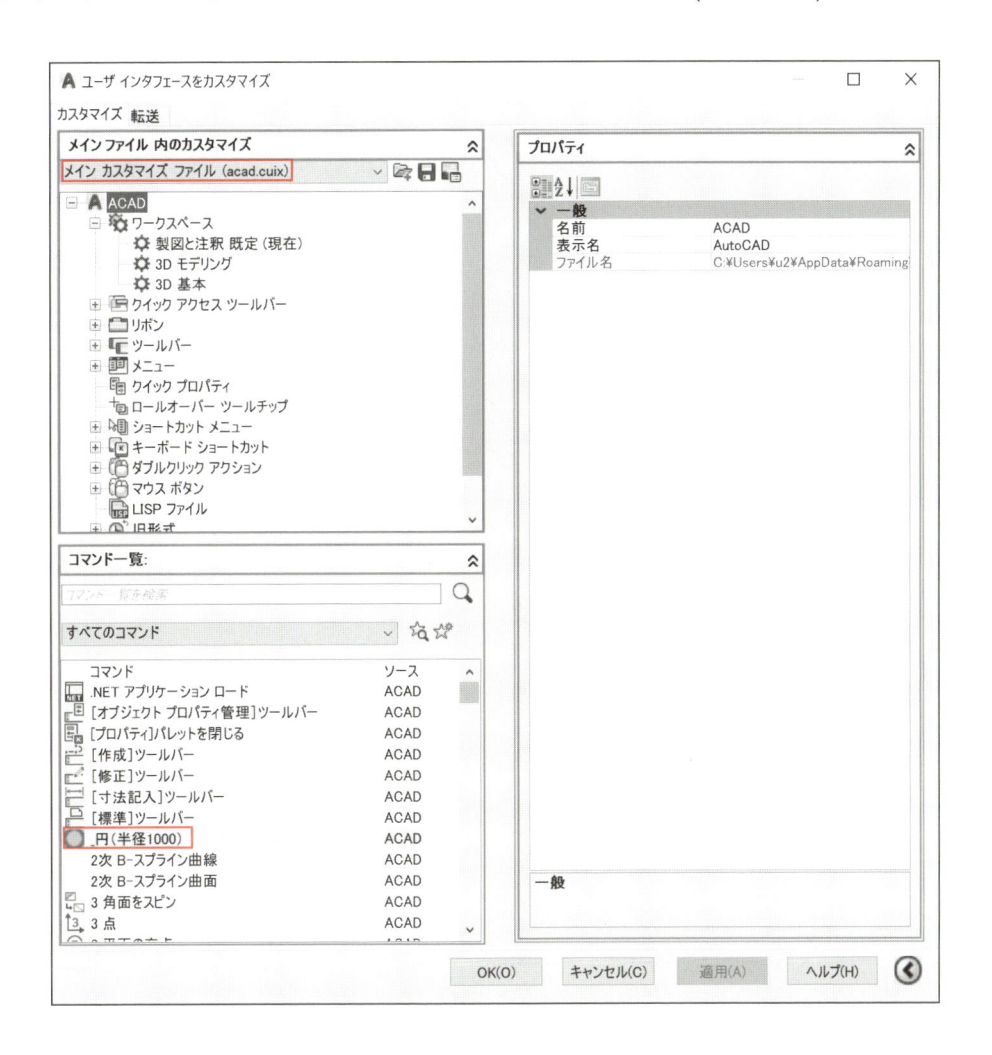

表示を切り替えても、新しく作った「円（半径1000）」コマンドは消えずに残りました。つまりこれまでのコマンドマクロの登録やアイコンの変更は「メインカスタマイズファイル（acad.cuix）」に保存されていることがわかります。

　メイン カスタマイズファイルは、ユーザインタフェースのほぼすべての項目が設定されているファイルです。メイン カスタマイズファイルにはリボンだけでなく、キーボード ショートカットやダブルクリック アクションなども定義されています。含まれないのは、短縮コマンドのコマンドエイリアスぐらいです。コマンドエイリアスはCUIファイルとは別のPGPファイルで定義されています。

　メイン カスタマイズファイルの保存場所は**OPTIONS（オプション）**コマンドでわかります。作図ウインドウで右クリックして「オプション」を選択するか、キーボードから「OPTIONS[Enter]」と入力して「オプション」ダイアログボックスを表示します。「ファイル」タブに切り替えて「カスタマイズファイル」の項目を展開すると、「メイン カスタマイズファイル」の中にメイン カスタマイズファイル acad.cuix の保存場所（パス）とファイル名が表示されます。
　AutoCAD 2020 を使っている筆者の場合は、次のようになっています。

```
C:¥Users¥( ユーザー名 )¥AppData¥Roaming¥Autodesk¥AutoCAD 2020¥R23.1
¥jpn¥Support¥acad.cuix
```

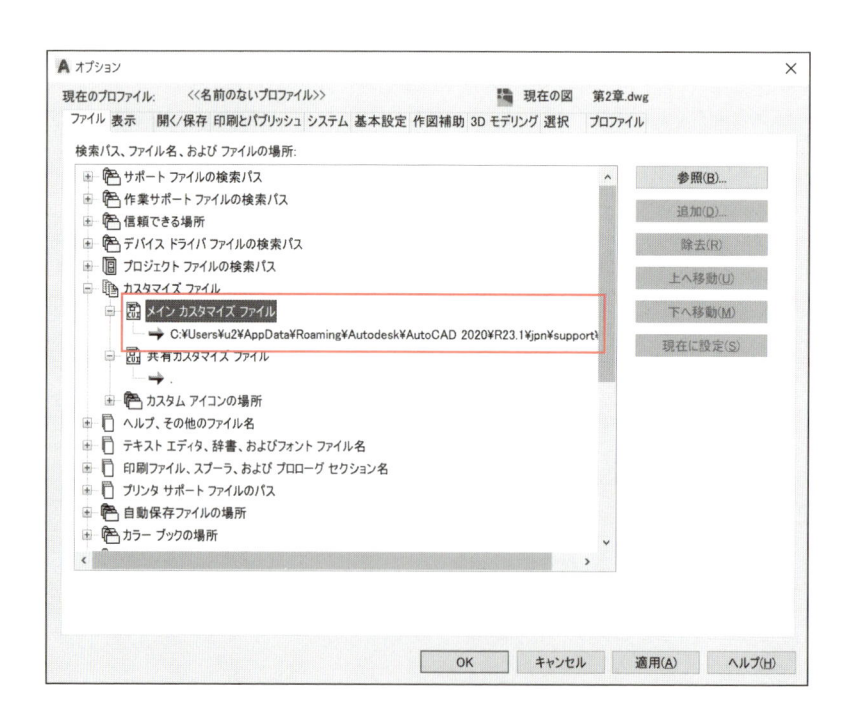

2.3.2 CUI ファイルをロードする

CUI ファイルは別の AutoCAD で使うことができます。この場合、CUI ファイルを「ロード」する必要があります。CUI ファイルは次のようにロードします。ここではサンプルファイルの「JIDOKA.cuix」をロードします。

❶ キーボードから「CUILOAD Enter 」と入力して、**CUILOAD (CUIロード)** コマンドを実行します。

❷「カスタマイズをロード／ロード解除」ダイアログボックスが表示されます。[参照] ボタンをクリックします。

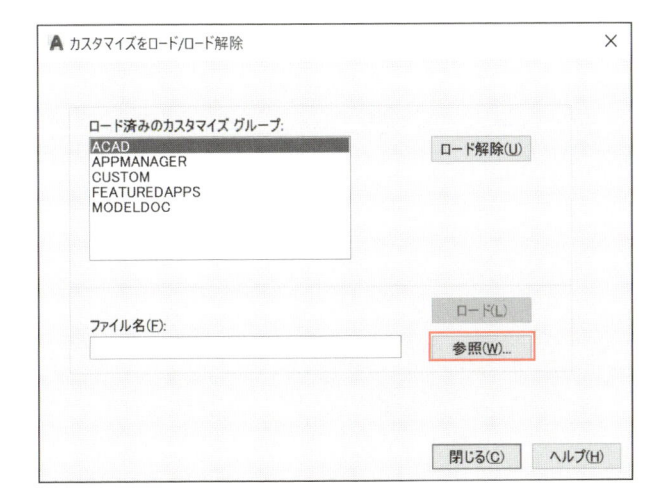

❸「カスタマイズファイルを選択」ダイアログボックスが開きます。ここでは付録のファイル「JIDOKA.cuix」を選択して、[開く] ボタンをクリックします。

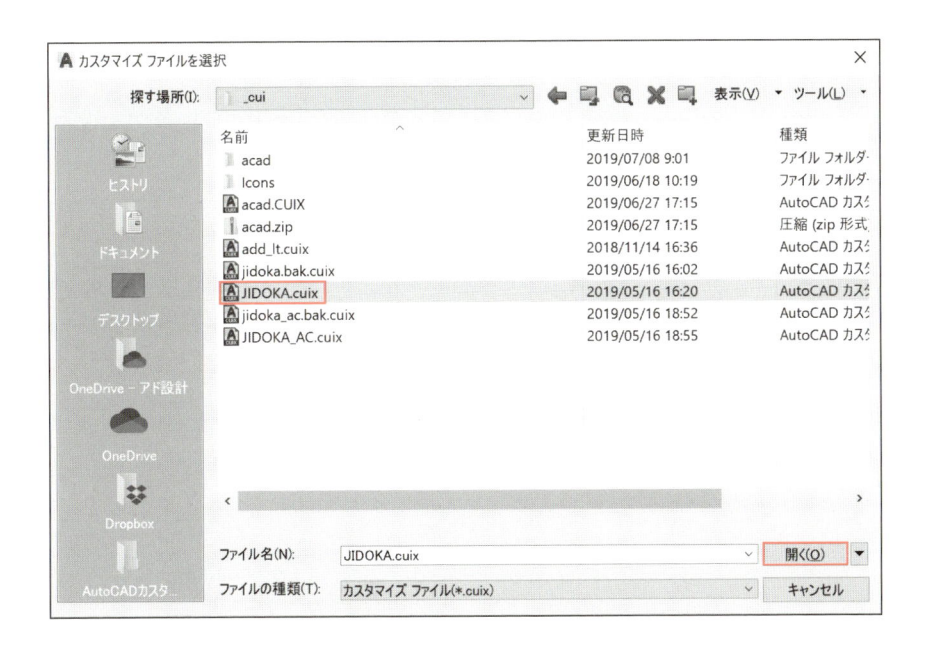

❹ 「ファイル名」に選択した「JIDOKA.cuix」が表示されます。[ロード] ボタンをクリックすると、「ロード済のカスタマイズ グループ」欄に「JIDOKA」が追加され、ロードされたことを確認できます。[閉じる] ボタンで「カスタマイズをロード／ロード解除」ダイアログボックスを閉じます。

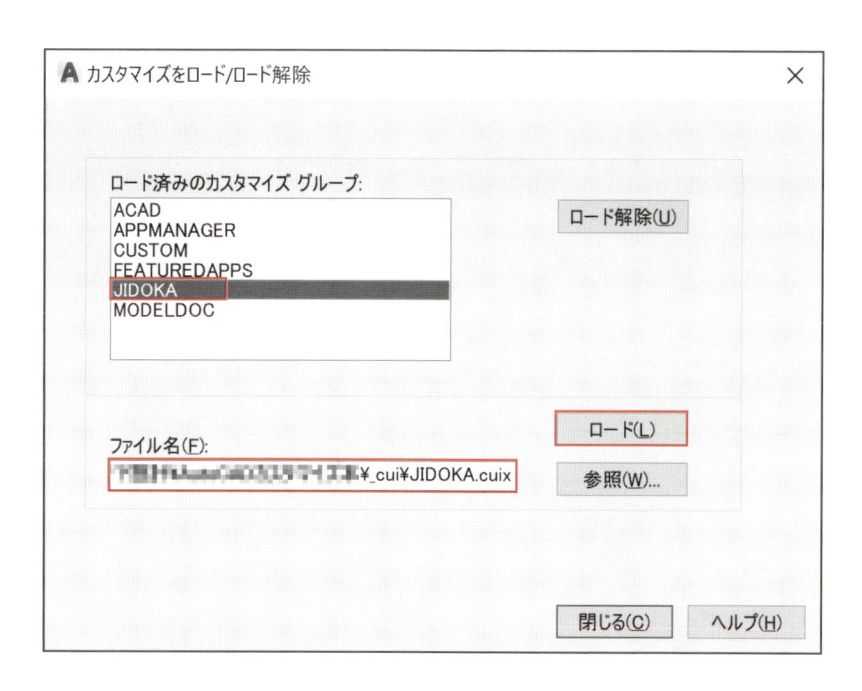

❺ 「JIDOKA.cuix」ファイルをロードしたので、リボンに [自動化] タブと [サンプル] パネルが図のように表示されます。

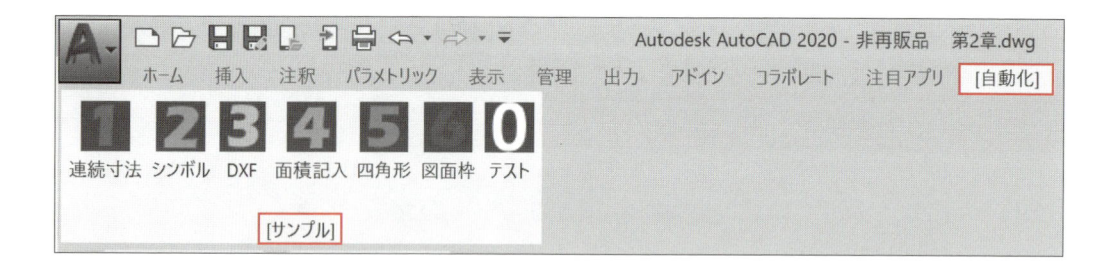

コマンド作成の基本

2

2.3.3 CUI ファイルの種類

CUI ファイルには次の 3 種類があります。

- メイン カスタマイズファイル（Main Customization File）
- 部分カスタマイズファイル（Partial Customization File）
- 共有カスタマイズファイル（Enterprise Customization File）

メイン カスタマイズファイルは、「2.3.1 メインカスタマイズファイル」で紹介しました。基本となるカスタマイズファイルのため、このファイル自体を大きく変更することはお勧めしません。ユーザインタフェースをカスタマイズするときには、部分カスタマイズファイルの作成が無難です。

部分カスタマイズファイルには、メインカスタマイズファイルに対して追加でロードする内容を設定します。前項でロードした「JIDOKA.cuix」は部分カスタマイズファイルです。この「JIDOKA.cuix」は 6 個のコマンドとそれらを表示する一つのパネルと一つのリボンタブを現在のリボンに追加する目的でつくられています。詳しくは「2.3.4 部分カスタマイズファイルをつくる」（P.60）で解説します。

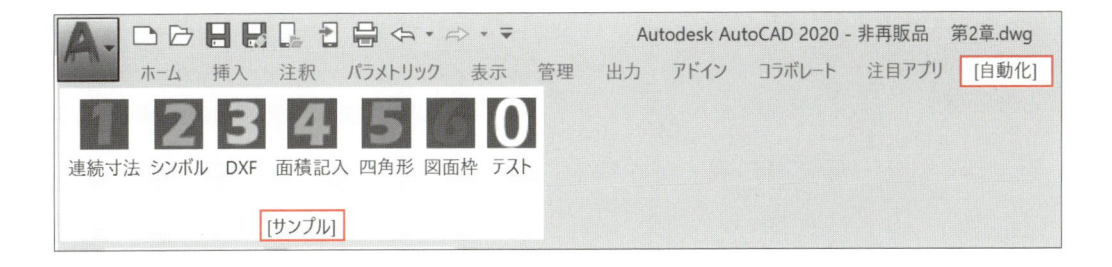

共有カスタマイズファイルは社内やチームで同じカスタマイズファイルを共有するときに使います。共有カスタマイズファイルは日本語では「共有」ですが、英語では「Enterprise（エンタープライズ）」となっています。プログラミングではこの Enterprise という用語がよく使われます。

共有カスタマイズファイルに設定できる内容はメイン カスタマイズファイルとちがいはありません。ファイルを置く場所が共有のサーバーで、一般のユーザーはファイルを変更できないようにしていることがちがいます。編集権限のある管理者のみがこのファイルを変更できます。

全社で統一したユーザインタフェースの AutoCAD を使う場合は、部署や個人で使うファイルを部分カスタマイズとしておいて、共有カスタマイズファイル＋部分カスタマイズファイルで使うのが一般的です。AutoCAD のバージョンが変わったときなど、このファイル 1 つを変更すればいいので、管理者の手間は省けます。

- 共有カスタマイズファイル（全社で共通の共有ファイル、サーバーに置く）
- 部分カスタマイズファイル（部署ごと個人ごとに異なるファイル）

　CUI ファイルを「オプション」ダイアログボックスの「共有カスタマイズ ファイル」の場所に置けば、その CUI ファイルが共有カスタマイズファイルになります。全く同じファイルをメインカスタマイズファイルと共有カスタマイズファイルで使うことはできません。
　共有カスタマイズファイルについて、これ以上詳しくは触れませんので、AutoCAD のヘルプなどをご覧ください。

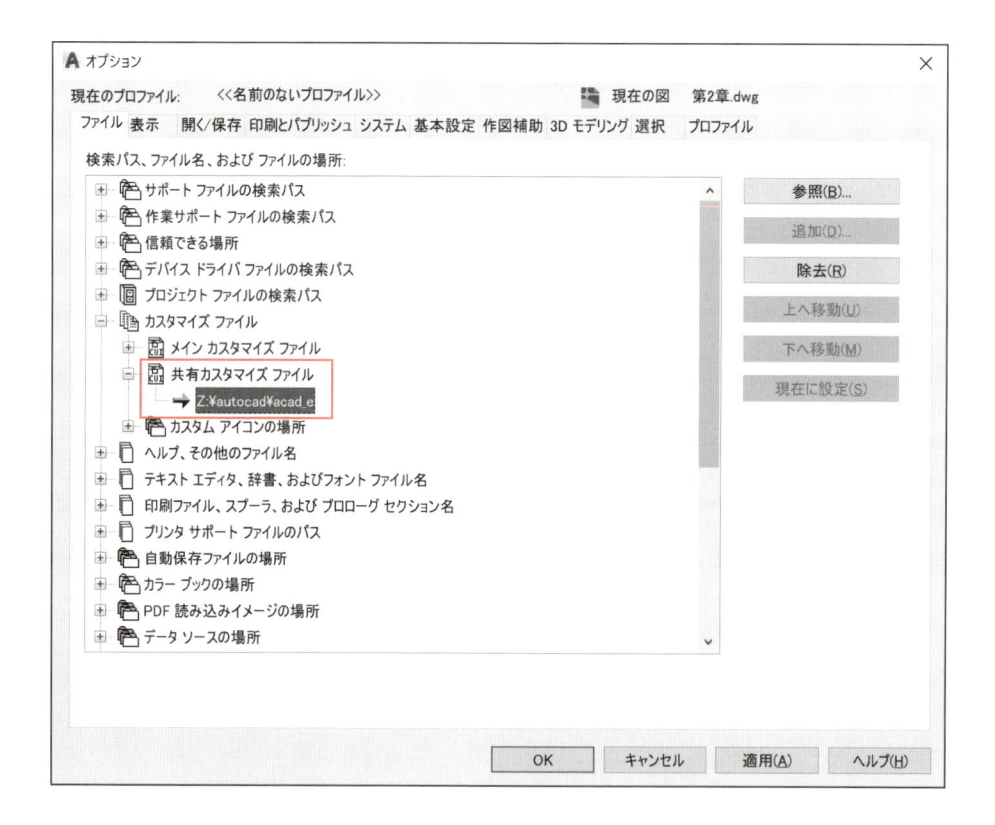

各カスタマイズファイルに設定できる項目は次の表のとおりです。

■**カスタマイズ ファイルで設定できるユーザインタフェースの項目**

		メイン カスタマイズファイルまたは共有カスタマイズファイル	部分カスタマイズファイル
ワークスペース		○	×
クイック アクセス ツールバー		○	○
リボン	タブ	○	○
	パネル	○	○
	コンテキストタブの状態	○	○
ツールバー		○	○
メニュー		○	○
クイック プロパティ		○	○
ロールオーバー ツールチップ		○	○
ショートカットメニュー		○	○
キーボードショートカット		○	○
ダブルクリック アクション		○	○
マウス ボタン		○	○
LISP ファイル		○	○
旧形式	タブレット メニュー	○	○
	タブレット ボタン	○	○
	イメージ タイル メニュー	○	○
部分カスタマイズファイル		○	×

HINT

「旧形式」は Windows 版が登場する前に使っていた MNU ファイルとの互換のための項目です。

2

コマンド作成の基本

2.3.4 部分カスタマイズファイルをつくる

ここでは P.55 でロードした「JIDOKA.cuix」のような、複数のコマンドやパネル、タブを追加する部分カスタマイズファイルの作成方法を説明します。

❶ まず、何も設定されていない白紙のカスタマイズファイルを新たに作成します。ここでは白紙のファイルにコマンドやパネル、タブを追加する方法をとります。「管理」タブの「カスタマイズ」パネルにある「書き出し」をクリックするか、キーボードからCUIEXPORT（CUI 書き出し）コマンドを実行します。

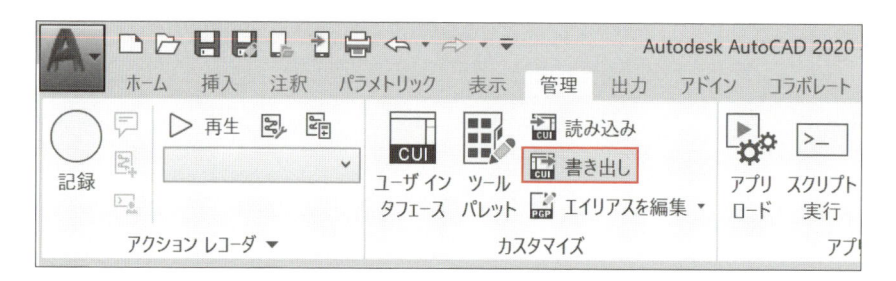

❷ 次のような「ユーザ インタフェースをカスタマイズ」ダイアログボックスが表示されます。左が現在のメイン カスタマイズファイルacad.cuixの構成、右がこれから作成するCUIファイルの構成です。

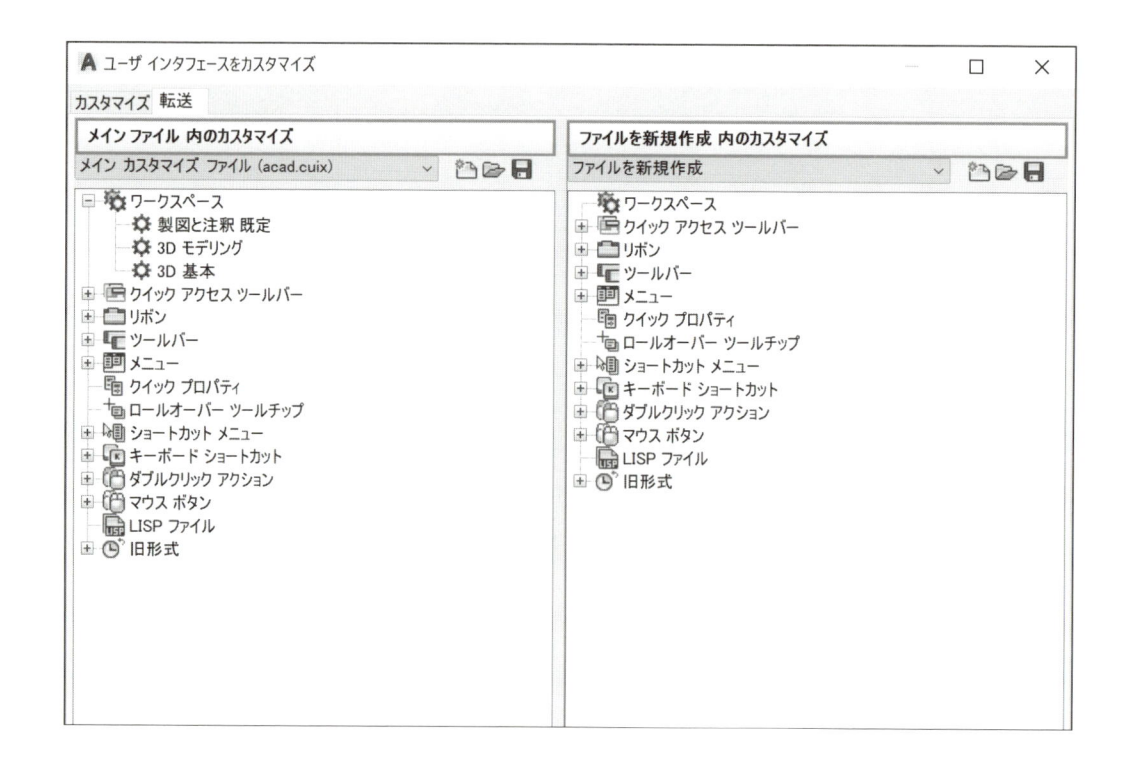

❸ メイン カスタマイズファイルにある項目を使う場合は、左から右にその項目をドラッグします。ここでは何も項目を追加しないCUIファイルを作成するので、このまま右側の「ファイルを新規作成」にある「現在のカスタマイズファイルを保存」ボタンをクリックします。適当なフォルダーを指定して、「test」と名前を付けてファイルを保存します。

❹ [OK] ボタンで「ユーザ インタフェースをカスタマイズ」ダイアログボックスを閉じます。これで「test.cuix」ファイルができました。

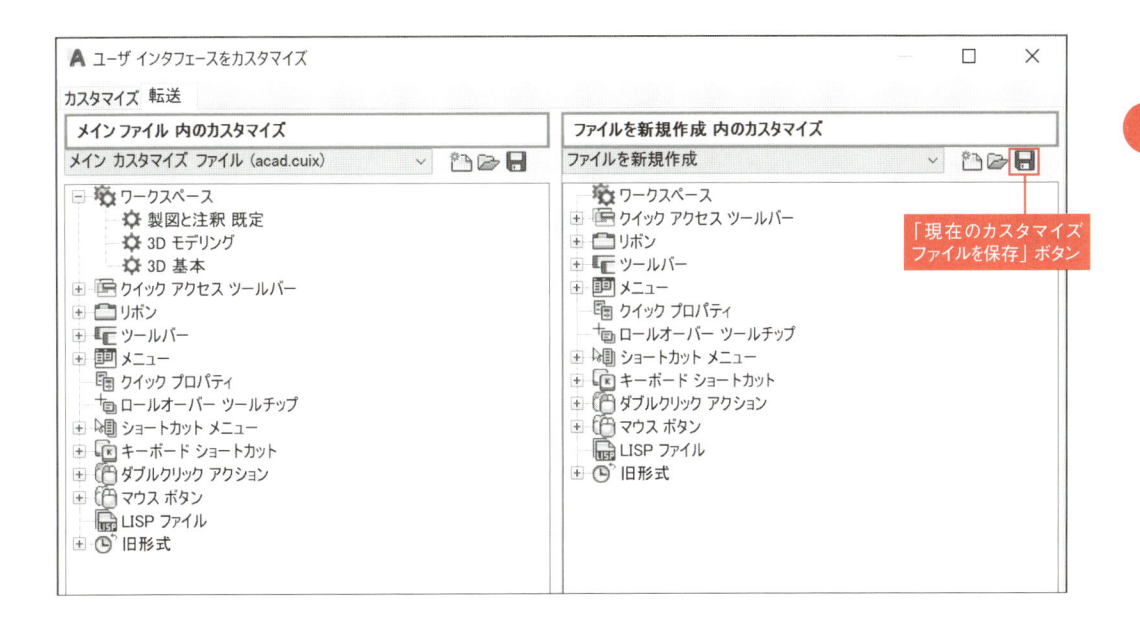

❺ 保存した「test.cuix」ファイルをCUILOAD（CUIロード）コマンドでロードします（P.55）。

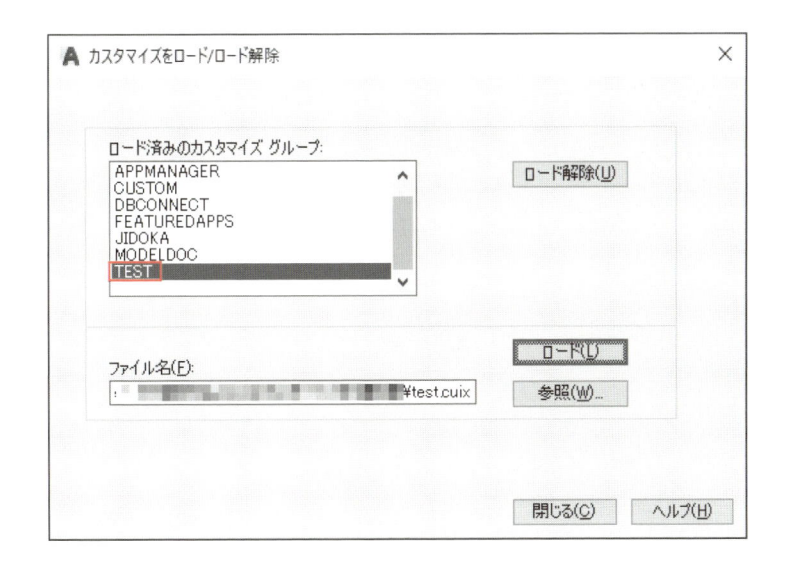

❻ CUI（ユーザ インタフェース）コマンドで「ユーザ インタフェースをカスタマイズ」ダイアログボックスを開きます。

2

コマンド作成の基本

⓻ 「test.cuix」の空のリボンにタブを追加します。最初に「メインファイル内のカスタマイズ」で「test.cuix」に切り替えます。「リボン」の項目を展開し、「タブ」を右クリックして「タブを新規作成」を選択します。

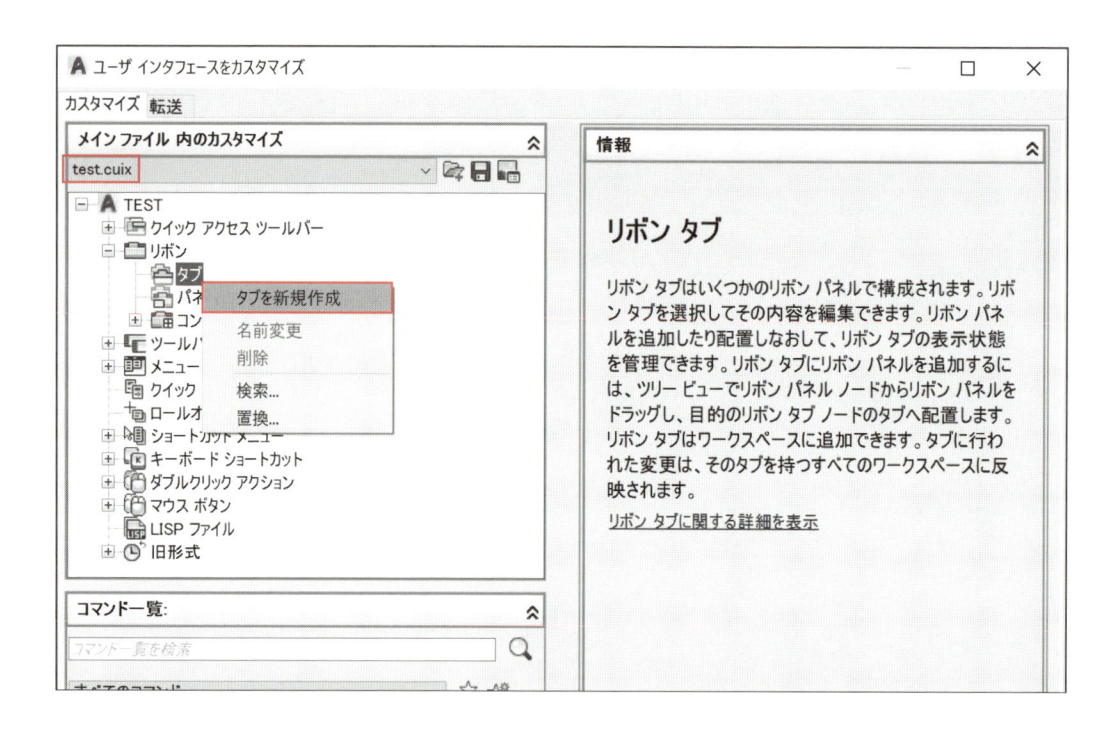

⓼ 新しいタブの名称としてここでは「TEST」と入力します。「TEST」タブが追加されました。

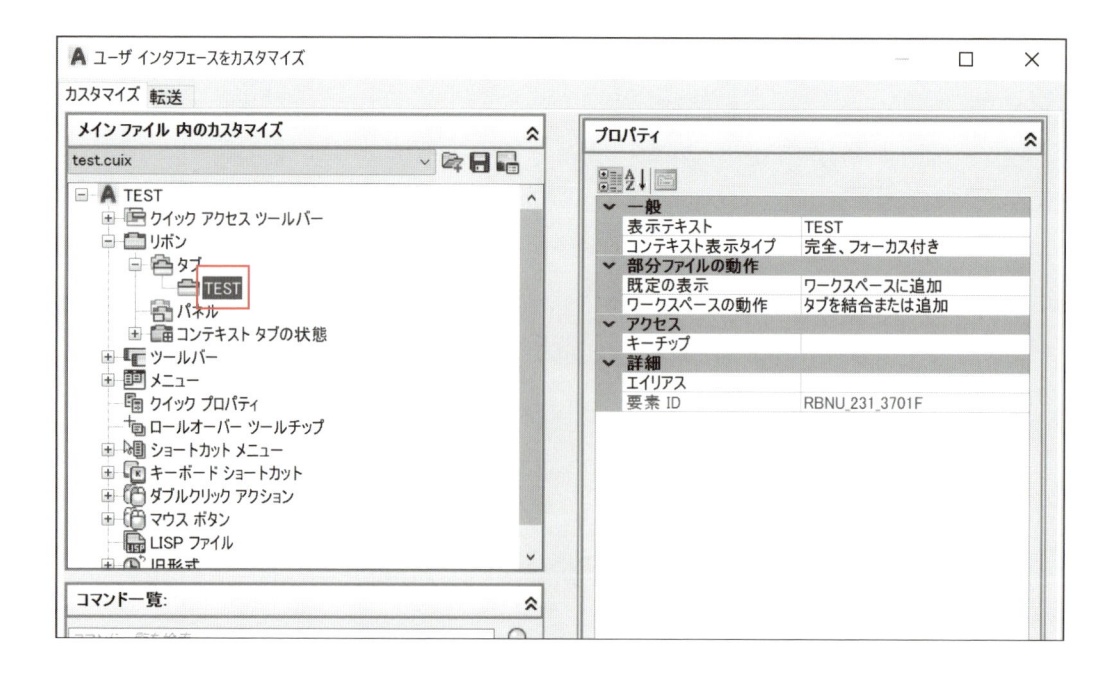

⑨ 同様にして「パネル」を右クリックして「パネルを新規作成」を選択して「TESTパネル」という名前の
パネルを作成します。作成した「TESTパネル」をドラッグし「TEST」タブの下にドロップします。こ
れで「TEST」タブ内で「TESTパネル」が表示されます。

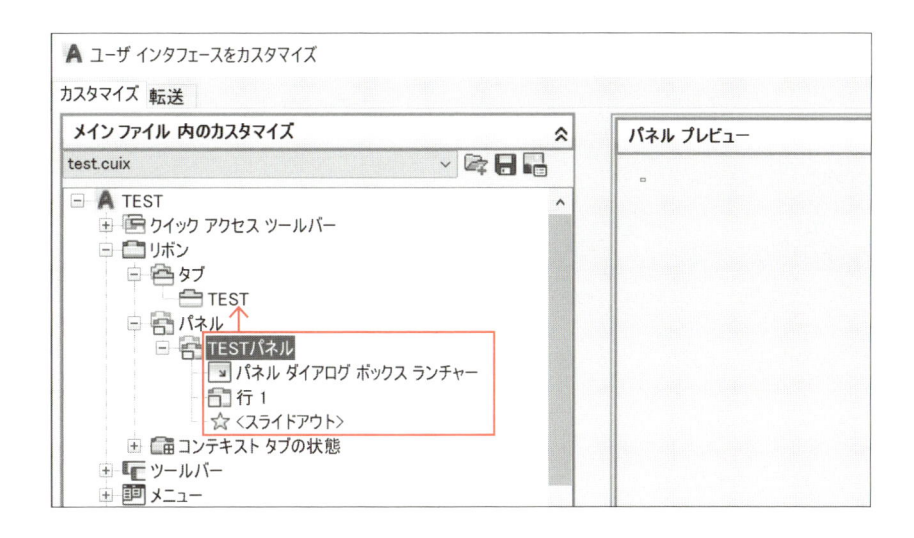

⑩ 「TESTパネル」に配置するコマンドを作成します。コマンドマクロの登録とアイコン画像の設定は
「2.2 オリジナルコマンドをリボンに追加する」(P.42) を参考にしてください。ここではとりあえず
「コマンド一覧」の「新しいコマンドを作成」ボタンをクリックして、空のコマンドを作成してもかまい
ません。

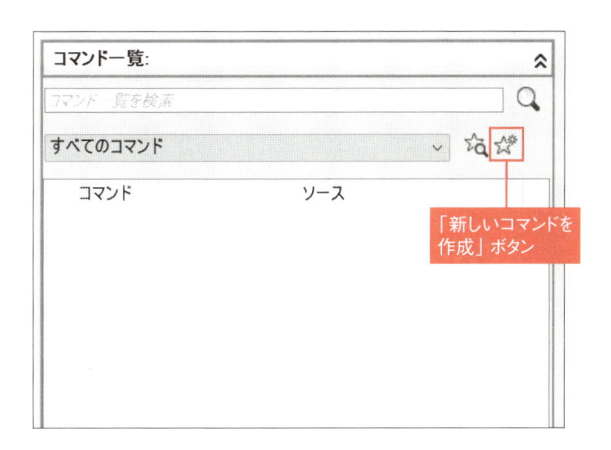

⑪ 「TESTパネル」にコマンドを追加します。「コマンド一覧」で作成したコマンドを選択し、上の「パネル」－「TESTパネル」－「行1」にドラッグ＆ドロップします。

⑫ ボタンの表示方法を設定します。右下の「プロパティ」にある「ボタンスタイル」で「大－文字付き（縦）」を選択します。パネルプレビューも確認しておきましょう。これで「タブ」－「パネル」－「ボタン」ができあがりました。

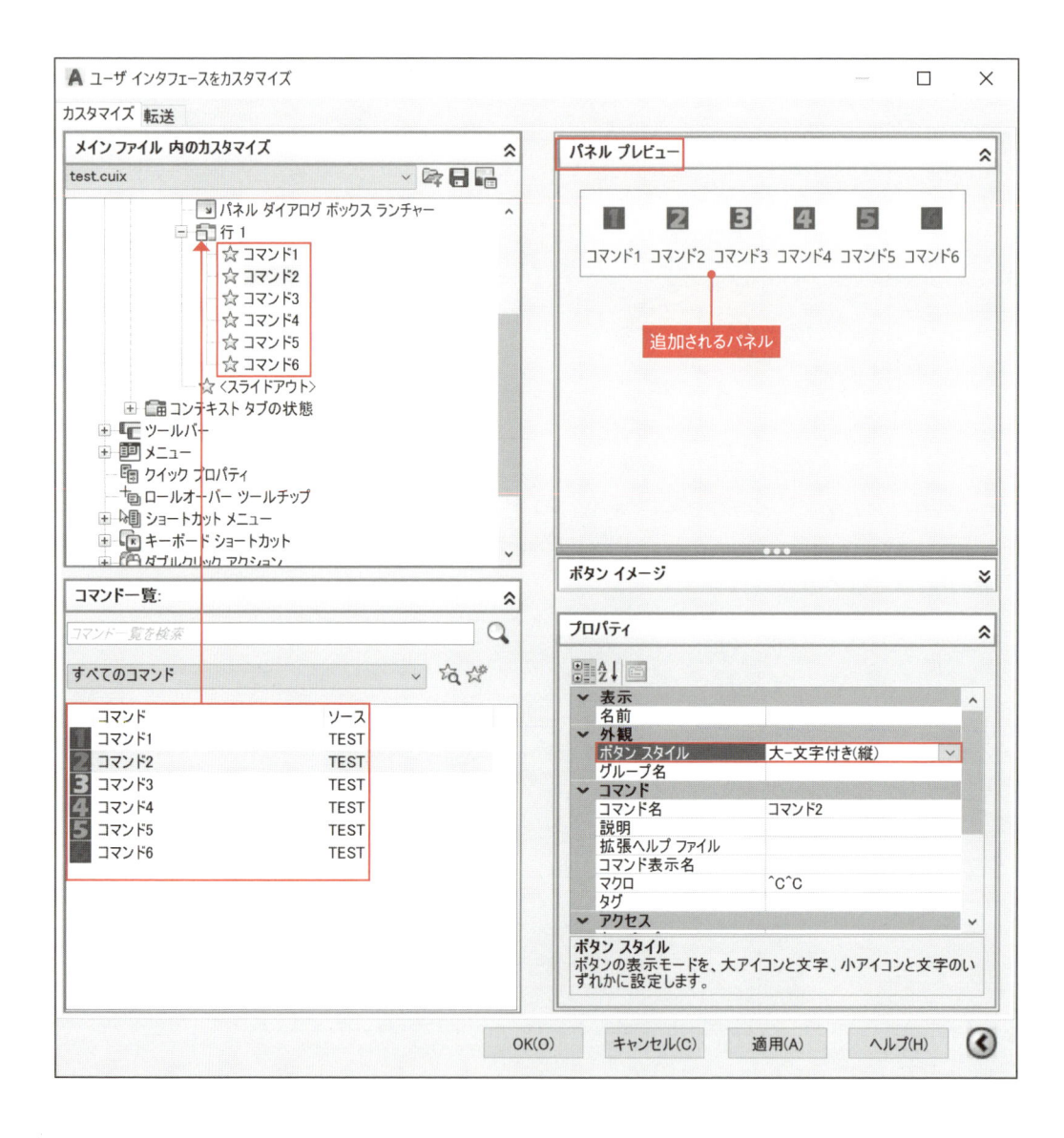

HINT

❸で「TEST」タブに「TEST パネル」をドラッグ＆ドロップしましたが、これは「TEST」タブに「TEST パネル」があるという階層を設定しただけです。パネルにコマンドを追加するときには、「TEST」タブに追加した「TEST パネル」ではなく、「パネル」内の「TEST パネル」－「行1」へ追加します。

⓭ 「TEST」タブを、AutoCAD標準の「製図と注釈」ワークスペースで見えるように設定します。「ユー
ザ インタフェースをカスタマイズ」ダイアログボックスの「すべてのファイル内のカスタマイズ」で
「すべてのカスタマイズファイル」に切り替えて「ワークスペース」にある「製図と注釈」を選択します。
ダイアログボックス右側に「ワークスペースの内容」が表示されます。[ワークスペースをカスタマイズ]
ボタンをクリックします。

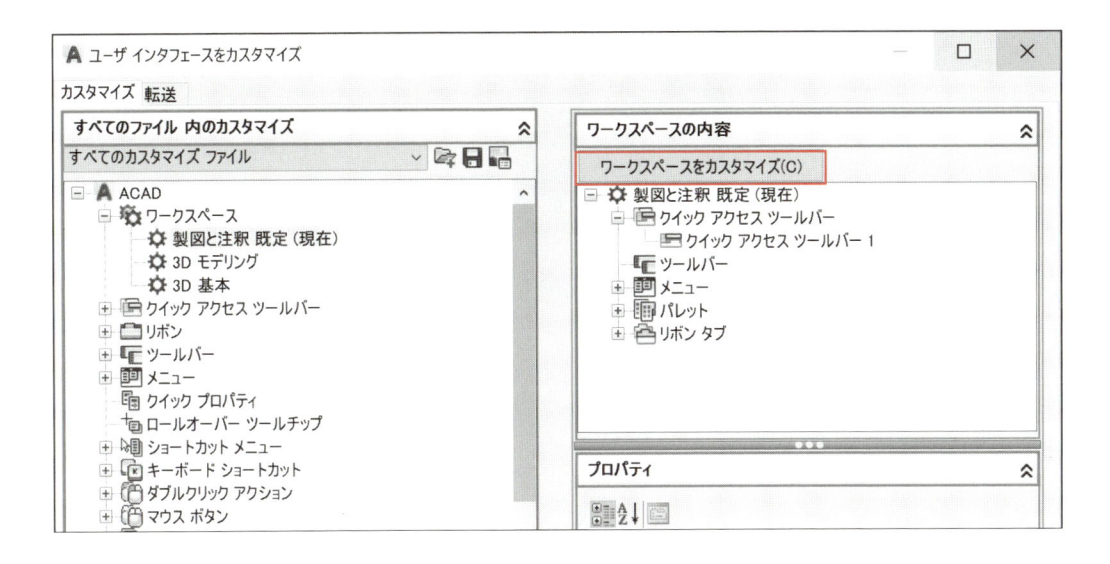

⓮ 「ワークスペースの内容」が青色で表示されます。左の「すべてのファイル内のカスタマイズ」で「部分
カスタマイズファイル」-「TEST」-「リボン」-「タブ」を展開し、「タブ」の左にチェックを入れま
す（TESTにも自動的にチェックが入ります）。右の「ワークスペースの内容」に「TEST」が表示されま
す。[完了]ボタンをクリックします。

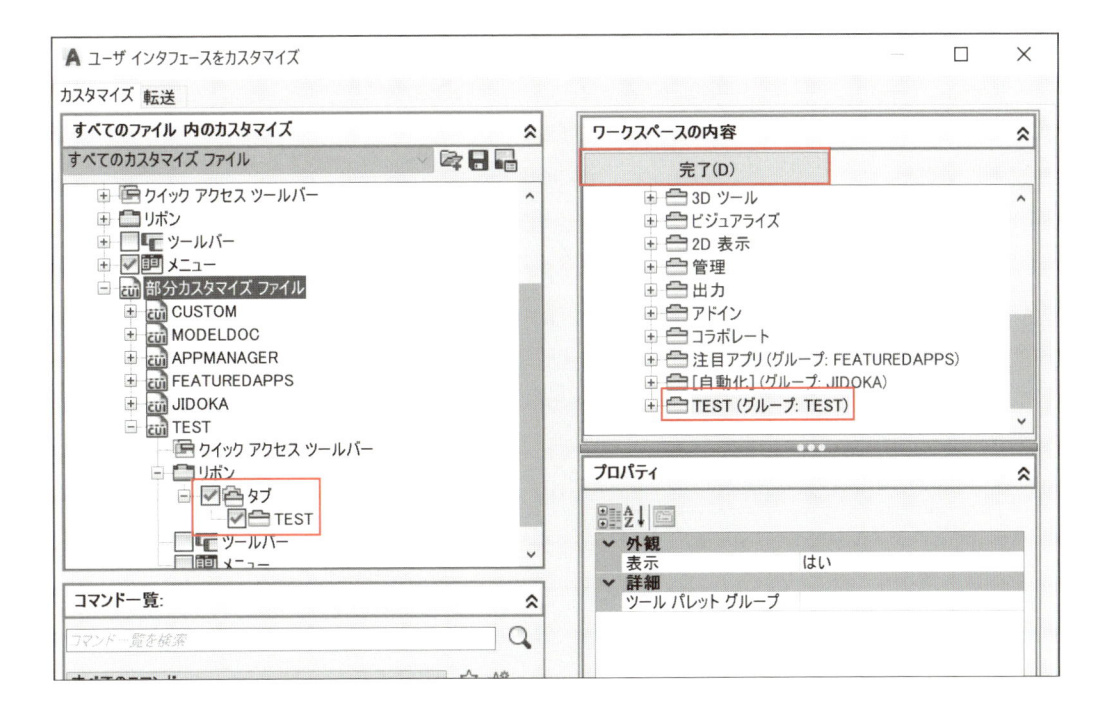

⓯ [OK] ボタンでダイアログボックスを閉じます。これでtest.cuixが更新、保存されます。リボンには作成した「TEST」タブと「TESTパネル」パネルが表示されます。

HINT

元に戻す場合は、ロード解除（P.56）をしてください。

Column　CUI ファイルの復元、リセット

CUI ファイルを変更していると、あやまった変更でリボンが消えてしまったり、コマンドが動かなくなったりすることがあります。ユーザインタフェースがおかしくなったときにまず試すのは、ワークスペースの切り替えです。AutoCAD 右下の [ワークスペースの切り替え] ボタンをクリックし、既定の「製図と注釈」を選択します。ほとんどの場合これで表示は元に戻ります。

それでもダメな場合は「ユーザ インタフェースをカスタマイズ」ダイアログボックスで復元の対象となるグループ名（ここでは「ACAD」）を右クリックすると表示される「復元」と「リセット」を使います。「復元」は変更以前の状態に戻します。変更以前の状態とは acad.cuix のあるフォルダーにもっとも最近保存したときに作られた acad.bak.cuix に戻すという意味です。「リセット」は AutoCAD をインストールしたときの acad.cuix に戻します。リセット用の acad.cuix は「C:¥Program Files¥Autodesk¥AutoCAD 20xx¥UserDataCache¥ja-jp¥Support」フォルダーにあります。

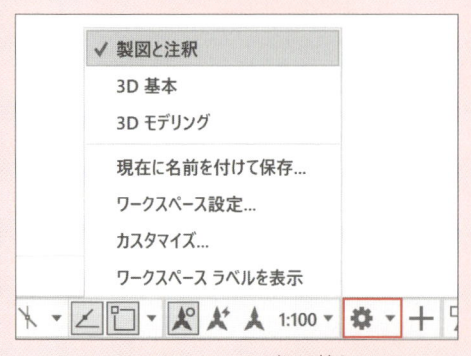

ワークスペースの切り替え

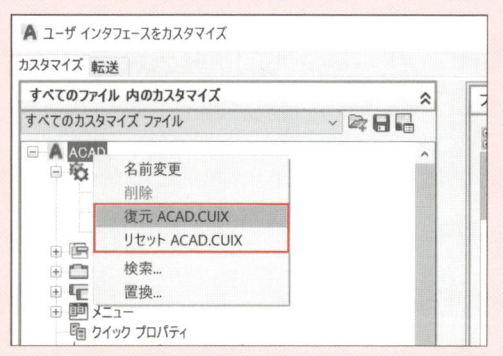

グループ名の右クリックメニュー

Chapter 3

コマンドマクロ
の応用

3.1 コマンドマクロの書式

コマンドマクロはいくつかのコマンドやキー操作をひとつにまとめたものです。複数の操作をワンクリックで実現するのですから、自動化にはとても役立ちます。ここではコマンドマクロの書式や、ユーザーが自由に座標をマウスで指示したり、繰り返し実行したりするテクニックなどを紹介します。

3.1.1 コマンドマクロの構成

前章で座標（3000、1500）を中心点とする半径 1000 の円を描くコマンドマクロを作成しました。これは、コマンドラインの入力値を「コマンドマクロ 3 原則」（P.45）に基づいて、1 行にしたものです。このコマンドマクロは次の要素で構成されています。

```
^C^CCIRCLE␣3000,1500␣1000
```

特殊文字	コマンド	半角	値	半角	値
（実行中のコマンドを	（円を作成）	スペース	（中心の座標）	スペース	（半径）
キャンセル）					

コマンドや値のほか、後述するシステム変数や DIESEL 式も使えます。文頭の**特殊文字**は、特別な動作をさせるために使う文字のことです。「^C^C」以外にも特殊文字として使える記号はいくつかあります。代表的なものを次で紹介します。

3.1.2 特殊文字「¥」でユーザーの入力待ち

上記のコマンドを改良します。円の中心点を（3000,1500）の位置に固定するのではなく、クリックした位置が中心となる円を作図するコマンドマクロです。同じ場所に決まった大きさの円を作図するコマンドに比べ、自由度が少し増します。

この場合「3000,1500」を特殊文字「¥」(円マーク)に置き換えると、ユーザーの入力待ちになります。「¥」をマウスのクリックとすると、その後に Enter キーを押すことはないので、¥のあとにスペースは不要です。

CODE
```
^C^CCIRCLE ¥1000
```

ユーザーが作図ウインドウの適当な位置をクリックすると、次の「1000」が AutoCAD に入力されます。

CUI(ユーザ インタフェース)コマンドで、「ユーザ インタフェースをカスタマイズ」ダイアログボックスを表示し、「円(半径1000)」コマンドの「マクロ」欄を上記のコマンドマクロに変更します。

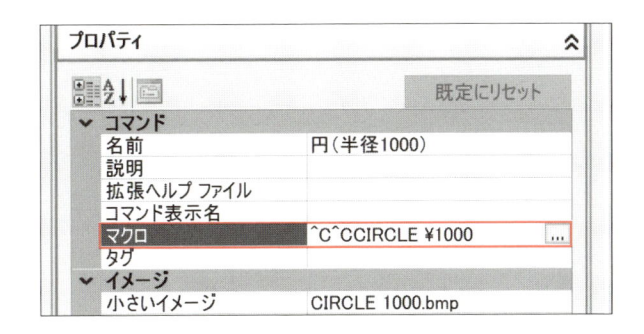

このコマンドを実行すると、クリックした位置に半径 1000 の円が作図されます。このように、ユーザーの入力が必要な場合は、特殊文字「¥」を使います。

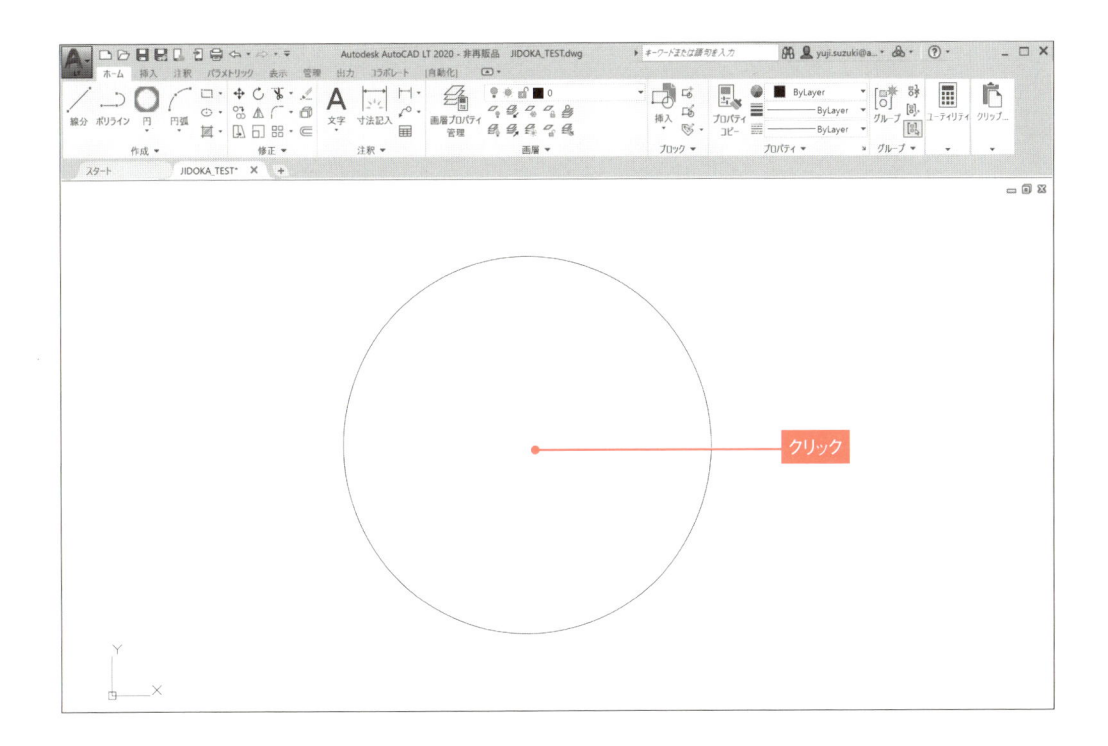

　前項のコマンドマクロでは、一度中心点をクリックするとコマンドが終了します。再実行するには再びツールボタンをクリックしなくてはなりません。次々とクリックした位置に円を作図する、というコマンドにしたほうが使い勝手がよくなります。連続して実行するにはコマンドマクロの行頭に特殊文字「＊」（アスタリスク）を置くだけです。コマンドマクロは次のようになります。

CODE

```
*^C^CCIRCLE ¥1000
```

　「ユーザ インタフェースをカスタマイズ」ダイアログボックスで「円（半径1000）」のコマンドマクロを変更します。

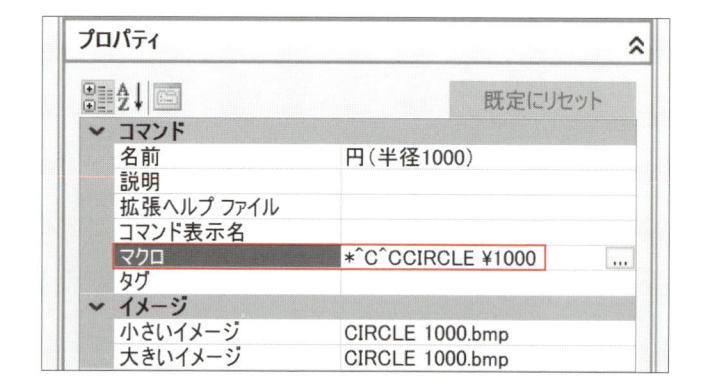

　図のように、クリックするたびに半径1000の円を作図するコマンドができました。無限に繰り返し実行できます。終了するのは Esc キーです。 Enter キーで終わらせることはできません。

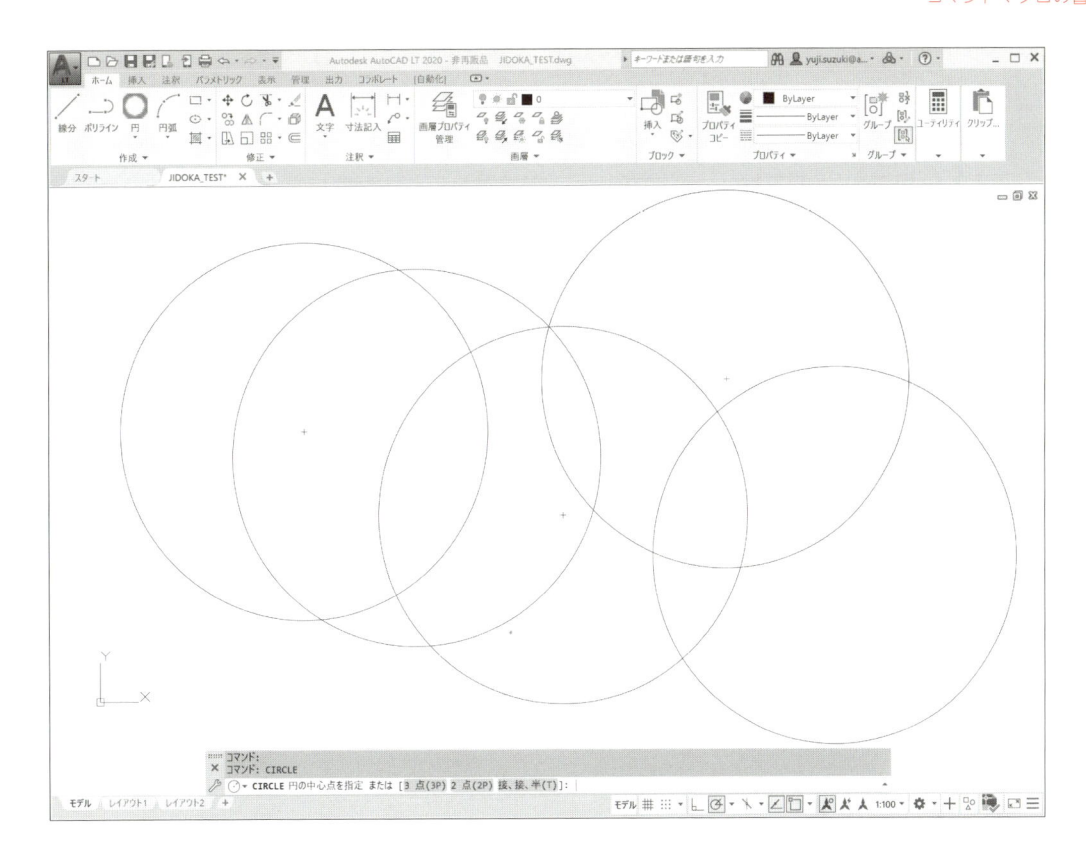

HINT

ほかにも多くの特殊文字がコマンドマクロで使われます。本文で解説した以外で、一般に使われる特殊文字を紹介します。

  ; ： Enter を入力
 ^M ： Enter を入力
  $ ：DIESEL マクロ式 ($M=) を導入など（P.77 参照）
 ^B ：スナップのオン / オフを切り替え
 ^D ：ダイナミック UCS のオン / オフを切り替え
 ^E ：次のアイソメ平面を設定
 ^G ：グリッドのオン / オフを切り替え
 ^H ： Backspace キーを入力
 ^O ：直交モードのオン / オフを切り替え
 ^P ：MENUECHO のオン / オフを切り替え
 ^Q ：マクロのすべてのプロンプトと入力をコマンド ライン履歴に表示しない
 ^V ：現在のビューポートを変更
 ^Z ：マクロ末尾へスペースが自動的に追加されるのを抑止

「2.1.5 相対座標の振る舞い」で、次のようなコマンド文字列を使い、円を作図して中心点の座標寸法を記入しました。

```
CODE
CIRCLE
3000,1500
1000
DIMORDINATE
@
Y
@700,0
DIMORDINATE
@
X
@0,700
```

これを、円を連続作図しながら同時に座標寸法を記入するコマンドマクロに変更してみましょう。「コマンドマクロ3原則」にしたがって1行にします。最初の3行を前項で作成した連続作図のコマンドマクロに修正します。

```
CODE
*^C^CCIRCLE ¥1000 DIMORDINATE @ Y @700,0 DIMORDINATE @ X @0,700
```

「円を作図する」「座標寸法を表示する」の2つの動作があるため、コマンドマクロも長くなりました。「ユーザ インタフェースをカスタマイズ」ダイアログボックスで「円（半径1000）」のコマンドマクロを変更します。これくらい長いコマンドマクロになると、マクロ欄に表示しきれません。マクロ欄右の［…］ボタンをクリックします。

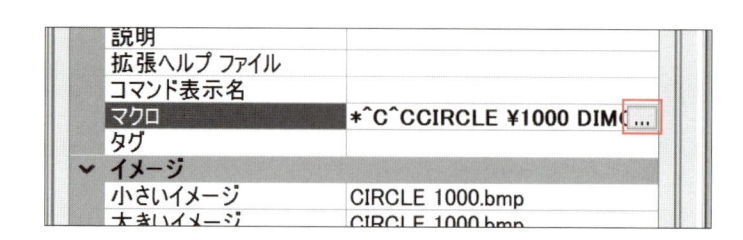

　図のような「ロングストリング エディタ」が表示されます。これで入力すると長いコマンドマクロも編集しやすくなります。

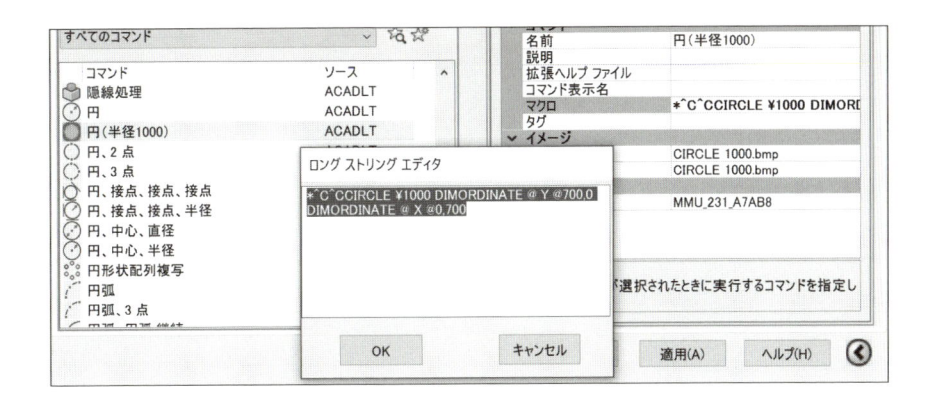

　このコマンドマクロを実行してみますが、実行の前に次のようにキーボードから入力し、寸法文字を見やすい大きさにしておきます。この操作の意味は次ページで解説します。

　コマンドマクロを実行するとクリックするたびに円と座標寸法が記入されます。[Esc] キーで終了します。「自動化」の目標にまた一歩近づきました。

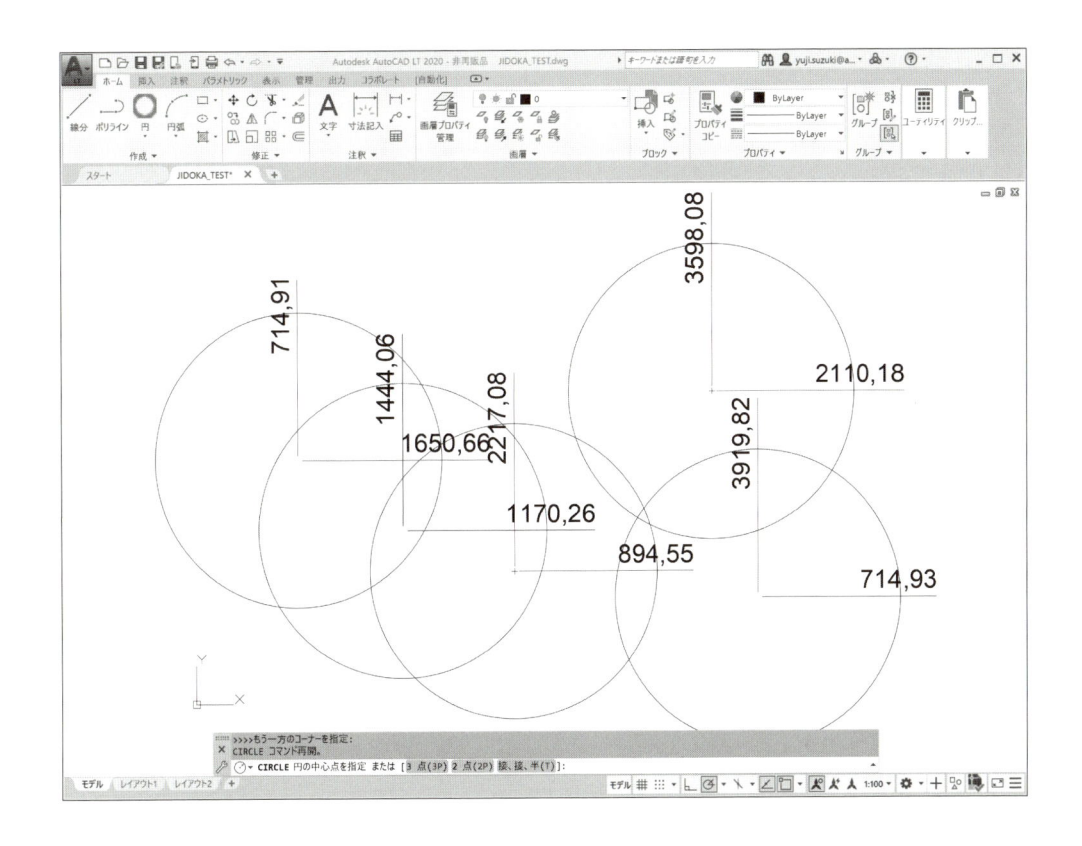

コマンドマクロで
システム変数を使う

ここまでの解説はコマンドを対象に行なってきましたが、コマンドマクロで使えるシステム変数もあります。巻末付録にシステム変数の一覧表を掲載しています。

たとえば図面上の文字を MIRROR（鏡像）コマンドで反転させたときに、鏡文字にするかしないかを決定する **MIRRTEXT** というシステム変数があります。MIRRTEXT ＝ 1 のときは鏡文字になり、MIRRTEXT ＝ 0 のときは文字が鏡像になりません。

現在のシステム変数の値を確認するときは、キーボードからシステム変数名を入力します。<> 内に表示されるのが現在の値です。このシステム変数「MIRRTEXT」も必要に応じてコマンドマクロで変更できます。

COMMANDLINE

> コマンド：MIRRTEXT
>
> MIRRTEXT の新しい値を入力 <0>:

また、先の円を作図して座標寸法を記入するコマンドマクロを実行する前に、記入される寸法文字の大きさを調整するため

COMMANDLINE

> DIMSCALE [Enter]
>
> 30 [Enter]

と入力しました。この **DIMSCALE** もシステム変数です。「DIMSCALE を 30 にする」というシステム変数設定を、コマンドマクロに取り込むこともできます。その場合のコマンドマクロは次のようになります。

CODE

```
*^C^CDIMSCALE 30 CIRCLE ¥1000 DIMORDINATE @ Y @700,0 DIMORDINATE @ X @0,700
```

システム変数 DIMSCALE を 30 に設定して、CIRCLE（円）コマンドを実行、マウスで指示、Y 座標の寸法、最後に X 座標の寸法というように、キーボードでコマンドを実行する順を考えてコマンドマクロを書きます。

3.3 DIESEL 式とは

コマンドマクロで複雑な処理を行なうときには、DIESEL 式を使います。「DIESEL」とは「Direct Interpretively Evaluated String Expression Language」の頭文字です。直訳すると「直接解釈で評価される文字列式言語」というところでしょうか。

DIESEL 式は文字列を扱うプログラム言語です。入力するのも、返ってくるのも「文字列」です。具体的には取得した数値、計算式の結果、変数名やファイル名などを表す文字列になります。

- 3 と 4 の和を求める入力　$(+, 3, 4)　→「7」という文字
- 現在開いているファイル名を求める入力　$(GETVAR, DWGNAME)　→「Drawing1.dwg」という文字列

本書の目的である「自動化」を実現するとき、LISP や VBA を使用できない AutoCAD LT ユーザーにとっては DIESEL 式が最高のツールです。逆に AutoCAD ユーザーにとってはより複雑な操作を実現できる LISP のほうが使いやすいと言えるでしょう。特に環境変数を扱う DIESEL 式の SETENV や GETENV は LT で使えて AutoCAD では使えないことなどから、DIESEL 式は制限のあるツールということになります。このため DIESEL 式を扱う項目に限り、AutoCAD LT を対象にして解説します。LT でしか使用できないサンプルには、【LT】の記号を記入します。

DIESEL 式の入力は、次の形が基本です。

$(関数名 , 値 1, 値 2, ・・・)

すべての関数は $（ドルマーク）を頭に付けて、（ ）内にコンマ区切りで関数と値を書くという書式で使います。DIESEL 式では数字もシステム変数名も文字列として扱うので、数値と文字を区別したり、文字列を「”（ダブルクオーテーション）」で囲んだりする必要はありません。（ ）内に DIESEL 式を追加して、入れ子（ネスト）にすることもできます。

$(関数名 , $(関数名 , 値 1,), $(関数名 , 値 2,), ・・・)

文字列式と言われてもまだ何のことかわからないと思いますが、ここでは「DIESEL 式は文字列を扱い、文字列を出力する」とだけ押さえておきます。具体的な記述は次項から説明しますが、参考までに基本的な DIESEL 式の関数一覧と入出力結果を次に示します。

■ DIESEL 式の関数一覧

関数	機能	入力サンプル	出力
+	加算	$(+, 5, 3)	8
-	減算	$(-, 5, 3)	2
*	乗算	$(*, 5, 3)	15
/	除算	$(/, 5, 3)	1.66666667
=	等しい	$(=, 5, 3)	0 (偽)
<	より小さい	$(<, 5, 3)	0 (偽)
>	より大きい	$(>, 5, 3)	1 (真)
!=	等しくない	$(!=, 5, 3)	1 (真)
<=	以下	$(<=, 5, 3)	0 (偽)
>=	以上	$(>=, 5, 3)	1 (真)
AND	論理積	$(AND, $(!=, 5, 3), $(>, 5, 3))	1 (真)
ANGTOS	角度値	$(ANGTOS, 3.14)	180
EDTIME	時刻値	$(EDTIME, $(GETVAR, DATE), DDD)	木 (曜日)
EQ	等しい文字	$(EQ, ABC, abc)	0
EVAL	文字を評価	$(EVAL,"現在画層:" $(GETVAR,CLAYER))	画層 1
FIX	整数化	$(FIX, 3.14)	3
GETENV	環境変数を得る	$(GETENV, 幅)	125
GETVAR	システム変数を得る	$(GETVAR,DWGNAME)	Drawing1.dwg
IF	条件評価	$(IF, $(AND, $(!=, 5, 3), $(>, 5, 3)), ○, ×)	○
INDEX	インデックス	$(INDEX, 1, $(GETVAR, LASTPOINT))	123.4
NTH	N 番目	$(NTH, 3 ,a,b,c,d,e,f,g,h)	d
OR	論理和	$(OR, $(!=, 5, 3), $(<=, 5, 3))	1 (真)
RTOS	実数を文字列に	$(RTOS, 3.14159,2,4)	3.1416
STRLEN	文字の長さ	$(STRLEN,ABC)	3
SUBSTR	部分文字列	$(SUBSTR,ABCDEF,2)	BCDEF
UPPER	大文字化	$(UPPER,abcDEF)	ABCDEF
XOR	排他的論理和	$(XOR, $(!=, 5, 3), $(<=, 5, 3))	1 (真)

3.4 DIESEL 式の使い方

それでは具体的に DIESEL 式を使ってみましょう。この節は、AutoCAD LT 2020 を使用して解説します。

3.4.1 システム変数 MODEMACRO で結果を確認

DIESEL 式はコマンドマクロとして実行します。つまり「2.2　オリジナルコマンドをリボンに追加する」（P.42）で解説した方法で、「ユーザ インタフェースをカスタマイズ」ダイアログボックスで登録して使います。

たとえば「DIESEL 式の関数一覧」の下から 3 番目にある部分文字列の入力例「$(SUBSTR, ABCDEF,2)」をコマンドラインに貼り付けたり、入力したりしても「・・・はありません。」と返ってくるだけです。

COMMANDLINE

> コマンド : $(SUBSTR,ABCDEF,2)
>
> そのようなコマンド "$(SUBSTR,ABCDEF,2)" はありません。ヘルプを表示するには F1 キーを押してください。

「ユーザ インタフェースをカスタマイズ」ダイアログボックスで「$M=$(SUBSTR,ABCDEF,2)」をコマンドマクロとして登録し実行すれば、次のように結果が返ってきます。

コマンド表示名	
マクロ	$M=$(SUBSTR,ABCDEF,2)
タグ	

COMMANDLINE

> コマンド : BCDEF そのようなコマンド "BCDEF" はありません。ヘルプを表示するには F1 キーを押してください。

リボンに登録するコマンドマクロで DIESEL 式を使う場合は、特殊文字「$」を使って「$M=」を DIESEL 式の最初に入れます。基本的には 1 カ所ですが、実行順序を入れ替えるなど特殊な目的のときには複数使うこともあります。ここで紹介する MODEMACRO やフィールド（P.109）で DIESEL 式を使う場合は「$M=」は使いません。

この DIESEL 式を実行すると、前ページの表の「出力」欄にあるように、「ABCDEF」の 2 文字目以降の部分文字列「BCDEF」が返ってきました。もっとも「BCDEF」というコマンドはありませんので、「そのようなコマンド "BCDEF" はありません。」と叱られてしまいました。

DIESEL 式が正しいかどうかを確認するたびに、「ユーザ インタフェースをカスタマイズ」ダイアログボックスにコマンドマクロを登録するのは手間がかかります。とりあえず DIESEL 式が返す値のみを確認したい場合は、システム変数 **MODEMACRO** を使うと、ステータスバーに値を表示できます。MODEMACRO を使って前出の DIESEL 式をコマンドラインに入力してみましょう。

COMMANDLINE

コマンド :MODEMACRO
MODEMACRO の新しい値を入力、または　＝なし <"">:$(SUBSTR,ABCDEF,2)

　下記のようにステータスバーの「モデル空間」のアイコンの左に、出力結果の文字列が表示されます。文字列が見えるだけで実行されませんが、DIESEL 式をつくるのにはずいぶん役に立ちます。

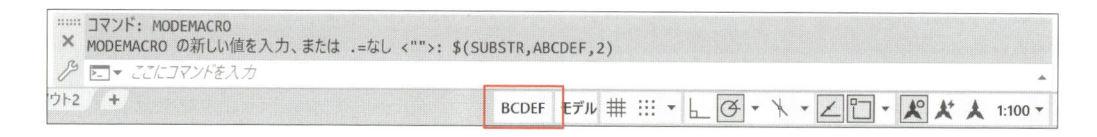

　P.76 の表の最後にある 2 行の実行結果を次の図に示します。わかりやすいようにコマンド ウインドウを上方向に広げてあります。

■ UPPER（大文字化）

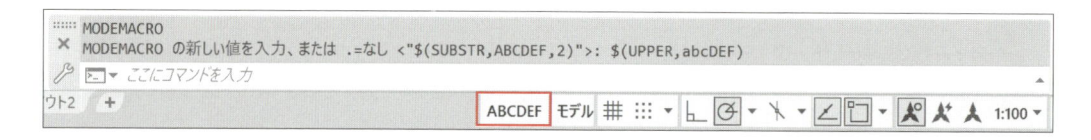

■ XOR（排他的論理和）

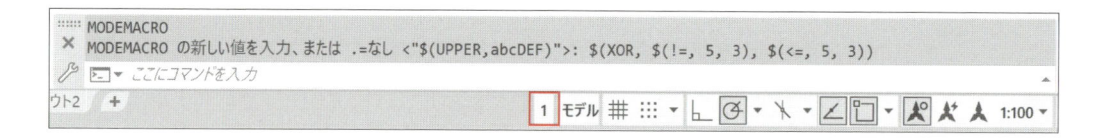

3.4.2　DIESEL の例　―❶ 指定した形式／ファイル名で保存する

　簡単な DIESEL 式を使ったコマンドマクロを作成してみましょう。これから DIESEL 式を練習するにあたり、P.55 で読み込んだ CUI ファイル「JIDOKA.cuix」には練習用のコマンド「テスト」を用意しています。「ユーザ インタフェースをカスタマイズ」ダイアログボックスの「メインファイル内のカスタマイズ」を「JIDOKA.cuix」に切り替え、「テスト」コマンドの「マクロ」欄を書き換えてコマンドマクロを試してみてください。もちろん、新しいコマンドを作成してもかまいません。CUI ファイルをロード解除した場合は、再読み込みしてください。

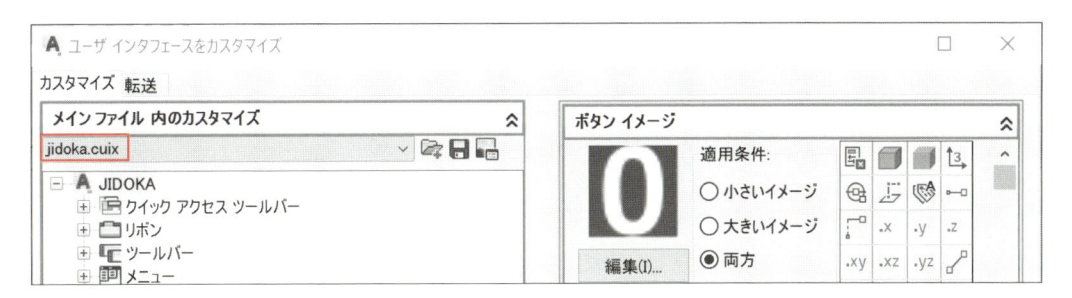

　ここではボタンをクリックすると、いま開いているファイルを「2000 形式 DWG」で保存し、ファイル名の後ろに「_2000」が自動的に付くコマンドマクロを作成してみます。ワンクリックでまちがいなく 2000 形式のファイルを作ろうというコマンドです。ファイル名に「_2000」と付くので、ファイル形式も一目でわかります。

　図面を開いて、その図面を「JIDOKA_TEST」というファイル名で「名前を付けて保存」しておきます。現在のファイル名はシステム変数 **DWGNAME** で得ることができます。まず、キーボードから「DWGNAME Enter 」とコマンド ウインドウに入力します。現在のファイル名は「JIDOKA_TEST.dwg」であることが確認できました。ここまでが準備作業です。

COMMANDLINE

コマンド : DWGNAME
DWGNAME = "JIDOKA_TEST.dwg" (読み込み専用)

　それでは DIESEL 式にかかりましょう。システム変数を得るのは **GETVAR** です。最初にシステム変数 MODEMACRO（P.77）を使って正しく動作するか確認します。

❶ キーボードから「MODEMACRO Enter 」と入力し、「MODEMACRO の新しい値を入力」のプロンプトに対してシステム変数 DWGNAME の値を得る「**$(GETVAR,DWGNAME)** Enter 」と入力します。ステータスバーに現在開いているファイル名「JIDOKA_TEST.dwg」が表示されました。

CODE

```
$(GETVAR,DWGNAME)
```

※ $(GETVAR,DWGNAME)：システム変数 DWGNAME に値を得る→「JIDOKA_TEST.dwg」が返る

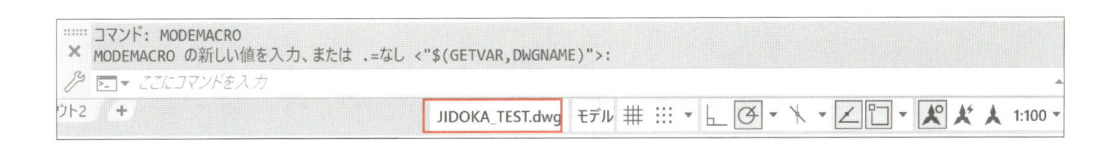

❷ 次にこのファイル名「JIDOKA_TEST」の文字長さ（文字数）を確認します。DIESEL式の **STRLEN** 関数で文字の長さを得ることができます。「MODEMACRO Enter 」のあとに、次のように入力します。文字長さとして「15」が返ってきました。

CODE
```
$(STRLEN,$(GETVAR,DWGNAME))
```

※ $(STRLEN,$(JIDOKA_TEST) : JIDOKA_TEST.dwg の文字長さ →「15」が返る

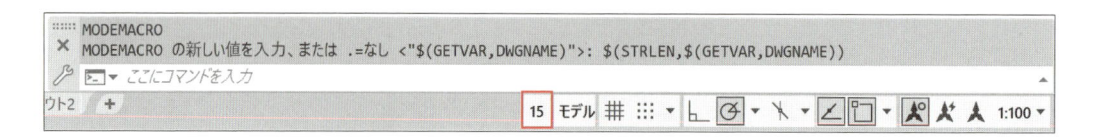

❸ この「15」とは、ファイルの拡張子「.dwg」を含む「JIDOKA_TEST.dwg」の文字数です。必要なのは「.dwg」を含まない11文字のファイル名です。文字列から一部の文字列を得るDIESEL式の **SUBSTR** 関数を使います。最初から11文字の部分文字列を得たいため、「MODEMACRO Enter 」のあとに、次のように入力します。最初から11番目までの文字「JIDOKA_TEST」が返ってきました。

CODE
```
$(SUBSTR,$(GETVAR,DWGNAME),1,11)
```

※ $(SUBSTR, JIDOKA_TEST.dwg,1 ,11) : 1番目から11文字分の部分文字列 →「JIDOKA_TEST」が返る

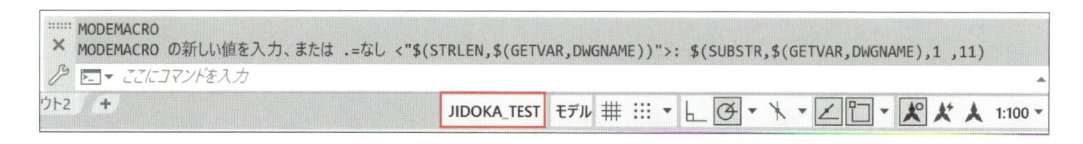

❹ 11という数字は、ファイル名全体の長さから「.dwg」の文字長さ4を引いた数値です。全体の長さは先の「$(STRLEN,$(GETVAR,DWGNAME))」ですから、11という数値の根拠を **STRLEN** 関数で表すとこうなります。

CODE
```
$(-,$(STRLEN,$(GETVAR,DWGNAME)),4)
```

※ $(-,$(STRLEN, JIDOKA_TEST.dwg,4) : JIDOKA_TEST.dwg の文字長さ 15 から 4 を引く →「11」が返る

HINT

「DIESEL式の関数一覧」にあるように、演算子は一番前に付けます。$(-,A,B) で A から B を引くという意味です。ここでは「拡張子を含むファイル名全体の長さから 4 を引く」となります。

⑤ ここまでのDIESEL式で、拡張子なしのファイル名（ここではJIDOKA_TEST）を得ることができました。続けて「_2000」とコマンドマクロの最後に付けます。この部分はDIESEL式でもなんでもありません。続けて文字列を書くだけです。これで現在のファイル名に「_2000」の付いた「JIDOKA_TEST_2000」とう文字列をDIESEL式で得ることができます。

CODE

```
$(SUBSTR,$(GETVAR,DWGNAME),1,$(-,$(STRLEN,$(GETVAR,DWGNAME)),4))_2000
```

※ $(SUBSTR,$(GETVAR,DWGNAME),1,$(-,$(STRLEN,$(GETVAR,DWGNAME)),4))_2000：現在のファイル名の1文字目から11文字分の文字列 JIDOKA_TEST に続けて「_2000」→「JIDOKA_TEST_2000」が返る

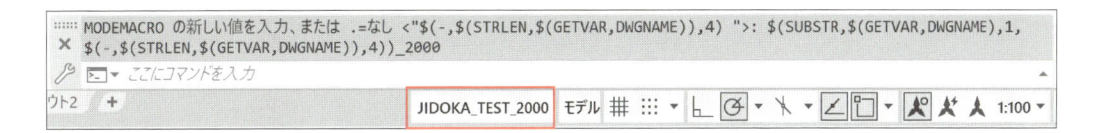

この DIESEL 式を一行ずつ分解したのが次の表です。「」内が結果として得られる文字列です。

手順①	$(GETVAR,DWGNAME)
	現在のファイル名「JIDOKA_TEST.dwg」
手順②	$(STRLEN,$(GETVAR,DWGNAME))
	ファイル名の文字長さ「15」
手順③→④	$(-,$(STRLEN,$(GETVAR,DWGNAME)),4)
	ファイル名の文字長さ $(-,15,4)15-4=「11」
手順⑤	$(SUBSTR,$(GETVAR,DWGNAME),1,$(-,$(STRLEN,$(GETVAR,DWGNAME)),4))_2000
	現在のファイル名の1文字目から11文字「JIDOKA_TEST」、末尾に［_2000］の文字を追加「JIDOKA_TEST_2000」

新しいファイル名を得られたので、次はコマンドです。コマンドでは DIESEL 式を使う必要はありません。**SAVEAS**（名前を付けて保存）コマンドを使います。キーボードから「SAVEAS Enter 」として、コマンドを実行すると「図面に名前を付けて保存」ダイアログボックスが表示されます。

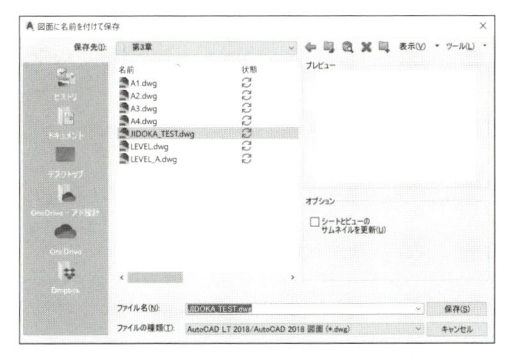

「図面に名前を付けて保存」ダイアログボックス

3

コマンドマクロの応用

このダイアログボックスが困りものです。ダイアログボックスが表示されてしまうと、コマンドマクロからはダイアログボックスのテキストボックスに文字を入力したり、[OK] ボタンをクリックしたりすることはできません。コマンドマクロでは、ダイアログボックスを出さずにコマンドを実行する工夫が必要です（次ページのコラム「ダイアログボックスを出さないでコマンド実行」を参照）。

ところが、SAVEAS コマンドはコマンドマクロから実行すると、ダイアログボックスが表示されません。このため SAVEAS（名前を付けて保存）コマンドは、そのままコマンドマクロに登録し、実行することができます。

以上をふまえて、新しいファイル名を作成するコマンドを完成させましょう。コマンド ウィンドウに入力する文字列は「SAVEAS」（上書き保存）、「2000」（2000 形式 DWG）、「JIDOKA_TEST_2000」（DIESEL 式で作成したファイル名）の 3 つです。

COMMANDLINE

コマンド：<u>SAVEAS</u>
現在のファイル形式：AutoCAD 2018 図面
ファイル形式を入力 [R14(LT98&LT97)/2000(LT2000)/2004(LT2004)/2007(LT2007)/2010(LT2010)/2013(LT2013)/2018(LT2018)/ 標準仕様 (S)/DXF(DXF)/ テンプレート (T)] <2018>: <u>2000</u>
図面に名前を付けて保存 <>: <u>JIDOKA_TEST_2000</u>

手順❺で作成した新しいファイル名を作成する DIESEL 式を、コマンド SAVEAS とファイル形式（2000）の後ろに付けて、次のようなコマンドマクロにします。

CODE

```
SAVEAS;2000;$M=$(SUBSTR,$(GETVAR,DWGNAME),1,$(-,$(STRLEN,$(GETVAR,DWGNAME)),4))_2000
```

ここでは見やすいように Enter キーに相当する部分は、スペースではなく「;（セミコロン）」を使いました（P.45）。DIESEL 式をコマンドマクロで使う場合は、「$M＝」を DIESEL 式の先頭に付けます。CUI コマンドでこのマクロをコマンドとして登録して、ボタンに割り当ててみます。

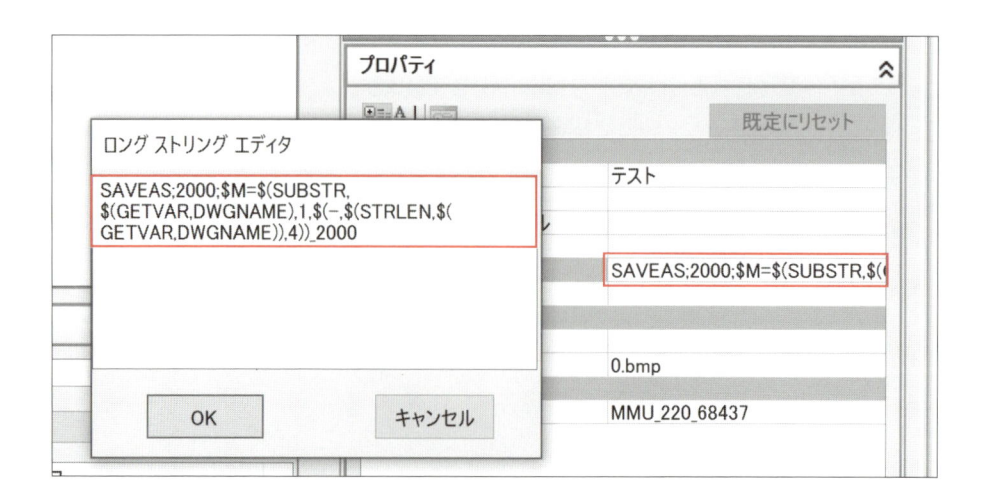

　ボタンをクリックしてこのコマンドを実行してみます。コマンド ウインドウには次のように表示されました。

コマンド : SAVEAS
現在のファイル形式 : AutoCAD 2000(LT2000) 図面
ファイル形式を入力 [R14(LT98&LT97)/2000(LT2000)/2004(LT2004)/2007(LT2007)/2010(LT2010)/2013(LT2013)/2018(LT2018)/ 標準仕様 (S)/DXF(DXF)/ テンプレート (T)] <R2000>: 2000
図面に名前を付けて保存 <C:\Users\u2\OneDrive\Documents\JIDOKA_TEST.dwg>: JIDOKA_TEST_2000

2000 形式の「JIDOKA_TEST_2000」ファイルが作成されました。

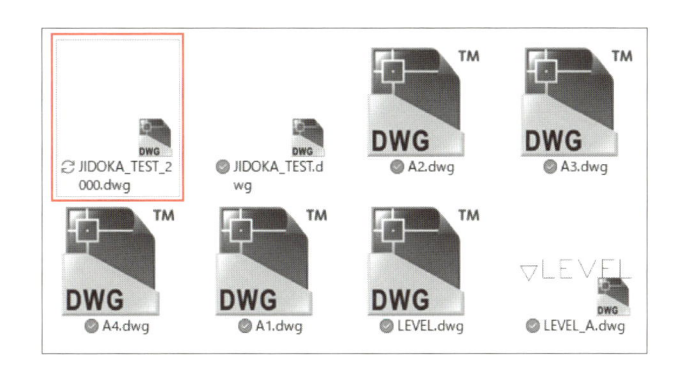

Column　ダイアログボックスを出さないでコマンド実行

ここで説明したように、SAVEAS（名前を付けて保存）コマンドは、コマンドマクロとして実行するとダイアログボックスが表示されないコマンドですが、「SAVEAS Enter 」とコマンド ウインドウにキーボードから入力したり、コマンドマクロで単体で使うとダイアログボックスが表示されます。本文での例のように「SAVEAS;2000;」とパラメータを含めて使うと、ダイアログボックスは表示されません。
「ファイルを選択」ダイアログボックスが表示される **OPEN**（開く）コマンドは、パラメータを含めたマクロにしても「ファイルを選択」ダイアログボックスが表示されます。この場合、OPEN（開く）コマンド実行前にシステム変数 **FILEDIA** の値を「0」にしておくとダイアログボックスは表示されません。コマンドマクロで表現すると「FILEDIA;0;OPEN;" ファイル名 "」となります。

　ここでは AutoCAD LT 特有の環境変数の読み書きを使ったマクロを紹介します。まず、環境変数について簡単に説明します。

● 環境変数とは

　プログラミングには「**変数**」があり、これが重要な役割をします。たとえば「A」という名前の変数に値となる 3 を代入、「B」という名前の変数に値となる 4 を代入しておき、「A × B」を実行すると 3 × 4 の「12」が返ってくるという仕組みです。

　この「A × B」がプログラムになります。A = 3、B=4 のとき、このプログラムは「12」を返し、A = 123、B=100 のとき「12300」を返します。

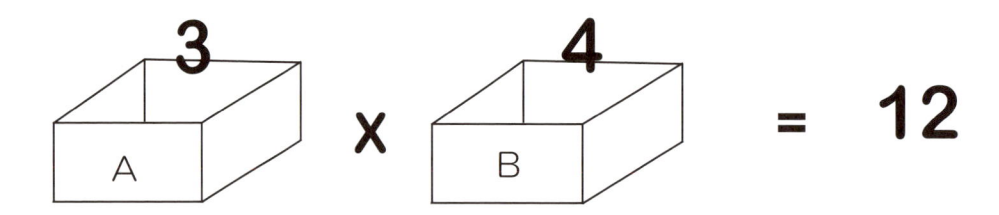

　変数は文字どおり「変わる数」ですから、「A × B」というプログラムを用意しておき A や B の値を変えれば、プログラムを変更しなくても新しい結果をプログラム「A × B」が出してくれます。

　コマンドマクロで変数を扱いたい場合は、AutoCAD がもつ「**環境変数**」を利用します。AutoCAD の環境変数とは、本来、最後に使ったハッチングパターン名やテンプレートファイル名を保存しておく「場所」のことです。ここをコマンドマクロで変数を入れておく場所として利用しようというアイデアです。

　「環境変数を設定する」というのは、環境変数に変数名と値を代入することです。DIESEL 式の関数ではなく、**SETENV**（環境変数設定）コマンドを使います。このコマンドは **AutoCAD LT でしか使えない**ので注意してください。キーボードから「SETENV ⌷Enter⌷ A ⌷Enter⌷ 3 ⌷Enter⌷」と入力すると、コマンド ウインドウに次のように表示されます。

COMMANDLINE

コマンド : SETENV
変数名を入力 : A
値 :3

　「変数名を入力：」で変数名を設定します。上図の例では「A」や「B」です。「値：」には代入する値を入力します。これも上記の例なら「3」や「4」となります。

● 2 つの円とその中心を結ぶ線分を作図するコマンドマクロ

　環境変数を使ったコマンドマクロを作成してみましょう。このマクロは 2 つの円とそれぞれの円の中心を結んだ線をまとめて作図するというコマンドです。片方の円の半径は、自動的にもう片方の円の半径の 1/2 となるようなコマンドにします。この「もう片方の円の半径の 1/2」という部分で環境変数を使います。

　まず、基本的な CIRCLE（円）コマンドと LINE（線分）コマンドの組み合わせをキーボードから実行してみましょう。原点を中心とした半径 100 の円をかき、原点から（200,100）の位置に線を引いたら、線の終点を中心とした半径 50 の円をかくという操作です。

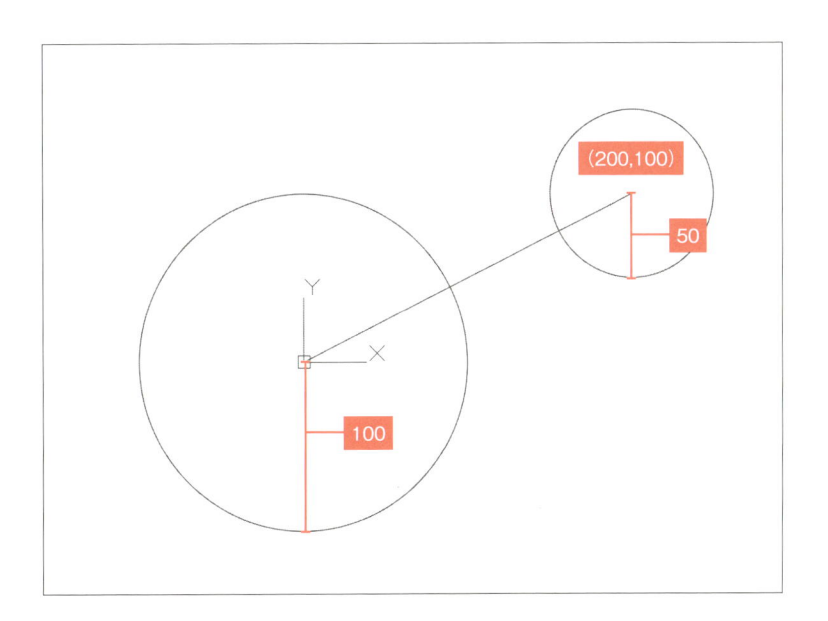

COMMANDLINE

コマンド：CIRCLE
円の中心点を指定 または [3 点 (3P)/2 点 (2P)/ 接、接、半 (T)]: 0,0
円の半径を指定 または [直径 (D)]: 100
コマンド：LINE
1 点目を指定：@0,0
次の点を指定 または [元に戻す (U)]: @200,100
次の点を指定 または [終了 (E)/ 元に戻す (U)]:
コマンド：CIRCLE
円の中心点を指定 または [3 点 (3P)/2 点 (2P)/ 接、接、半 (T)]: @0,0
円の半径を指定 または [直径 (D)] <100.0000>: 50

　この一連の操作をコマンドマクロにしてみます。この段階では最初の円の中心は（0,0）、次の円の中心は（200,100）、半径はそれぞれ 100 と 50 とします。入力した内容を、次のようにそのままコマンド文字列にします。ポイントは直前で指定した点を示す「@」の使い方と LINE コマンドの終了に Enter を 2 回続けることが必要なので、「@200、100」の後にスペースを 2 つ入れることです。

この文字列をクリップボードにコピーして、コマンド ウインドウに貼り付けるとそのまま実行でき、先の2つの円と線分の図形が作成されます。

CODE
```
CIRCLE 0,0 100 LINE @ @200,100  CIRCLE @ 50
```

　この文字列をコマンドマクロとして整えていきます。

❶ 座標値や半径などのユーザーが入力する値を、入力待ちの「¥」に置き換えます（P.68）。他にもわかりやすいようにスペースを「;」に置き換えました。行頭に繰り返すための「*」（P.70）と実行中のコマンドをキャンセルする「^C^C」を入れれば、コマンドマクロとして登録できる形になりました。

CODE
```
*^C^CCIRCLE;¥¥LINE;@;¥;CIRCLE;@;¥
```

❷ 続けて「片方の円の半径は、自動的にもう片方の円の半径の1/2となるようなコマンド」を実現する工夫をしていきます。ここで環境変数設定コマンド **SETENV** の登場です。まず、環境変数の名前を設定する部分を作成します。変数名は「半径」と設定し、値はユーザーに入力してもらいます。コマンドマクロは次のようになります。

CODE
```
SETENV;半径;¥
```

❸ 環境変数「半径」の値を得るときはDIESEL式にします。コマンドマクロの中で最初にDIESEL式を使うので、「$M=」が必要です。変数の値を得る関数 **GETENV** を使います。

CODE
```
$M=$(GETENV,半径);
```

❹ もう片方の円は環境変数「半径」の値の1/2ですから、これもDIESEL式にします。除算の関数「/」を使って次のように記述します。

CODE
```
$(/,$(GETENV,半径),2);
```

❺ ①で作成したコマンドマクロに②～④を追加します。②は「^C^C」の後、③は最初の円の半径を指示した後の「¥」、④は最後の「¥」と置き換えます。完成したコマンドマクロは次のようになります。

CODE

```
*^C^CSETENV;半径;¥CIRCLE;¥$M=$(GETENV,半径);LINE;@;¥;CIRCLE;@;$(/,$(GETENV,半径),2);
```

このコマンドマクロを CUI コマンドで登録して動作確認します。

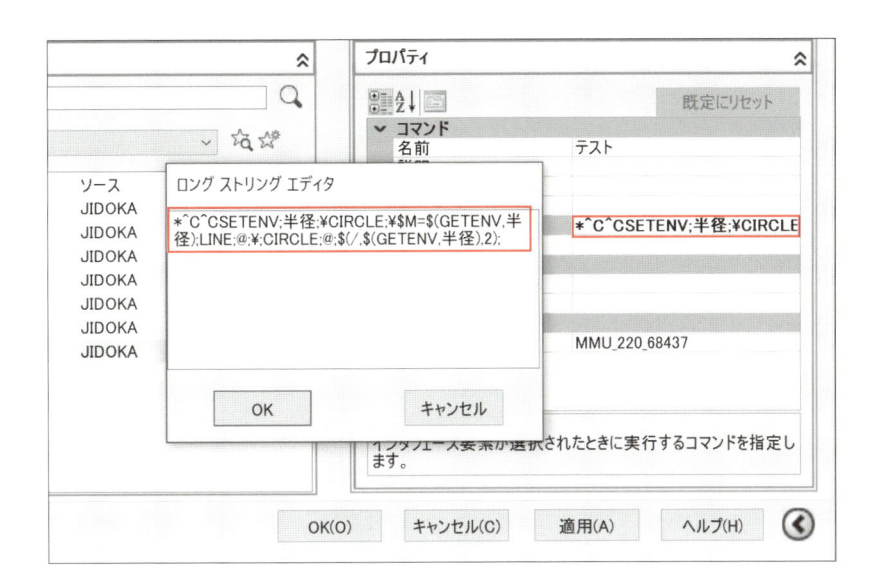

最初に実行するときだけ半径の値を入力しますが、同じ半径で作図するなら 2 回目からは Enter キーの入力だけですみます。最後は Esc キーで終了します。次が実行時のコマンドラインと結果です。

COMMANDLINE

コマンド：SETENV
変数名を入力：半径
値 <100>：100 Enter
コマンド：CIRCLE
円の中心点を指定 または [3 点 (3P)/2 点 (2P)/ 接、接、半 (T)]：
円の半径を指定 または [直径 (D)] <50.0000>：100
コマンド：LINE
1 点目を指定：@
次の点を指定 または [元に戻す (U)]:
次の点を指定 または [元に戻す (U)]:
コマンド：CIRCLE
円の中心点を指定 または [3 点 (3P)/2 点 (2P)/ 接、接、半 (T)]: @
円の半径を指定 または [直径 (D)] <100.0000>：50
コマンド：
コマンド：
コマンド：SETENV
変数名を入力：半径
値 <100>：* キャンセル *

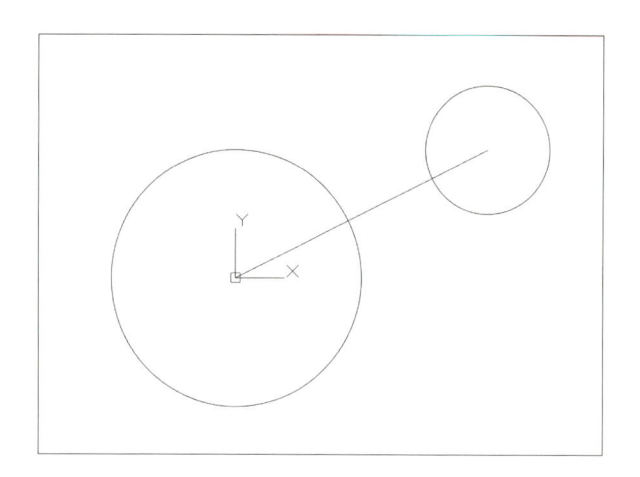

HINT

SETENV コマンドは AutoCAD LT 専用のため、AutoCAD でこのコマンドマクロは使えません。AutoCAD
では、**(setenv)** という LISP 関数を使えばこの形に近いコマンドマクロにできます。

CODE

```
(setenv"半径"(getstring"半径は？"));¥CIRCLE;¥$M=$(GETENV,半径);LINE;@;¥;CIRCLE;@;$(/,$
(GETENV,半径),2);
```

3.4.4 DIESEL 式の例 ― ❸ モデル空間に図面枠を挿入する【LT】

　もう少し実用的なコマンドマクロに挑戦しましょう。AutoCAD のモデル空間に、図面枠を挿入す
るコマンドマクロです。ただ図面枠を挿入するだけでなく、縮尺も設定し、すぐに図面を書き始められ
る環境を整えます。ただし異尺度対応の寸法やレイアウトでの図面枠には対応していません。非異尺度
対応・モデル空間のみで作図という作図方法を対象にしています。

　完成したコマンドマクロを使ってみると、次のような結果とコマンド ウインドウの表示になります。
ここでは A3 サイズの図面で縮尺 1/50 を設定します。ユーザーがキーボードから入力するのは、下
線部で表示している縮尺の「50」と図面サイズの「A3」という 2 つの文字列だけです。

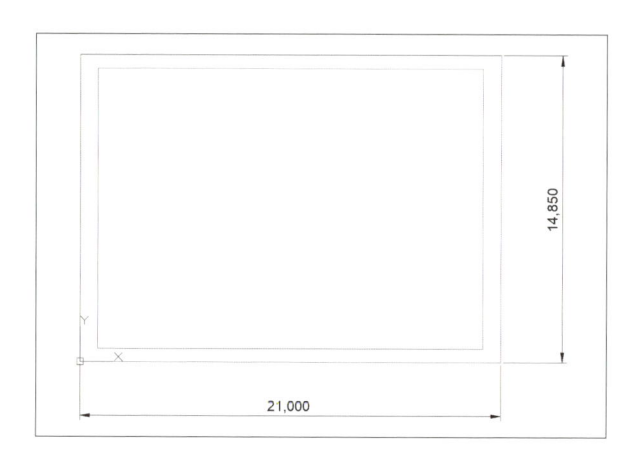

コマンド：SETENV
変数名を入力：縮尺
値：50 [Enter]
コマンド：SETENV
変数名を入力：用紙サイズ
値：A3 [Enter]
コマンド：DIMSCALE
DIMSCALE の新しい値を入力 <1.0000>: 50
コマンド：-INSERT
ブロック名を入力 または [一覧 (?)]: A3
単位：単位なし　変換：1.00000000
挿入位置を指定 または [基点 (B)/ 尺度 (S)/X/Y/Z/ 回転 (R)]: 0,0
X 方向の尺度を入力するか対角コーナーを指定 または [コーナー (C)/XYZ(XYZ)] <1>: 50
Y 方向の尺度を入力 <X 方向の尺度を使用 >:
回転角度を指定 <0>: 0
コマンド：ZOOM
窓のコーナーを指定、表示倍率を入力 (nX または nXP) または
[図面全体 (A)/ 中心点 (C)/ ダイナミック (D)/ オブジェクト範囲 (E)/ 前画面 (P)/ 倍率 (S)/ 窓 (W)/ 選択オブジェクト (O)] < リアル タイム >: E
モデルを再作図中。
コマンド：EXPLODE
オブジェクトを選択：L
コマンド：TEXTSIZE
TEXTSIZE の新しい値を入力 <2.5000>: 125
コマンド：LTSCALE
新しい線種尺度を入力 <1.0000>: 25
コマンド：REVCLOUD
円弧の最小長：25　円弧の最大長：25　スタイル：標準　タイプ：フリーハンド
始点を指定 または [円弧の長さ (A)/ オブジェクト (O)/ スタイル (S)] < オブジェクト >: A
円弧の最短の長さを指定 <25>: 500
円弧の最大の長さを指定 <500>: * キャンセル *
コマンド：
コマンド：LIMITS
モデル空間 の図面範囲をリセット：
左下コーナーを指定 または [オン (ON)/ オフ (OFF)] <0.0000,0.0000>:
右上コーナーを指定 <420.0000,297.0000>: 21000,14850

3

コマンドマクロの応用

このコマンドマクロでは、次のような処理が順に行なわれます。③から⑤は AutoCAD のシステム変数を設定しています。文末に表記したのが使用したシステム変数です。

① 図面枠としてあらかじめ用意された A3 用の図面枠を縮尺に応じた 50 倍の大きさにして挿入
② 挿入した図面枠のブロック図形を分解
③ 文字高さを 1/50 縮尺に応じて 125（＝紙上で 2.5mm）に設定（TEXTSIZE）
④ 線種尺度を 1/50 縮尺に応じて 25（＝縮尺の 1/2）に設定（LTSCALE）
⑤ 雲マークの一つの円弧長さ単位を 500 に設定（REVCLOUD）
⑥ 図面範囲を（0,0）から（21000,14850）の範囲に設定

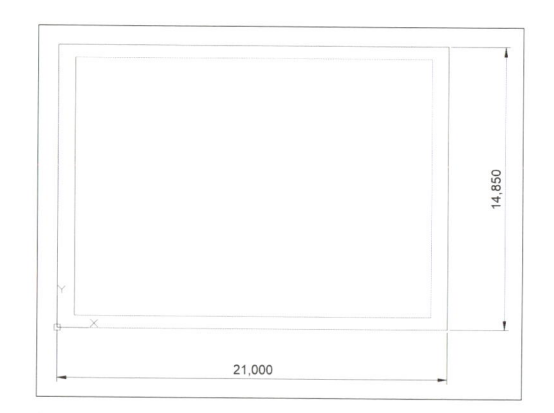
コマンドマクロは次のようになります。

CODE

```
^C^CSETENV;縮尺;¥SETENV;用紙サイズ;¥DIMSCALE;$M=$(IF,$(EQ,$(GETVAR,DIMANNO),0),$(GETE
NV,縮尺),);-INSERT;$(GETENV,用紙サイズ);0,0;$(GETENV,縮尺);;0;ZOOM;E;EXPLODE;L;TEXTSIZE
;$(IF,$(EQ,$(GETVAR,DIMANNO),0),$(*,2.5,$(GETENV,縮尺)),2.5);LTSCALE;$(*,0.5,$(GETE
NV,縮尺));REVCLOUD;A;$(*,10.0,$(GETENV,縮尺));^C^CLIMITS;;$(*,$(IF,$(EQ,$(UPPER,$(GE
TENV,用紙サイズ)),A1),"841",1),$(IF,$(EQ,$(UPPER,$(GETENV,用紙サイズ)),A2),"594",1),$(I
F,$(EQ,$(UPPER,$(GETENV,用紙サイズ)),A3),"420",1),$(IF,$(EQ,$(UPPER,$(GETENV,用紙サイズ
)),A4),"297",1),$(GETENV,縮尺)),$(*,$(IF,$(EQ,$(UPPER,$(GETENV,用紙サイズ)),A1),"594",
1),$(IF,$(EQ,$(UPPER,$(GETENV,用紙サイズ)),A2),"420",1),$(IF,$(EQ,$(UPPER,$(GETENV,用
紙サイズ)),A3),"297",1),$(IF,$(EQ,$(UPPER,$(GETENV,用紙サイズ)),A4),"210",1),$(GETENV,
縮尺));
```

　このコマンドマクロを改行して見やすくしてみます。**実際にコマンドマクロへ入力するときは、改行をすべて取り除いてください。**実行時のコマンド ウインドウ表示と合わせて順に解説していきます。

CODE

```
^C^CSETENV;縮尺;¥
SETENV;用紙サイズ;¥
DIMSCALE;
$M=$(IF,$(EQ,$(GETVAR,DIMANNO),0)
,$(GETENV,縮尺),);
-INSERT;
$(GETENV,用紙サイズ);
0,0;
$(GETENV,縮尺);
;0;
ZOOM;E;
EXPLODE;L;
TEXTSIZE;
$(IF,$(EQ,$(GETVAR,DIMANNO),0),
$(*,2.5,$(GETENV,縮尺)),
2.5);
LTSCALE;
$(*,0.5,$(GETENV,縮尺));
REVCLOUD;
A;
$(*,10.0,$(GETENV,縮尺));
^C^C
LIMITS;;
$(*,
$(IF,$(EQ,$(UPPER,$(GETENV,用紙サイズ)),A1),"841",1),
$(IF,$(EQ,$(UPPER,$(GETENV,用紙サイズ)),A2),"594",1),
$(IF,$(EQ,$(UPPER,$(GETENV,用紙サイズ)),A3),"420",1),
$(IF,$(EQ,$(UPPER,$(GETENV,用紙サイズ)),A4),"297",1),
$(GETENV,縮尺)),
$(*,
$(IF,$(EQ,$(UPPER,$(GETENV,用紙サイズ)),A1),"594",1),
$(IF,$(EQ,$(UPPER,$(GETENV,用紙サイズ)),A2),"420",1),
$(IF,$(EQ,$(UPPER,$(GETENV,用紙サイズ)),A3),"297",1),
$(IF,$(EQ,$(UPPER,$(GETENV,用紙サイズ)),A4),"210",1),
$(GETENV,縮尺));
```

3

コマンドマクロの応用

● 縮尺を設定する

CODE

```
^C^CSETENV;縮尺;¥
```

　文頭に実行中のコマンドをキャンセルして初期化する特殊文字を入れます。環境変数「縮尺」を設定して、ユーザー入力を待つ「¥」を追加します。コマンド ウインドウの表示は次のようになります。

COMMANDLINE

コマンド：SETENV
変数名を入力：縮尺
値：50

　値には 1/50 なら「50 Enter 」、1/200 なら「200 Enter 」と縮尺の分母の数字を入力します。ここでは 1/50 を想定して「50 Enter 」と入力しました。

● 用紙サイズを設定する

CODE

```
SETENV;用紙サイズ;¥
```

　同じく環境変数「用紙サイズ」を設定して、ユーザー入力を待つ「¥」を追加します。コマンド ウインドウの表示は次のようになります。

COMMANDLINE

コマンド：SETENV
変数名を入力：用紙サイズ
値：A3

　値には「A1」「A2」「A3」「A4」の文字を入力します。ユーザーの入力は「縮尺」と、この「用紙サイズ」の 2 つだけです。

● 縮尺を寸法の尺度に代入する

CODE

```
DIMSCALE;
$M=$(IF,$(EQ,$(GETVAR,DIMANNO),0)
    ,$(GETENV, 縮尺 ),);
```

　システム変数 DIMSCALE（寸法の尺度）を使います。このとき、現在の寸法スタイルが異尺度対応かどうかを条件評価の関数 IF を使って判定します。異尺度対応寸法はシステム変数 DIMANNO（異尺度対応寸法）の値を得れば判断できます。DIMANNO=0 なら、異尺度対応ではありません。

　その判定を DIESEL 式「$(IF,$(EQ,$(GETVAR,DIMANNO),0)」で行ないます。最初の DIESEL 式なので「$M=」を付けます。EQ は 2 つの値が等しいかを判断する関数で、GETVAR は変数の値を得る関数です。DIMANNO=0 なら「,0」と等しくなるので、縮尺の値を得るという次の処理「$(GETENV, 縮尺)」に進みます。結果「50」が代入されるというわけです。

DIMANNO=0 以外なら DIMSCALE には何も設定されません。つまり異尺度対応寸法には対応しないことになります。コマンド ウインドウの表示は次のようになります。

> コマンド：DIMSCALE
>
> DIMSCALE の新しい値を入力 <1.0000>: 50

HINT

寸法を異尺度対応寸法として記入したいときは、DIMSCALE は設定せず、異尺度対応寸法のときの既定値の「0.0」のままです。異尺度対応時の縮尺はシステム変数 CANNNOSCALE（注釈尺度）で設定できますが、このコマンドマクロでは、煩雑になりすぎるので対象外です。

● 図面枠を挿入する

CODE

```
-INSERT;
$(GETENV,用紙サイズ);
0,0;
$(GETENV,縮尺);
;0;
```

　準備された図面枠の DWG ファイルをブロック図形として挿入します。一般の INSERT（ブロック挿入）コマンドはダイアログボックスやパレットが表示されるため、コマンドマクロではダイアログボックスを表示しない、あたまに「-」の付いた **-INSERT** コマンドを使います。次に DIESEL 式「$(GETENV, 用紙サイズ);」で用紙サイズの値を取得します。続けて -INSERT コマンドのパラメータを記述します。挿入点は「0,0」です。尺度は DIESEL 式「$(GETENV, 縮尺);」で縮尺の値を得て使います。回転角度は「0」です。

　コマンド ウインドウの表示は次のようになります。

> コマンド：-INSERT
>
> ブロック名を入力 または [一覧 (?)]: A3
>
> 単位：単位なし　変換：1.00000000
>
> 挿入位置を指定 または [基点 (B)/ 尺度 (S)/X/Y/Z/ 回転 (R)]: 0,0
>
> X 方向の尺度を入力するか対角コーナーを指定 または [コーナー (C)/XYZ(XYZ)] <1>: 50
>
> Y 方向の尺度を入力 <X 方向の尺度を使用 >:
>
> 回転角度を指定 <0>: 0

3

コマンドマクロの応用

● 画面表示を制御する

CODE

```
ZOOM;E;
```

図面枠を画面いっぱいに表示するように **ZOOM** コマンドを使います。「E」を指定して「オブジェクト範囲ズーム」を行ないます。コマンド ウインドウの表示は次のようになります。

COMMANDLINE

コマンド : ZOOM
窓のコーナーを指定、表示倍率を入力 (nX または nXP) または
[図面全体 (A)/ 中心点 (C)/ ダイナミック (D)/ オブジェクト範囲 (E)/ 前画面 (P)/ 倍率 (S)/ 窓 (W)/ 選択オブジェクト (O)] < リアル タイム >: E

● 図面枠のブロックを分解する

CODE

```
EXPLODE;L;
```

挿入した図面枠はブロックになっているので、位置や大きさの変更などができるように分解します。**EXPLODE**（分解）コマンドを使い、最後に作成された図形（挿入された図面枠）を示す「L」を指定します。最後に選択された図形を示す「P」も、コマンドマクロではよく使われます。コマンド ウインドウの表示は次のようになります。

COMMANDLINE

コマンド : EXPLODE
オブジェクトを選択 : L

● 文字の高さを 2.5 mmにする

CODE

```
TEXTSIZE;
$(IF,$(EQ,$(GETVAR,DIMANNO),0),
   $(*,2.5,$(GETENV,縮尺)),
   2.5);
```

文字の高さを印刷時 2.5mm に設定します。システム変数 **TEXTSIZE**（文字サイズ）も使用する文字スタイルが異尺度対応かによって処理が変わるため、DIMSCALE と同様に、異尺度対応を判定する IF 関数の DIESEL 式を入れます。異尺度対応でない DIMANNO=0 の場合は「2.5 ×縮尺」をTEXTSIZE の値としたいので、DIESEL 式は乗算の関数「*」を使い、「$(*,2.5,$(GETENV, 縮尺))」とします。縮尺が 1/50 なら「2.5 × 50 = 125」が TEXTSIZE の値です。コマンド ウインドウの表示は次のようになります。

COMMANDLINE

コマンド : TEXTSIZE
TEXTSIZE の新しい値を入力 <2.5000>: 125

● 線種尺度を 25 にする

CODE

```
LTSCALE;
$(*,0.5,$(GETENV,縮尺));
```

　破線のピッチなどを示すシステム変数 **LTSCALE**（線種尺度）を設定します。線種尺度は縮尺の 1/2 とするので、DIESEL 式は乗算を使った「$(*,0.5,$(GETENV, 縮尺))」です。縮尺が 1/50 なら「0.5 × 50 = 25」が LTSCALE の値です。コマンド ウインドウの表示は次のようになります。

COMMANDLINE

コマンド : LTSCALE
新しい線種尺度を入力 <1.0000>: 25

● 雲マークの円弧の長さを設定する

CODE

```
REVCLOUD;
A;
$(*,10.0,$(GETENV,縮尺));
^C^C
```

　雲マークの円弧一つ一つの大きさも縮尺によって変わります。円弧がおかしな大きさだと雲として見えず直線に見えてしまいます。このため、縮尺に応じた円弧の大きさ設定が必要です。**REVCLOUD**（雲マーク）コマンドを実行して円弧の長さ「A」を指定します。設定する値は縮尺の 10 倍で、DIESEL 式は乗算を使った「$(*,10.0,$(GETENV, 縮尺));」です。縮尺が 1/50 なら「10 × 50 = 500」となります。最短長さだけを取得したら、あとは「^C^C」でコマンドの実行を中断します。コマンドウインドウの表示は次のようになります。

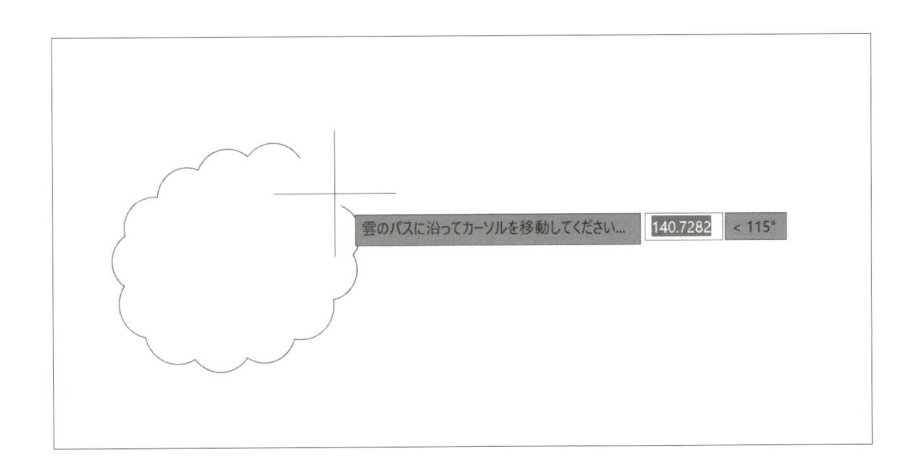

コマンド : REVCLOUD
円弧の最小長 : 25 円弧の最大長 : 25 スタイル : 標準 タイプ : フリーハンド
始点を指定 または [円弧の長さ (A)/ オブジェクト (O)/ スタイル (S)] ＜オブジェクト ＞: A
円弧の最短の長さを指定 ＜25＞: 500
円弧の最大の長さを指定 ＜500＞: * キャンセル *

円弧の長さを設定するシステム変数は公式にはありません。あえて「公式には」と書いたのは AutoCAD のヘルプには記載されていない下記のシステム変数が存在するからです。ヘルプに記載されないということは、廃止される可能性が高いので、ここではシステム変数を使わない方法を採用しました。

・REVCLOUDMAXARCLENGTH（円弧の最長大長さ）
・REVCLOUDMINARCLENGTH（円弧の最小長さ）
・REVCLOUDARCSTYLE（雲マークのスタイル）

3

コマンドマクロの応用

● 図面範囲を設定する

CODE

```
LIMITS;;
$(*,
$(IF,$(EQ,$(UPPER,$(GETENV,用紙サイズ)),A1),"841",1),
$(IF,$(EQ,$(UPPER,$(GETENV,用紙サイズ)),A2),"594",1),
$(IF,$(EQ,$(UPPER,$(GETENV,用紙サイズ)),A3),"420",1),
$(IF,$(EQ,$(UPPER,$(GETENV,用紙サイズ)),A4),"297",1),
$(GETENV,縮尺)),

$(*,
$(IF,$(EQ,$(UPPER,$(GETENV,用紙サイズ)),A1),"594",1),
$(IF,$(EQ,$(UPPER,$(GETENV,用紙サイズ)),A2),"420",1),
$(IF,$(EQ,$(UPPER,$(GETENV,用紙サイズ)),A3),"297",1),
$(IF,$(EQ,$(UPPER,$(GETENV,用紙サイズ)),A4),"210",1),
$(GETENV,縮尺));
```

　画面表示や印刷領域の設定で「図面範囲」として扱われる領域を設定します。図面範囲の最大値を示すシステム変数 LIMMAX を使う方法もありますが、ここではよりわかりやすい **LIMITS**（図面範囲設定）コマンドを使います。ここでは A3 で 1 ／ 50 縮尺を例としています。ユーザーの入力は次のように行われています。

COMMANDLINE

コマンド：SETENV
変数名を入力：縮尺
値：<u>50</u>
コマンド：SETENV
変数名を入力：用紙サイズ
値：<u>A3</u>

　環境変数は「縮尺＝ 50」「用紙サイズ＝ A3」となっています。でもユーザーは用紙サイズに「a3」と入力しているかもしれません。小文字を大文字に変換する関数 **UPPER** を使って「a3」を「A3」にします。関数 UPPER はもともとが大文字の「A3」なら何もせず「A3」を返します。DIESEL 式は次のようになります。

CODE

```
$(UPPER,$(GETENV,用紙サイズ))
```

　環境変数「用紙サイズ」の値が「A1」「A2」「A3」「A4」のどれかを、関数 IF を使って調べましょう。関数 UPPER で大文字に統一してあるので簡単に比較できます。そして「A1」「A2」「A3」「A4」それぞれに応じて、図面用紙の横幅「841」「594」「420」「297」を返します。DIESEL 式は次のようになります。IF は条件式が真でないときの値を最後に書きます。「A1」「A2」「A3」「A4」でないときは「1」を返します。

CODE

```
$(IF,$(EQ,$(UPPER,$(GETENV,用紙サイズ)),A1),"841",1),
$(IF,$(EQ,$(UPPER,$(GETENV,用紙サイズ)),A2),"594",1),
$(IF,$(EQ,$(UPPER,$(GETENV,用紙サイズ)),A3),"420",1),
$(IF,$(EQ,$(UPPER,$(GETENV,用紙サイズ)),A4),"297",1),
```

　用紙の横幅を取得できたら、この横幅に縮尺をかけ算します。DIESEL 式に乗算の関数「*」を使います。用紙サイズ＝ A3 で 420 が返ってきた場合の DIESEL 式です。

CODE

```
$(*,420,$(GETENV,縮尺))
```

　縮尺＝ 50 ですから、この式は横幅の値 420 × 50 の 21000 を返します。同じように用紙の高さ（前ページコードの下から 6 行目まで）も 297 × 50 の 14850 を得ることができます。
　この 21000 と 14850 を LIMITS コマンドの二番目の引数である右上の座標値に使います。コマンド ウインドウの表示は次のようになります。

COMMANDLINE

コマンド：LIMITS
モデル空間 の図面範囲をリセット：
左下コーナーを指定 または [オン (ON)/ オフ (OFF)] <0.0000,0.0000>:
右上コーナーを指定 <420.0000,297.0000>: 21000,14850

この図面範囲を設定して、コマンドマクロは終了です。P.90 のようにすべてをつなげてコマンドマクロに入力してください。

HINT

このコマンドマクロも環境変数を使っているため、AutoCAD では使えません。AutoCAD では、**(setenv)** という LISP 関数を使えばこの形に近いコマンドマクロにできます。

CODE

```
(^C^C(setenv "縮尺" (getstring "縮尺は？ "));¥(setenv "用紙サイズ" (getstring "
用紙サイズは？ "));¥DIMSCALE;$M=$(IF,$(EQ,$(GETVAR,DIMANNO),0),$(GETENV,縮尺
),);-INSERT;$(GETENV,用紙サイズ);0,0;$(GETENV,縮尺);;0;ZOOM;E;EXPLODE;L;TEXTSIZE;$(I
F,$(EQ,$(GETVAR,DIMANNO),0),$(*,2.5,$(GETENV,縮尺)),2.5);LTSCALE;$(*,0.5,$(GETENV,
縮尺));REVCLOUD;A;$(*,10.0,$(GETENV,縮尺));^C^CLIMITS;;$(*,$(IF,$(EQ,$(UPPER,$(GETE
NV,用紙サイズ)),A1),"841",1),$(IF,$(EQ,$(UPPER,$(GETENV,用紙サイズ)),A2),"594",1),$(IF
,$(EQ,$(UPPER,$(GETENV,用紙サイズ)),A3),"420",1),$(IF,$(EQ,$(UPPER,$(GETENV,用紙サイズ
)),A4),"297",1),$(GETENV,縮尺)),$(*,$(IF,$(EQ,$(UPPER,$(GETENV,用紙サイズ)),A1),"594",1),
$(IF,$(EQ,$(UPPER,$(GETENV,用紙サイズ)),A2),"420",1),$(IF,$(EQ,$(UPPER,$(GETENV,用紙サイズ
)),A3),"297",1),$(IF,$(EQ,$(UPPER,$(GETENV,用紙サイズ)),A4),"210",1),$(GETENV,縮尺));
```

Column 環境変数の保存先

DIESEL 式を含むコマンドマクロでは、SETENV や $(GETENV, 環境変数名) で環境変数を多用します。この環境変数の保存先は Windows レジストリーです。管理者権限で Windows のレジストリー エディター（REGEDIT.exe） を 起 動 し、「¥HKEY_CURRENT_USER¥Software¥Autodesk¥AutoCAD LT¥R26¥ACADLT-3001:411¥FixedProfile¥General」フォルダーを開くと、AutoCAD LT 2020 に登録された環境変数を見ることができます。

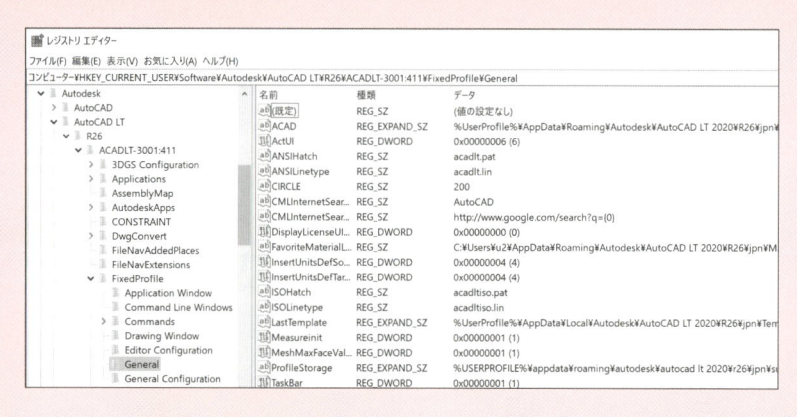

コマンドマクロの応用

3

3.5 DIESEL 式のデバッグ

プログラムを実行しながら、変数や式の結果値を確認することを「デバッグ」といいます。一般のプログラミング言語では開発ツールを使ってデバッグを行いますが、コマンドマクロでは開発ツールは使えません。しかし、システム変数を使えばコマンドマクロでもデバッグを行うことができます。

3.5.1 システム変数 MACROTRACE でデバッグ

ヘルプには記載されていませんが、システム変数 **MACROTRACE** の値を 1 にすることでデバッグを行なうことができます。

下記の DIESEL 式を使ったコマンドマクロをデバッグしてみましょう。これは P.82 で作成したコマンドマクロです。ただし下のコマンドマクロには一カ所まちがいがあります。そのまちがいをデバッグしながら見つけましょう。

CODE

```
SAVEAS;2000;$M=$(SUBSTR,$(GETVAR,DWGNAME),1,$(-,$(STRLEN,$( GETVAR,DWGNAME)),4))_2000
```

上記のコマンドマクロを CUI コマンドでボタンに登録し、このコマンドマクロを実行します。このときシステム変数 MACROTRACE の値は 0 の状態です。下記のようにファイル名が表示されましたが、正しく実行されていません。「JIDOKA_TEST_2000」となるべきファイル名が「JIDOKA_TES_2000」と「T」が抜け落ちています。文字の長さの計算がうまくいかなかったようです。

COMMANDLINE

コマンド : SAVEAS
現在のファイル形式 : AutoCAD 2018 図面
ファイル形式を入力 [R14(LT98&LT97)/2000(LT2000)/2004(LT2004)/2007(LT2007)/2010(LT2010)/2013(LT2013)/2018(LT2018)/ 標準仕様 (S)/DXF(DXF)/ テンプレート (T)] <2018>: 2000
図面に名前を付けて保存 <C:\Users\u2\OneDrive\Documents\JIDOKA_TEST.dwg>: JIDOKA_TES_2000

次にキーボードから「MACROTRACE Enter 1 Enter 」と入力し、システム変数 MACROTRACE の値を 1 に設定します。

コマンド : MACROTRACE
MACROTRACE の新しい値を入力 <0>: 1

同様にコマンドマクロを実行します。コマンド ウインドウには次のように表示されました

現在のファイル形式 : AutoCAD 2018 図面
ファイル形式を入力 [R14(LT98&LT97)/2000(LT2000)/2004(LT2004)/2007(LT2007)/2010(LT2010)/2013(LT2013)/2018(LT2018)/ 標準仕様 (S)/DXF(DXF)/ テンプレート (T)] <2018>: 2000
図面に名前を付けて保存 <C:\Users\u2\OneDrive\Documents\JIDOKA_TEST.dwg>: Eval: $(SUBSTR, $(GETVAR,DWGNAME), 1, $(-,$(STRLEN,$(GETVAR,DWGNAME)),4))

最後のファイル名の部分が下線のように表示されました。

これは「EVAL:」から後の DIESEL 式を評価するという表示です。同時にこの DIESEL 式部分のひとつの式ごとに返り値を表示します。

最初の「$(GETVAR, DWGNAME)」は、現在のファイル名「JIDOKA_TEST.dwg」を正しく返しています。

Eval: $(GETVAR, DWGNAME)
===> JIDOKA_TEST.dwg

次の「$(-, $(STRLEN,$(GETVAR,DWGNAME)), 4)」の結果は下のように表示されています。4 行目に注目してください。「Err:　$(GETVAR)??」となっています。「Err:」は文字どおりここにエラーがあることを示しています。「$(GETVAR)」という DIESEL 式はありませんということです。そのあとの文字長さの取得もおかしくなり、正しい結果が得られていません。ここで「JIDOKA_TES」と「T」の抜けたファイル名が表示されました。

Eval: $(-, $(STRLEN,$(GETVAR,DWGNAME)), 4)
Eval: $(STRLEN, $(GETVAR,DWGNAME))
Eval: $(GETVAR, DWGNAME)
Err:　$(GETVAR)??
===> 14
===> 10
===> JIDOKA_TES

　よく見ると「GETVAR」の前に 1 文字分のスペースが入っています。これが原因でこのコマンドマクロは正しく動きませんでした。

　それではコマンドマクロを修正して実行してみましょう。コマンド ウインドウには次のように表示されました。「Err:」の表示は消えて、ファイル名「JIDOKA_TEST_2000」とその長さが正しく扱われているのがわかります。

SAVEAS
現在のファイル形式：AutoCAD 2018 図面
ファイル形式を入力 [R14(LT98&LT97)/2000(LT2000)/2004(LT2004)/2007(LT2007)/2010(LT2010)/2013(LT2013)/2018(LT2018)/ 標準仕様 (S)/DXF(DXF)/ テンプレート (T)] <2018>: 2000
図面に名前を付けて保存 <C:\Users\u2\OneDrive\Documents\JIDOKA_TEST.dwg>: Eval: $(SUBSTR, $(GETVAR,DWGNAME), 1, $(-,$(STRLEN,$(GETVAR,DWGNAME)),4))
Eval: $(GETVAR, DWGNAME)
===> JIDOKA_TEST.dwg
Eval: $(-, $(STRLEN,$(GETVAR,DWGNAME)), 4)
Eval: $(STRLEN, $(GETVAR,DWGNAME))
Eval: $(GETVAR, DWGNAME)
===> JIDOKA_TEST.dwg
===> 15
===> 11
===> JIDOKA_TEST
JIDOKA_TEST_2000

もうひとつ、デバッグ用のシステム変数 **MENUECHO** を紹介します。初期値は MENUECHO=0 です。この値を「8」にすると、コマンドマクロのデバッグができます。MACROTRACE のように DIESEL 式の検証結果を 1 つずつ出すわけではありませんが、結果値が表示されるのでコマンドマクロのデバッグには役立ちます。

MACROTRACE=0 で MENUECHO の値を「8」にして、コマンドマクロを実行します。

COMMANDLINE

コマンド : MENUECHO
MENUECHO の新しい値を入力 <0>: 8

次のように DIESEL 式の部分が「入力：」として表示され、その計算された結果の出力が「出力：」の行に表示されます。使用するコマンドマクロは、前項のエラーのあるほうです。T の欠けた "JIDOKA_TES_2000 " が出力されました。

COMMANDLINE

$M= 入力 : "$(SUBSTR,$(GETVAR,DWGNAME),1,$(-,$(STRLEN,$(GETVAR,DWGNAME)),4))_2000 "
$M= 出力 : "JIDOKA_TES_2000 "

同じくエラーを修正して実行すると

COMMANDLINE

$M= 入力 : "$(SUBSTR,$(GETVAR,DWGNAME),1,$(-,$(STRLEN,$(GETVAR,DWGNAME)),4))_2000 "
$M= 出力 : "JIDOKA_TEST_2000 "

と正常に "JIDOKA_TEST_2000 " が出力されました。

Column コマンドマクロの文字数制限

コマンドマクロには文字数制限があると言われていますが、何文字までなら OK という簡単なものではないようです。筆者が AutoCAD LT 2020 と Windows 10 の組み合わせで調べた結果を下記に示します。

a) 1080 文字のコマンドマクロが実行可能

次のような 1080 文字のコマンドマクロを登録して実行してみました。何の問題もなく実行できました。

CODE
```
LINE;0,0;100,100;;LINE;0,0;100,100;;LINE;0,0;100,100;;LINE;0,0;100,100;;LINE;0,0;10
0,100;;LINE;0,0;100,100;;LINE;0,0;100,100;;LINE;0,0;100,100;;LINE;0,0;100,100;;LINE
;0,0;100,100;;LINE;0,0;200,200;;LINE;0,0;200,200;;LINE;0,0;200,200;;LINE;0,0;200,20
0;;LINE;0,0;200,200;;LINE;0,0;200,200;;LINE;0,0;200,200;;LINE;0,0;200,200;;LINE;0,0
;200,200;;LINE;0,0;200,200;;LINE;0,0;301,300;;LINE;0,0;300,300;;LINE;0,0;300,300;;L
INE;0,0;300,300;;LINE;0,0;300,
```

b) 900 文字のテキスト記入も実行可能

次は 900 文字の長い文字列を TEXT（文字記入）コマンドで書きます。これも問題なく図面上に文字列を書くことができました。

CODE
```
TEXT;0,0;100;0;0234567890123456789012345678901234567890123456789012345678901234567
89012345678901234567890123456789012345678901234567890123456789012345678901234567890
12345678901234567890123456789012345678901234567890223456789012345678901234567890123
4567890123456789012345678901234567890123456789012345678900234567890123456789012345
67890123456789012345678901234567890123456789012

```

c) DIESEL 式には限界

425 文字の DIESEL 式です。実行すると「$(++)」と表示され、実行されませんでした。では何文字まで可能かというと、実はよくわかりません。DIESEL 式を含むコマンドマクロを実行して、「$(++)」と表示されたら長すぎるので、短くしないといけないということは確かです。

CODE
```
SETENV;TEMP1;12345;$M=$(/,$(GETENV,TEMP1),2);SETENV;TEMP2;12345;$(/,$(GETENV,TEMP2)
,2);SETENV;TEMP3;12345;$(/,$(GETENV,TEMP3),2);SETENV;TEMP4;12345;$(/,$(GETENV,TEMP4
),2);SETENV;TEMP5;12345;$(/,$(GETENV,TEMP5),2);SETENV;TEMP6;12345;$(/,$(GETENV,TEMP
6),2);SETENV;TEMP7;12345;$(/,$(GETENV,TEMP7),2);SETENV;TEMP8;12345;$(/,$(GETENV,TEM
P8),2);SETENV;TEMP9;12345;$(/,$(GETENV,TEMP9),2);SETENV;TEMP10;12346;$(/,$(GETENV,T
EMP10),2);
```

3.6 コマンドマクロのサンプル

ここでは汎用性の高いコマンドマクロのサンプルをいくつか紹介します。最初の「外部のプログラムを実行する」以外は、いずれもサンプルファイル「JIDOKA.cuix」の中に用意しているので、動作を試してみてください。以下、それぞれのコマンドマクロについて解説します。

3.6.1 外部のプログラムを実行する 【LT】

CODE
```
_AI_STARTAPP（実行プログラム名）.EXE;
```

AutoCAD LT には拡張子が EXE のファイルを実行する **_AI_STARTAPP** コマンドが用意されています。_AI_STARTAPP を使えば、AutoCAD から Windows で動作する別のプログラムを実行することができます。

AutoCAD LT からメモ帳を起動するには次のように入力します。

CODE
```
_AI_STARTAPP NOTEPAD.EXE;
```

Excel のように階層が深いところにあるプログラムは、パスの記述が必要です。このときフォルダーの区切りには「¥」ではなく「/」を使います。また、パスにスペースを含んでいる場合は「”（ダブルクオーテーション）」で囲みます。次のように入力すると Excel を起動できます。なお、Excel のバージョンによってパスが変わります。

CODE
```
_AI_STARTAPP "C:/Program Files (x86)/Microsoft Office/root/Office16/EXCEL.EXE";
```

HINT

_AI_STARTAPP は LT 専用コマンドです。AutoCAD は **(startapp)** という LISP 関数を使うと、同様の操作を実行できます。

CODE
```
(startapp "C:/Program Files (x86)/Microsoft Office/root/Office16/EXCEL.EXE")
```

3.6.2 長さ寸法を連続記入

CODE

```
^C^CDIMSE1;OF;DIMSE2;OF;DIMLINEAR;¥¥¥DIMCONTINUE
```

　長さ寸法を直列寸法のように連続で作成するときに、AutoCAD 標準の DIM（寸法記入）コマンドでは、いったん直列の対象となる寸法の選択が必要です。この選択の 1 ステップのために、標準の DIM コマンドは使いにくいようです。このコマンドマクロは、はじめから長さ寸法を直列に記入すると決まっているときに、最小限のクリックで使うコマンドです。

　図のような寸法の場合、❶❷❸の指示で最初の寸法を記入すると、❹❺❻・・・とクリックして寸法を記入できます。終了は Enter を 2 回もしくは Esc キーです。

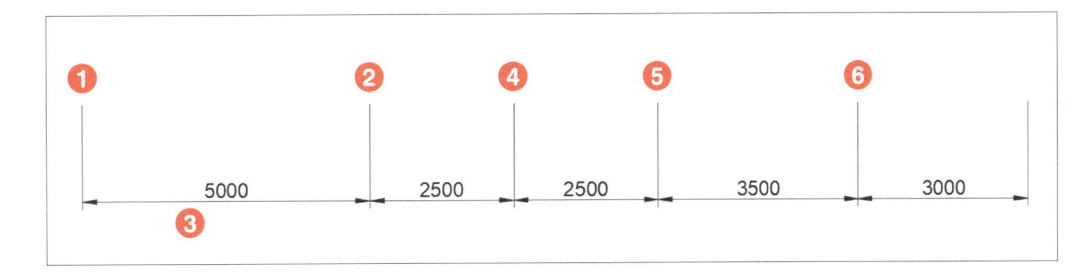

　それでは、順にコマンドマクロを見てみましょう。

CODE

```
DIMSE1;OF;
DIMSE2;OF;
```

　DIMSE1 は 1 本目の寸法補助線を省略するかどうかのシステム変数です。「OF」と入力すれば、寸法補助線は省略されません。**DIMSE2** は 2 本目の寸法補助線の省略です。これも「OF」にします。

CODE

```
DIMLINEAR;¥¥¥
```

　最初の長さ寸法を 3 点の指示で作成します。**DIMLINEAR**（長さ寸法記入）コマンドを実行して、「¥」が 3 つで 3 点を指示します。

CODE

```
DIMCONTINUE
```

　作成した長さ寸法のあとに **DIMCONTINUE**（直列寸法記入）を実行すると、最初の寸法に続く直列寸法が記入されます。いくつ記入するか決めずに DIMCONTINUE を実行したままコマンドマクロは終わります。終了を含まないコマンドマクロですから、ユーザーが Enter を 2 回もしくは Esc キーで終わらせます。

```
CODE
^C^C$M=$(IF,$(EQ,$(GETVAR,DIMANNO),1),-INSERT;LEVEL_A;¥1,-INSERT;LEVEL;¥$(GETVAR,DI
MSCALE));;0
```

　レベルを表すシンボル図形を図面に挿入します。このとき、異尺度対応の図面なら縮尺に応じて自動的に大きさが変わる異尺度対応の「LEVEL_A」というブロック、そうでなければ非異尺度対応の「LEVEL」という一般のブロックを使います。いずれのブロックも、あらかじめサポートフォルダー（%APPDATA%¥Autodesk¥AutoCAD LT 2020¥R26¥jpn¥Support など）に置いておきます。

　コマンドマクロを実行すると、最初に挿入点を指示します。続けて表示される「属性編集」ダイアログボックスでレベル記号の横に表示される文字を入力し、[OK] ボタンで確定します。異尺度対応でも、そうでない場合でも、自動的にどちらのブロックを使うかを判別して、現在の縮尺に応じた大きさでレベル記号が挿入されるというのがポイントです。

　それでは、順にコマンドマクロを見てみましょう。

```
CODE
$M=$(IF,$(EQ,$(GETVAR,DIMANNO),1),
 -INSERT;
 LEVEL_A;
 ¥
 1,
```

　図面が異尺度対応かによって処理を分岐する「IF」から始めます。「$(EQ,$(GETVAR,DIMANNO),1)」は、P.92 で解説したように現在の寸法スタイルが異尺度対応かどうかを判別する式です。DIMANNO＝1 で異尺度対応図面のときは、P.93 と同じくダイアログボックスを出さない「-INSERT」

コマンドで異尺度対応ブロック「LEVEL_A」を挿入します。「¥」は挿入位置の入力待ちです。異尺度対応の場合は尺度＝１で挿入します。コマンド ウインドウの表示は次のようになります。

COMMANDLINE

コマンド : -INSERT
ブロック名を入力 または [一覧 (?)] <LEVEL_A>: LEVEL_A
単位 : ミリメートル
挿入位置を指定 または [基点 (B)/ 尺度 (S)/X/Y/Z/ 回転 (R)]:
X 方向の尺度を入力するか対角コーナーを指定 または [コーナー (C)/XYZ(XYZ)] <1>: 1

図面が異尺度対応ではない（DIMANNO=1 以外）のときは、その次の処理に進みます。

CODE
```
-INSERT;
LEVEL;
¥
$(GETVAR,DIMSCALE)
```

異尺度対応でないときは、「-INSERT」コマンドで非異尺度対応のブロック「LEVEL」を挿入します。次に尺度を指定しますが、この場合は図面の縮尺を取得しなくてはなりません。システム変数 DIMSCALE（寸法の尺度）が現在図面の尺度を表すので、「$(GETVAR,DIMSCALE))」で尺度を取得できます。この図面は 1/100 で DIMSCALE=100 が設定されています。これで 3mm のシンボルなら 300 に拡大して挿入されます。コマンド ウインドウの表示は次のようになります。

COMMANDLINE

コマンド : -INSERT
ブロック名を入力 または [一覧 (?)] <LEVEL_A>: LEVEL
単位 : ミリメートル　変換 : 1.00000000
挿入位置を指定 または [基点 (B)/ 尺度 (S)/X/Y/Z/ 回転 (R)]:
X 方向の尺度を入力するか対角コーナーを指定 または [コーナー (C)/XYZ(XYZ)] <1>: 100

CODE
```
;;0
```

X 方向尺度が決まったら、Y 方向尺度と回転角度を指定します。Y 方向の入力は X 方向と同じ（既定値）ため、Enter を 2 回押し、回転角度「0」を入力して終了です。

COMMANDLINE

Y 方向の尺度を入力 <X 方向の尺度を使用 >:
回転角度を指定 <0.0>: 0

図面の異尺度対応に左右されるシンボル図形は、異尺度対応のブロック図形とそうでない一般のブロック図形の 2 つをつくっておけば、コマンドマクロもこのように簡単に作成できます。

3

コマンドマクロの応用

Column 図面の異尺度対応に関係なく、一般のブロックを使う

ここでは異尺度対応ではない一般のブロック図形「LEVEL」を、図面の異尺度対応に関係なく挿入するコマンドマクロを紹介します。

先ほどと同様に、非異尺度の図面は縮尺 1/100 とし、異尺度対応の図面は注釈尺度が 1/100 に設定されている前提とします。いずれの場合もブロックを 100 倍にして挿入するようにしなくてはなりません。

ここでポイントになるのが、異尺度対応図面の注釈尺度をどうやって取得するかです。非異尺度の図面ではシステム変数 DIMSCALE（寸法の尺度）を使って「100」という値を取得できましたが、異尺度対応の図面では、DIMSCALE は不定です。「100」という値を得るためには、システム変数 **CANNOSCALEVALUE**（現在の注釈尺度の値）を使います。CANNOSCALEVALUE の初期値は「1」で、これは 1/1 を表しています。注釈尺度が 1/100 なら、CANNOSCALEVALUE = 0.01 です。この逆数「100」を使います。これらの数値をまとめると以下の表のようになります。

システム変数	異尺度対応	非異尺度対応
DIMANNO	1	0
CANNOSCALEVALUE	0.01	0.01
CANNOSCALEVALUE/1	100	100
DIMSCALE	不定	100

異尺度対応のときは CANNOSCALEVALUE ／ 1、異尺度対応でないときは DIMSCALE を挿入尺度として INSERT コマンドを実行するコマンドマクロが必要です。「LEVEL」ブロックを挿入する「^C^C-INSERT;LEVEL;¥」から始めて、挿入尺度の部分を DIESEL 式にします。コマンドマクロは次のようになります。

CODE
```
^C^C-INSERT;LEVEL;¥$M=$(+,$(*,$(XOR,$(GETVAR,DIMANNO),1),$(GETVAR,DIMSCALE)),$(*,$(
GETVAR,DIMANNO),$(/,1,$(GETVAR,CANNOSCALEVALUE))));;0
```

DIESEL 式の部分を解説します。

CODE
```
$M=$(+, $(*, $(XOR,$(GETVAR,DIMANNO),1), $(GETVAR,DIMSCALE)),
              ①                          ②

    $(*, $(GETVAR,DIMANNO),$(/,1,$(GETVAR,CANNOSCALEVALUE))))
         ③                      ④
```

異尺度対応のときの挿入尺度は、次のように計算されます。

❶ DIESEL 関数 **XOR**（排他的論理和）を使います。排他的論理和とは 2 つの値が違うときは 1（真）となり、同じときは 0（偽）となる演算方法です。ここではシステム変数 DIMANNO = 1 と 1 ですから、同じ値のため結果は 0（偽）となります。

❷システム変数 DIMSCALE（寸法の尺度）は、異尺度対応の寸法スタイルを使っているので 0 です。❶と❷を

乗算「*」します。0 × 0 = 0 となります。

❸異尺度対応のため、DIMANNO = 1 です。

❹システム変数 CANNOSCALEVALUE の逆数を取得します。ここでは 100 です。

❸と❹を乗算「*」します。1 × 100 = **100** となります。

最終的に❶と❷、❸と❹の結果を加算「+」します。つまり上記の DIESEL 式は 0+100 = 100 を返します。

非異尺度対応のときの挿入尺度は、次のように計算されます。

❶ DIESEL 関数 XOR（排他的論理和）を使います。ここではシステム変数 DIMANNO = 0 と 1 ですから、違う値のため結果は 1（真）となります。

❷システム変数 DIMSCALE（寸法の尺度）は、非異尺度対応の寸法スタイルを使っているので 100 です。❶と❷を乗算「*」します。100 × 1 = **100** となります。

❸非異尺度対応のため、DIMANNO = 0 です。

❹システム変数 CANNOSCALEVALUE の逆数を取得します。ここでは 100 です。

❸と❹を乗算「*」します。100 × 0 = 0 となります。

最終的に❶と❷、❸と❹の結果を加算「+」します。つまり上記の DIESEL 式は 100+0 = 100 を返します。

これで、いずれの場合でも挿入尺度が「100」という値になります。

Column フィールドでも使える DIESEL 式

DIESEL 式はコマンドマクロだけでなく、マルチテキストのフィールドとしても使うことができます。「テキスト エディタ」タブの「フィールド」から「フィールド」ダイアログボックスを開きます。「フィールド名」から「DIESEL 式」を選択し、「DIESEL 式」欄にたとえば「$(GETVAR,DWGNAME)」と入力すればファイル名を取得できます。文字のフィールド式で使う DIESEL 式は、コマンドマクロ（メニューマクロ）を示す「$M=」は必要ありません。

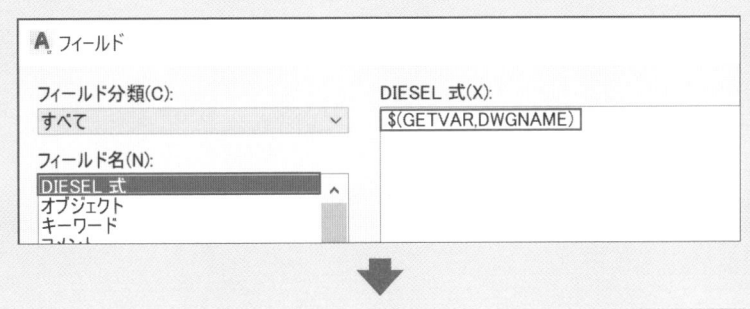

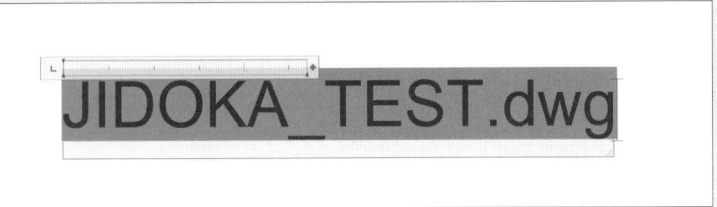

CODE

```
^C^C-BOUNDARY;¥;AREA;O;L;ERASE;L;;QLEADER;NONE;¥¥¥;$M=$(RTOS,$(/,$(GETVAR,AR
EA),1000000),2,2)"㎡";;
```

　線や円などの図形で閉ざされた領域（図では塗りつぶしてある部分）の内側をクリックして、その面積を㎡単位で引出線表示するコマンドマクロです。マクロの流れは、境界図形を作成→面積を計算→図形を削除→面積値の引出線を作成となります。図面の単位は「ミリメートル」に設定されているため、これを「メートル」に換算し直す部分を DIESEL 式で作成します。

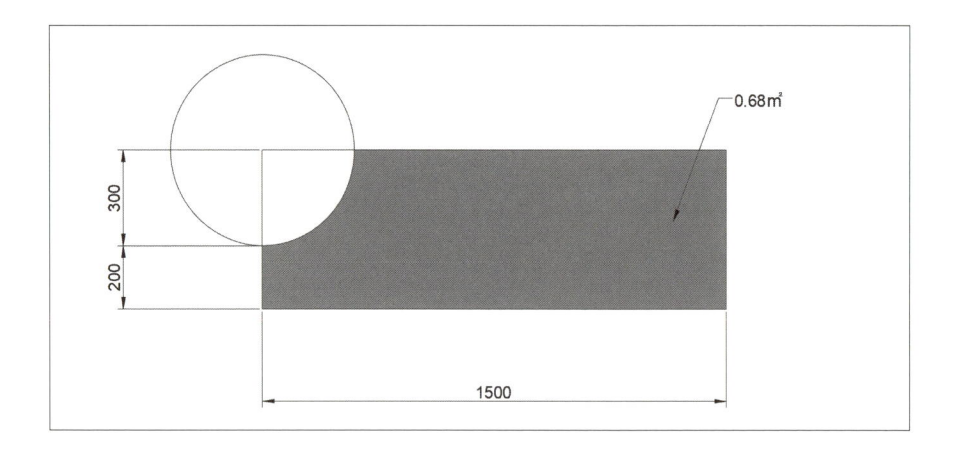

　領域となる境界図形は **BOUNDARY**（境界作成）コマンドで作成します。通常はダイアログボックスで操作しますが、コマンドマクロではダイアログボックスを表示しない「－」（マイナス）を付けて実行します。

INSERT（ブロック挿入）や BOUNDARY（境界作成）コマンドなどは、ダイアログボックスを使わずに実行できる「－」の付いたコマンドが用意されていますが、すべてのコマンドにダイアログボックスを表示しないコマンドがあるわけではありません。「－」の付いたコマンドは付録「コマンド一覧」を参照してください。

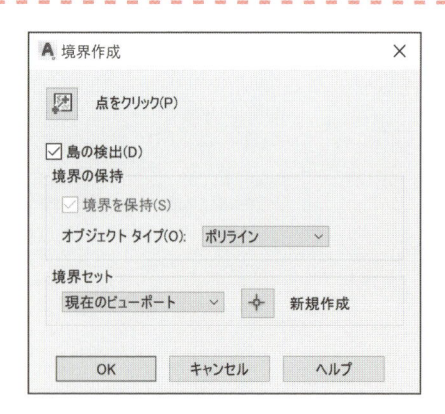

　それでは、順にコマンドマクロを見てみましょう。

CODE
```
^C^C-BOUNDARY;¥;
```

あたまに「−」を付けた「-BOUNDARY」を入力します。領域内側でのクリックが必要なため、「¥」を入れます。図のような境界図形のポリラインが作成されます。コマンド ウインドウの表示は次のようになります。

COMMANDLINE

コマンド : -BOUNDARY
内側の点を指定 または [拡張オプション (A)]: すべてを選択中 ...
表示されているすべてのオブジェクトを選択中 ...
選択されたデータを分析中 ...
内側の島を分析中 ...
内側の点を指定 または [拡張オプション (A)]:
境界が 1 個のポリラインを作成しました。

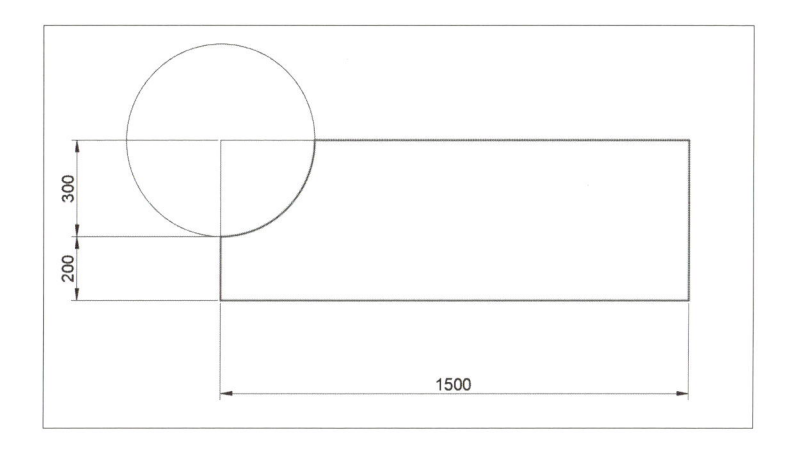

CODE
```
AREA;O;L;
```

境界図形の面積を **AREA**（面積計算）コマンドで計算します。対象とするオブジェクト（図形）「O」のオプションを指定し、さらに最後に作図された図形を選択する意味の「L」を指定します。面積「679314.1653」を得ることができました。この面積値はシステム変数 AREA に格納されます。コマンド ウインドウの表示は次のようになります。

COMMANDLINE

コマンド : AREA
コーナーの 1 点目を指定 または [オブジェクト (O)/ 面積を加算 (A)/ 面積を減算 (S)] ＜オブジェクト (O)＞: O
オブジェクトを選択 : L
領域 = 679314.1653, 周長 = 3871.2389

```
ERASE;L;;
```

面積を得られたら境界図形は必要ありません。**ERASE**（削除）コマンドで最後にかいた図形「L」を指定し、削除します。コマンド ウインドウの表示は次のようになります。

COMMANDLINE

コマンド：ERASE
オブジェクトを選択：L
認識された数：1
オブジェクトを選択：

CODE

```
QLEADER;NONE;¥¥¥;
```

QLEADER（クイック引出線記入）コマンドで引出線を作成します。引出線の始点、引出線の終点、文字記入点の 3 点を指示するので「¥」を 3 つ入れます。「文字列の幅を指定：」に対しては自動で決まるように Enter です。コマンド ウインドウの表示は次のようになります。

COMMANDLINE

コマンド：QLEADER
引出線の 1 番目の点を指定、または [設定 (S)] ＜設定＞: NONE
次の点を指定：
次の点を指定：
文字列の幅を指定 ＜0＞:

CODE

```
$M=$(RTOS,$(/,$(GETVAR,AREA),1000000),2,2)"㎡";;
```

記入する文字を DIESEL 式で取得します。「$(GETVAR,AREA)」で AREA に格納されていた面積値 679314.1653 を得ます。mm^2 を m^2 に換算するために「/」で面積値を 1000000 で割り、**RTOS** で小数点以下 2 桁に丸めます。RTOS は実数を文字列に変換する関数ですが、任意の桁数で丸めを行うことができます。「$(RTOS, 0.6793141653,2,2)」は最初の「2」が十進数で表現することを示し、次の「2」は小数点以下 2 桁になるように丸めることを示します。これで面積値「679314.1653」mm^2 が「0.68」m^2 になります。最後に文字「m^2」を追加し、引出線の注釈文字として配置します。コマンド ウインドウの表示は次のようになります。

注釈文字列の最初の行を入力 ＜マルチ テキスト ＞: 0.68m^2
注釈の次の行を入力：

コマンドマクロの応用

3.6.5 中心点を指示して長方形を作図 【LT】

```
^C^CSETENV;幅;¥SETENV;高さ;¥ID;¥SETENV;オブジェクトスナップ;$M=$(GETVAR,OSMODE);RECTANG
;'OSMODE;0;@-$(/,$(GETENV,幅),2),-$(/,$(GETENV,高さ),2);@$(GETENV,幅),$(GETENV,高さ
);OSMODE;$(GETENV,オブジェクトスナップ);
```

　AutoCAD には、対角を指示して長方形を作図する RECTANG（長方形）コマンドはありますが、中心点を指示して長方形を作図するコマンドはありません。これは幅と高さを数値で入力したあとに、中心点をクリックすると長方形が作図されるコマンドマクロです。環境変数を使うため、LT 専用のコマンドマクロです。

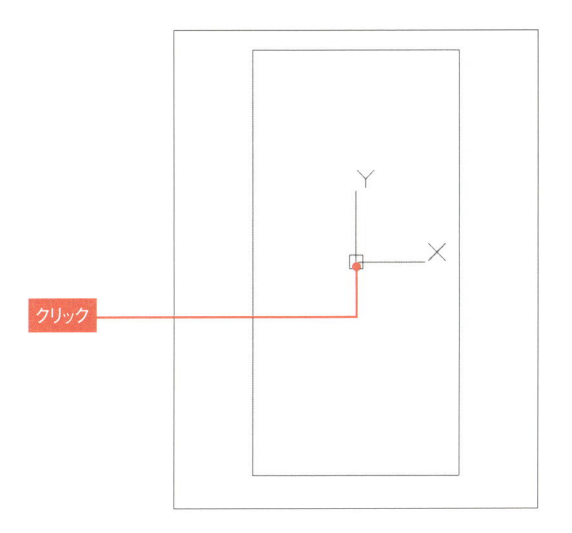

クリック

　それでは、順にコマンドマクロを見てみましょう。

CODE
```
^C^CSETENV;幅;¥
    SETENV; 高さ ;¥
```

　環境変数を設定することから始めます。変数名は「幅」と「高さ」とし、それぞれの数値をユーザーが入力するように「¥」を追加します。コマンド ウインドウの表示は次のようになります。ここでは幅 =500、高さ =1000 と入力しました。

COMMANDLINE

コマンド : SETENV
変数名を入力 : 幅
値 <500>:500
コマンド : SETENV
変数名を入力 : 高さ
値 <1000>: 1000

```
ID;¥
```

指示した点の座標を表示する **ID**（位置表示）コマンドを実行して、「¥」で中心点をクリックします。座標は、この後「@」で得ることができます。コマンド ウインドウの表示は次のようになります。

コマンド：ID
点を指定： X = 250.0　　Y = -500.0　　Z = 0.0

　長方形は対角コーナーの座標を計算して作図しますが、そのときにオブジェクトスナップが効いていると、既存の図形に引っ張られて正しく作図できません。そのため、作図時はオブジェクトスナップがオフの状態で作図します。

　オブジェクトスナップをオフにする前に、現在のオブジェクトスナップの設定を覚えておいて、作図後にその値に戻せると便利です。

```
SETENV;オブジェクトスナップ;
$M=$(GETVAR,OSMODE);
```

　現在のオブジェクトスナップの設定を表示する DIESEL 式です。環境変数に変数名「オブジェクトスナップ」を設定し、オブジェクトスナップの設定を保存するシステム変数 **OSMODE** の値を取得します。

　コマンド ウインドウの表示は次のようになります。ここでは「37」が現在の設定です。

コマンド：SETENV
変数名を入力：オブジェクトスナップ
値 <37>: 37

HINT

オブジェクトスナップの設定には端点、中点、交点などがありますが、それらは 0 と 1 と、2 の倍数でシステム変数 OSMODE に保存されています。このような数値を**ビットコード**といいます。たとえば端点、中点、交点にオブジェクトスナップを設定したいときは、端点＝ 1、中点＝ 2、交点＝ 32 の和で、OSMODE＝35 に設定します。ここでは端点、中心、交点に設定されているので、「37」です。

＜主なビットコード＞
0：解除、1：端点、2：中点、4：中心、8：点、16：四半円点、32：交点、64：挿入基点、128：垂線、256：接線、512：近接点、1024：図心、204：仮想交点、4096：延長、8192：平行、16384：一時的に定常オブジェクトスナップを無効に

CODE

```
RECTANG;
'OSMODE;0;
```

RECGTANG（長方形）コマンドを実行してすぐ、「'（シングルクオート）」の付いた「'OSMODE」を実行して、その値を0とします。これでオブジェクトスナップがオフの設定になります。コマンドウインドウの表示は次のようになります。

COMMANDLINE

コマンド：RECTANG
一方のコーナーを指定 または [面取り (C)/ 高度 (E)/ フィレット (F)/ 厚さ (T)/ 幅 (W)]: 'OSMODE
>>OSMODE の新しい値を入力 <37>: 0

HINT

「'（シングルクオート）」を付けると、他のコマンドの実行中に割り込むことができます。たとえば、作図中に画層を変えられる LAYER コマンドは「'LAYER」とすれば割り込みコマンドとして使えます。ただし、どのコマンドでも割り込めるわけではありません。「'」が付いたコマンドは付録「コマンド一覧」を参照してください。

長方形の作図を続けます。対角の 2 点の座標を、環境変数「幅」「高さ」と最初にクリックした中心点「@」を使って計算します。

CODE

```
@-$(/,$(GETENV,幅),2),
-$(/,$(GETENV,高さ),2);
@$(GETENV,幅),
$(GETENV,高さ);
```

左下点の相対 X 座標は「-$(/,$(GETENV, 幅),2)」、相対 Y 座標は「-$(/,$(GETENV, 高さ),2)」です。「幅」が 500、「高さ」が 1000 ですから、相対座標は「@(-500/2),(-1000/2)」つまり「@-250,-500」になります。右上点の相対座標は「$(GETENV, 幅), $(GETENV, 高さ)」です。これは「@500,1000」になります。左下の点は中心から見ると X、Y とも「-」（マイナス）の相対座標になることに注意してください。コマンド ウインドウの表示は次のようになります。

COMMANDLINE

RECTANG コマンド再開。
一方のコーナーを指定 または [面取り (C)/ 高度 (E)/ フィレット (F)/ 厚さ (T)/ 幅 (W)]: @-250,-500
もう一方のコーナーを指定 または [面積 (A)/ サイズ (D)/ 回転角度 (R)]: @500,1000

これでクリックした点を中心とする長方形が作図されました。

```
OSMODE;$(GETENV,オブジェクトスナップ);
```

　作図が終わったので、システム変数 OSMODE の値を元の「37」に戻しておきます。環境変数「オブジェクトスナップ」の値を書き戻します。

コマンド : OSMODE
OSMODE の新しい値を入力 <0>: 37

HINT -

AutoCAD では **(setenv) (getvar) (itoa)** という LISP 関数を使うと、同様の操作を実行できます。

```
^C^C(setenv"幅"(getstring"幅は?"));¥(setenv"高さ"(getstring"高さは?"));¥ID;¥(setenv"
オブジェクトスナップ"(itoa(getvar"OSMODE")));RECTANG;'OSMODE;0;@-$M=$(/,$(GETENV,幅
),2),-$(/,$(GETENV,高さ),2);@$(GETENV,幅),$(GETENV,高さ);OSMODE;$(GETENV,オブジェクトスナ
ップ);
```

- -

3

コマンドマクロの応用

Chapter 4

AutoLISP で
自動化

4.1 AutoLISP とは

AutoCAD で処理を実行できるプログラミング言語には **AutoLISP**（オートリスプ）や **VBA**（ブイビーエー）、VB.Net（ブイビードットネット）などがありますが、この章では AutoLISP を取り上げます。なお、**AutoCAD LT では AutoLISP は使えません**。

4.1.1 AutoLISP は AutoCAD 専用の LISP

　AutoLISP は AutoCAD 専用の LISP（リスプ）言語です。バージョンアップにともない、AutoCAD で使えるプログラミング言語も増えてきましたが、昔から使われていたのが AutoLISP です。

　LISP はプログラミング言語としては古い言語です。現在もよく使われる Basic(ベーシック) は 1964 年生まれですが、LISP はそれより前の 1958 年に開発されました。LISP は list processor（リストプロセッサー）の省略形で、その名前が表すように、プログラムは文字列がずらっと並んだリストとして表現されます。LISP にはいくつかの種類あり、一般に使われる LISP としては Common Lisp(コモン・リスプ) が有名です。LISP は古くからある言語ですが、最近でも人工知能研究に採用されたりしています。

　AutoLISP は LISP の一種のため、基本的な関数や構造は LISP と同じですが、AutoCAD 専用であるために、LISP にはない AutoLISP 独自の関数が追加されています。

4.1.2　AutoLISP プログラムを試してみる

　AutoLISP でつくったプログラムを使えば、最小限の入力でいくつかやりたいことができてしまいます。まずはサンプルプログラムを使って、動作を試してみましょう。AutoLISP のプログラムは「.lsp」という拡張子のファイルです。

　ここで紹介する円と座標と連番を記入する例は、コツコツと手作業していると 30 分ぐらいかかる作業を 5 秒程度に省力化しています。ここでは 10 個以下の円なので 30 分ぐらいの作業ですが、100個の円なら 5 時間の作業になります。それが 1 分以下の時間で、しかもワンクリックで実現できます。もちろんプログラムを作成するのにはそれなりに時間がかかりますが、それに見合った成果も得られます。

❶ AutoCAD で新規ファイルを開きます。

❷ Windows のエクスプローラからサンプルプログラム「Circles.lsp」を図面上にドラッグ＆ドロップします。これで Circles.lsp という AutoLISP のプログラムを AutoCAD に「ロード」したことになります。

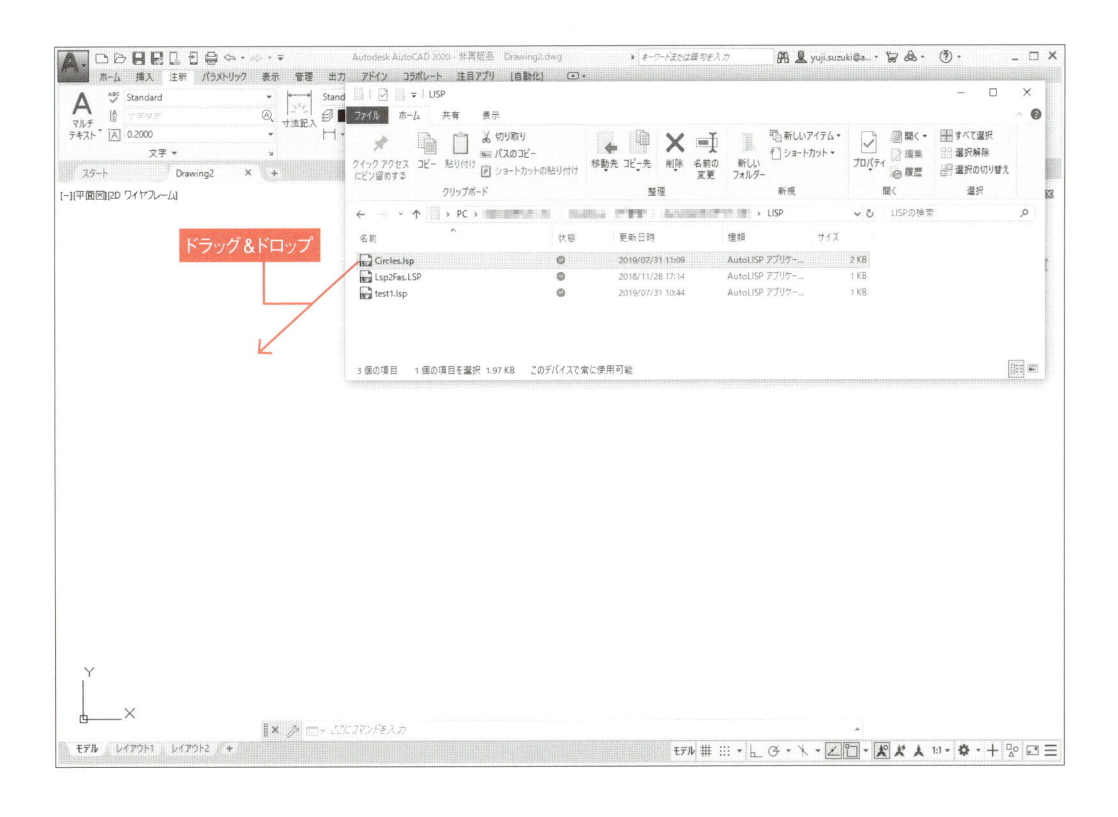

4

AutoLISP で自動化

❸ Circles.lspファイルは信頼できる電子署名がないので、「セキュリティー未署名の実行ファイル」警告が出ます。ここでは [常にロードする] をクリックします。

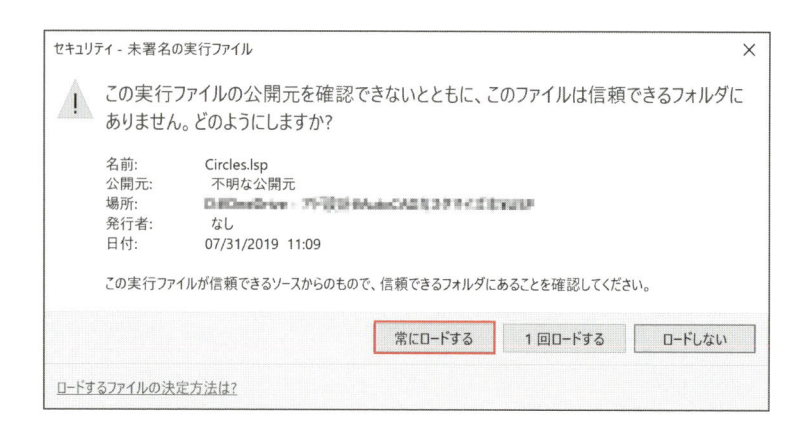

HINT

インターネット上にある出所不明のファイルの場合は、[常にロードする] をクリックしてはいけません。安全なファイルのみ [常にロードする] とします。

❹ コマンド ウインドウに次のように表示され、Circles.lspというプログラムがロードされたことがわかります。

COMMANDLINE

```
コマンド: (LOAD "C:/・・・/Circles.lsp") CIRCLES
```

❺ 「(CIRCLES) Enter 」とキーボードから入力します。( ) を付けることに注意してください。

COMMANDLINE

```
コマンド: (CIRCLES)
```

HINT

LISP の関数は（ ）でくくって入力し、実行します（P.122）。

❻ 「円の半径を指定：」のコマンドプロンプトが表示されるので、適当な半径、ここでは「100 Enter 」と入力します。

COMMANDLINE

```
円の半径を指定：100
```

❼「円の中心点を指定：」のコマンドプロンプトに対し、図面上で複数の点をクリックして円をいくつか
作図します。順序と数は適当でかまいません。後で作図する座標寸法が重ならないように、少し離して
配置します。またオブジェクト スナップはオフにしておきます。

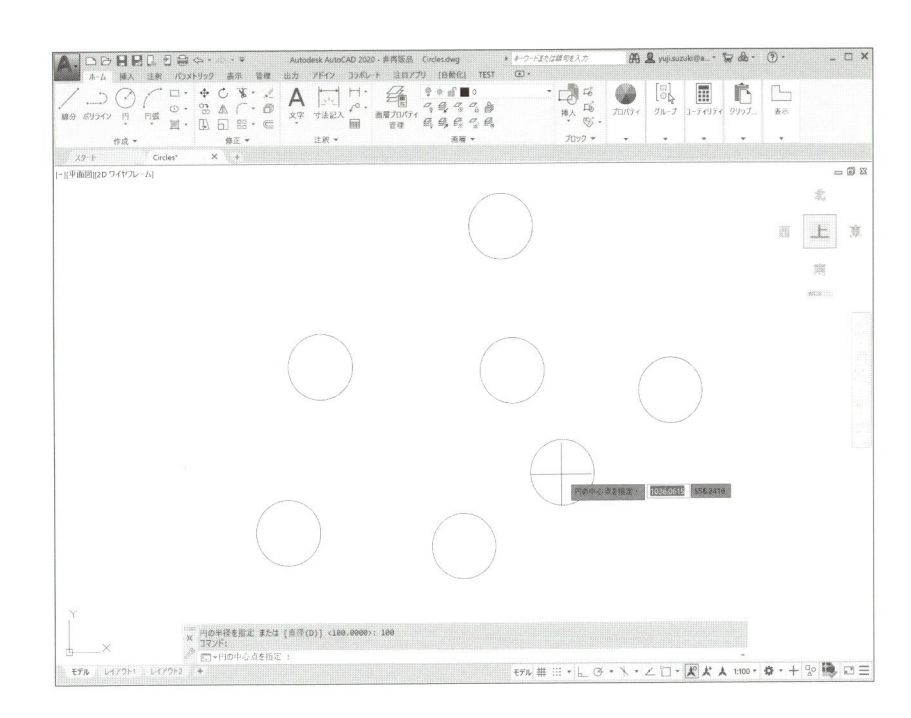

❽ Enter キーで円の作図を終了すると、同時に円中心点のXY座標値が図面上に作図され、XYの位置に
よるソート（並べ替え）によって、位置に応じた番号が円の中心に表示されます。

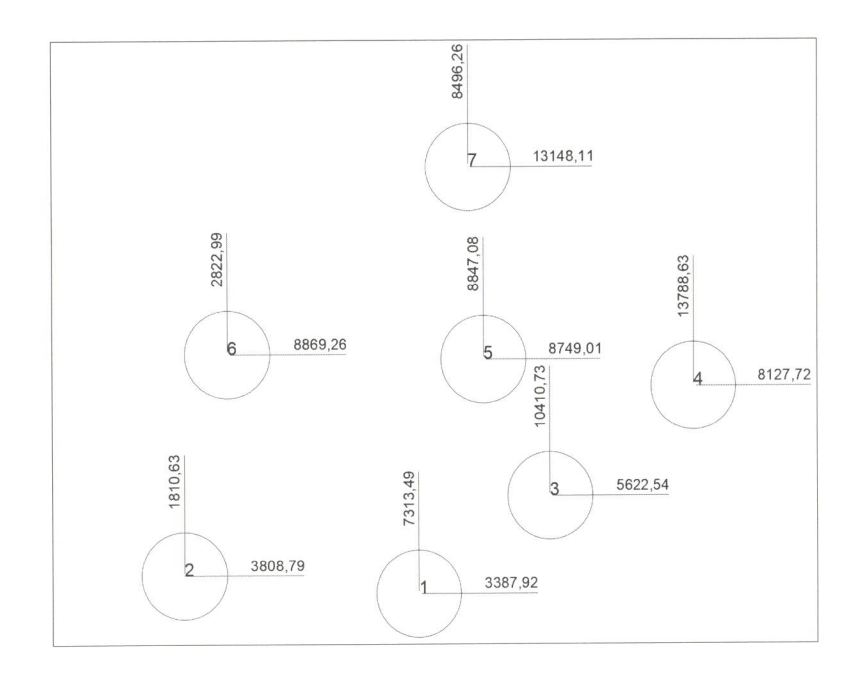

121

クリックしたところに円と座標値を記入するのは、第3章でコマンドマクロを使って行いました。AutoLISPらしいのは、作図した後にXY座標の座標値が小さい順に番号を自動的に記入しているところです。

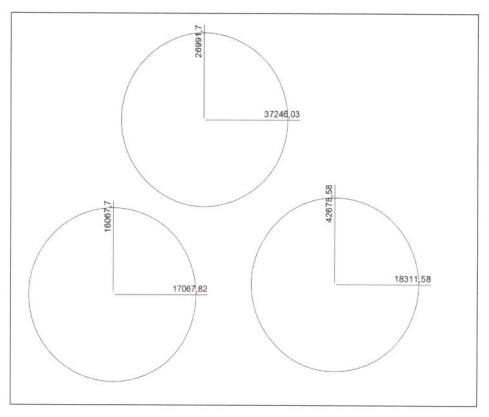

第3章のコマンドマクロの結果

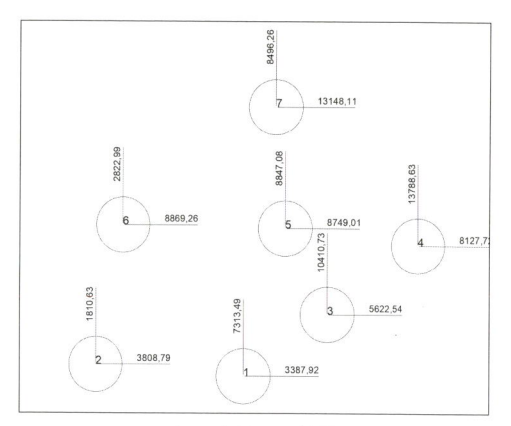

AutoLISPの結果

　プログラムは、煩雑な作業を一気にまちがいなくやってくれます。いくらたくさんの作業でも、人間ならおかしそうなミスもせず、ロボットのようにやってくれます。また、図面上にある図形を使って何か処理を行うのもプログラムでないとできないことです。複数の図形を使って処理することは、コマンドマクロではできません。

　これで、少しはAutoLISPによる自動化を体感できたのではないでしょうか？

4.1.3　AutoLISPの基本的な書き方

　それでは、AutoLISPの基本から説明します。AutoLISPの記述はとにかくシンプルです。それゆえにどれがLISP関数やユーザー作成の関数で、どれが変数の名前で、どれがデータかわからない文法がとっつきにくさを生んでいます。また、読み方がわからない変な英語のキーワードもあり、Basicなどのプログラミング経験のある人にとって、少しなじみにくい言語かもしれません。しかし、いくつかの「関数」の名前と使い方さえ覚えてしまえば、AutoLISPのマスターは難しくありません。

　AutoLISPの構文の基本形は次のようになります。

（関数名 引数1 引数2・・・）

　全体をカッコ（）でくくります。左カッコから、右カッコまでが一つの構文です。カッコ内に改行があっても、あくまで一つの構文は左カッコから、右カッコまでです。左カッコの次は関数名で、そのあとにこの関数が使う引数を並べます。関数や引数は**半角スペース**または**タブ**、**改行**でつなぎます。

　大文字と小文字の区別はありません。ABCとabcは同じですが、本書では小文字をベースにしたプログラムにしています。

具体的な例をあげましょう。次は変数に値を代入する関数 **setq**（P.133）を使った例です。ここで「変数」と書きましたが、LISP では**シンボル**といいます。

CODE

```
(setq a 123)
```

最初の「setq」が関数名です。関数名の次はこの関数が使う引数「a」「123」を書きます。setq関数では、引数を「シンボル」「値」の順で並べるという決まりがあります。シンボルは、ある値につけられた「名前」です。他のプログラム言語での変数名と同じような働きをします。a がシンボル、123 は値です。値は数値でも文字列でもかまいません。これで「**a に 123 を代入する**」という意味になります。

setq 関数は、複数のシンボルに値を代入することも可能です。たとえば 3 つのシンボルにそれぞれ値を代入する場合は、次のように記述します。

CODE

```
(setq a 123 b 456 c "ABC")
```

わかりやすく改行と字下げ、コメントを入れ、タブでシンボルや値の位置を揃えると、次のようになります。数字はそのまま書きますが、文字列は "（ダブルクオーテーション）で囲みます。

CODE

```
(setq                 ; setq関数名
    a      123        ; aに123を代入
    b      456        ; bに456を代入
    c      "ABC"      ; cに"ABC"を代入
)
```

> **HINT**
>
> コメントは文頭に「;（セミコロン）」を付けて記述します。「;」から改行まではプログラムとしては無視されるので、メモを書くことができます。

ここでは、AutoLISP の書き方は必ずカッコでくくること、関数名から始まることをおぼえてください。具体的な関数の使い方やプログラムの書き方については、P.131 以降で解説します。

4

AutoLISP で自動化

4.1.4 Visual LISP エディタを使う

プログラムを書くのはメモ帳でも、特別な LISP エディタでもかまいません。ここでは AutoCAD に用意されている「Visual LISP エディタ」の使い方を説明します。

1「管理」タブー「アプリケーション」パネルの「Visual LISPエディタ」をクリックして、「VLISP」コマンドを実行します。

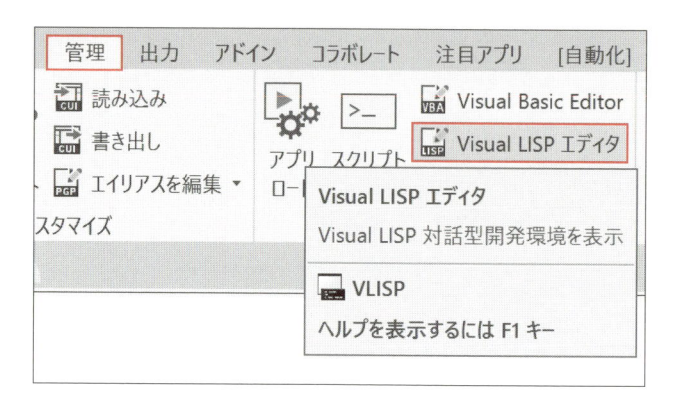

2「Visual LISP for AutoCAD」ウインドウが開きます。これがVisual LISPエディタです。下部の「Visual LISP Console」ウインドウ（**コンソールウインドウ**）で、AutoCADのコマンド ウインドウと同じようにコマンドを入力して実行できます。

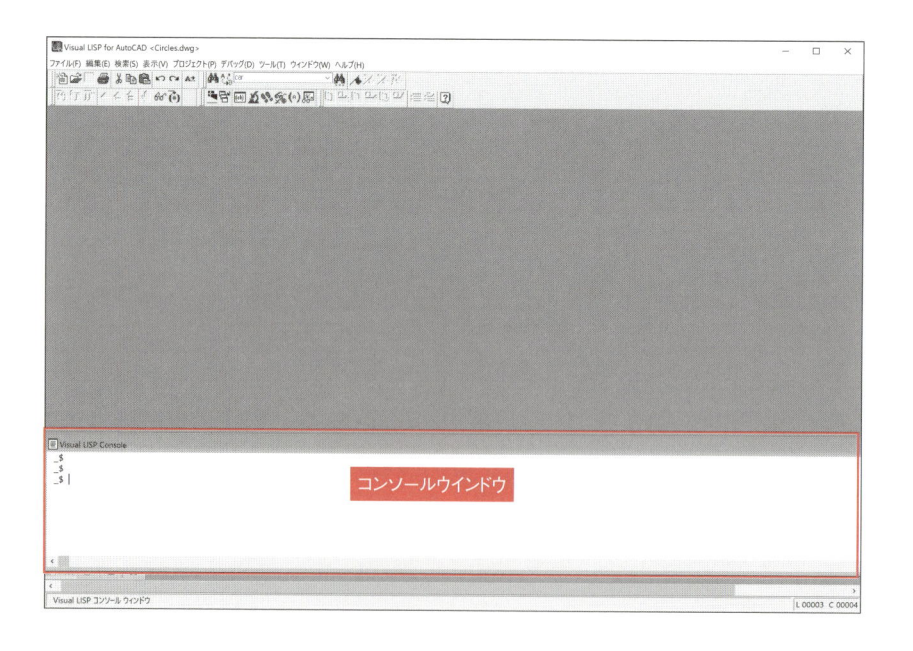

❸「ファイル」メニューの「ファイルを新規作成」を選択します。

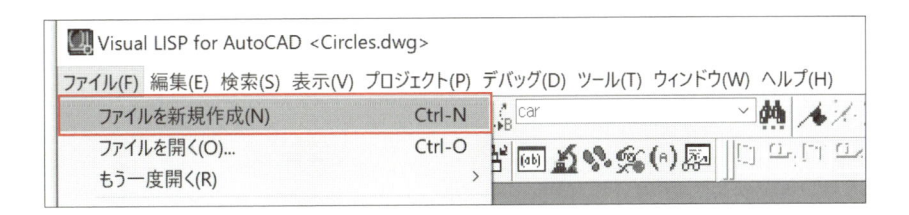

❹ コンソールウインドウの上に <Untitled-0> というタイトルの付いた、コードを書くための**エディタ ウインドウ**が開きます。

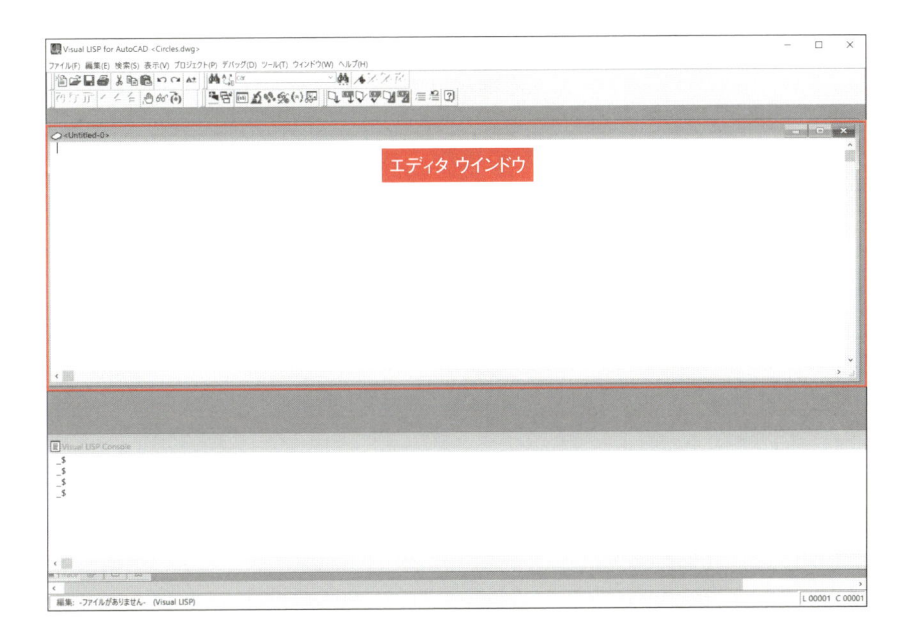

❺ エディタ ウインドウにP.123の改行したコードをコメントなしで書いてみましょう。賢いVisual LISPエディタがカッコは赤色、関数名は青色、シンボルは黒、数値は緑、文字列は赤色に色分けしてくれます。

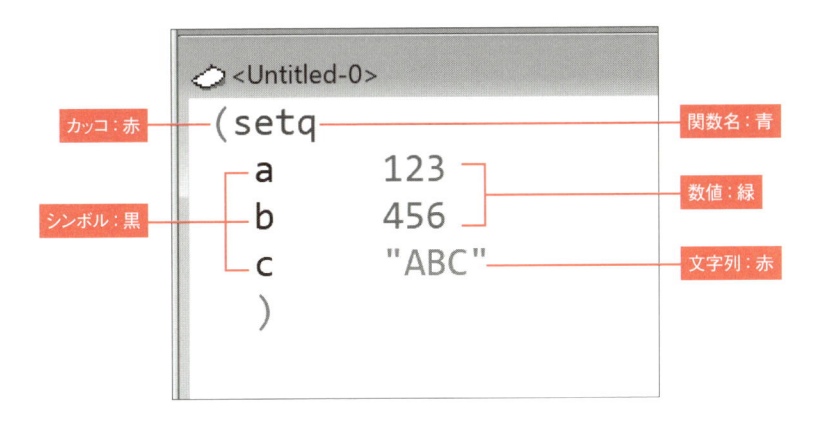

6 このプログラムが文法的に正しいかチェックしましょう。エディタ ウインドウを選択して、「ツール」メニューの「エディタ内のテキストをチェック」を選択します。

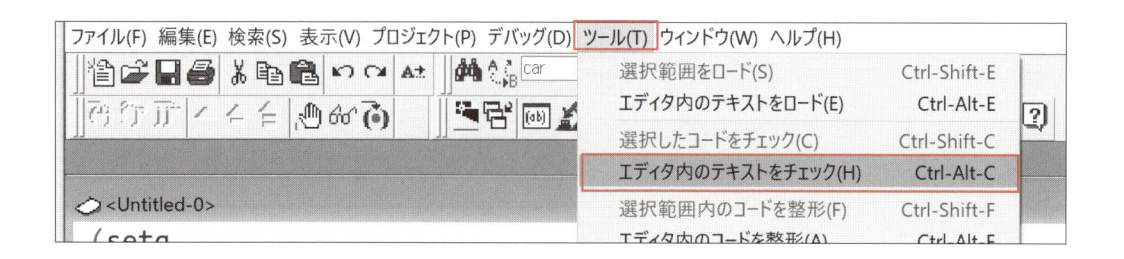

7 Visual LISPエディタの下部に＜作成出力＞ウインドウが表示されます。チェック結果が表示されますが、文字化けしています。

8 日本語で表示されるように設定します。再び、エディタ ウインドウを選択して「ツール」メニューの「ウインドウの属性」→「フォント」を選択します。

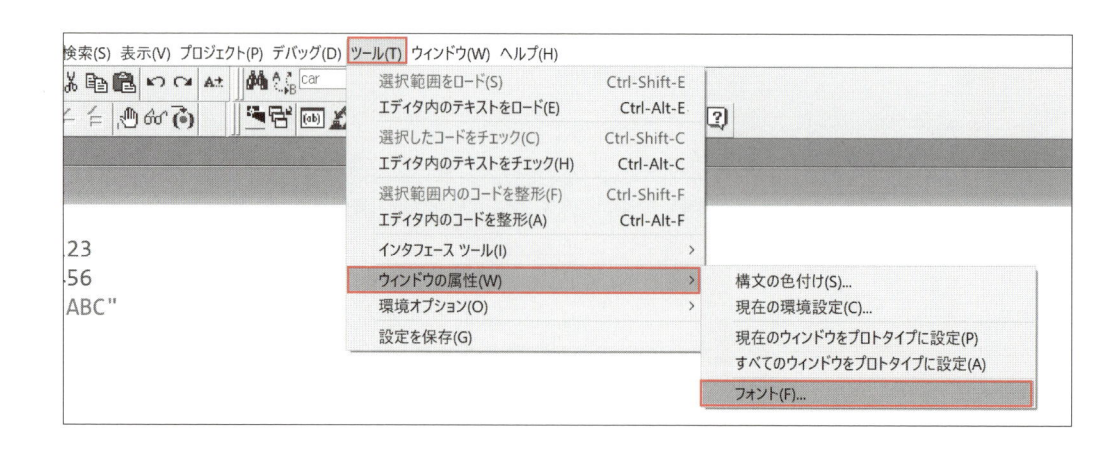

4

AutoLISPで自動化

⑨「フォント」ダイアログボックスが表示されます。ここでは「フォント名」から「ＭＳ ゴシック」、「サイズ」は「14」を選びました。[OK]ボタンをクリックしてダイアログボックスを閉じます。

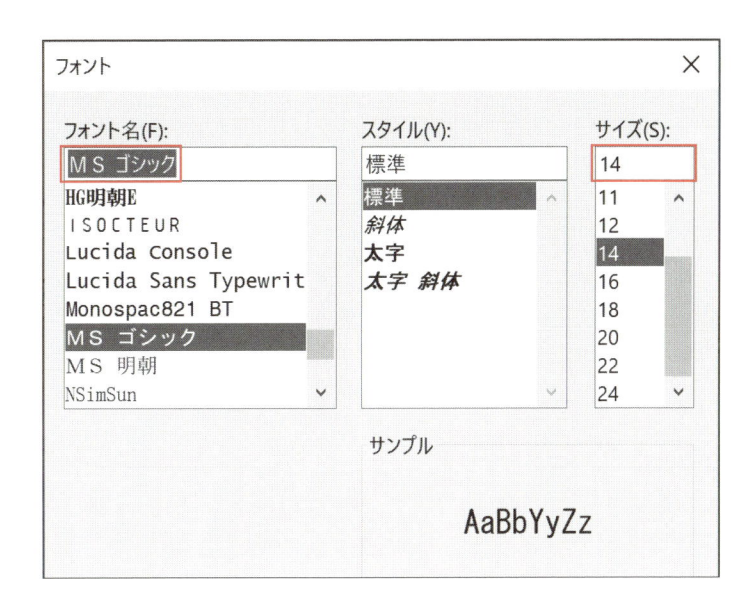

⑩＜作成出力＞ウインドウが日本語表示に変わります。「チェック終了」と表示されていました。コードは正しく入力されています。

文法的なまちがいがあれば、図のようにエラー表示されます。これは終わりの右カッコを「))」と二重にした場合の例です。

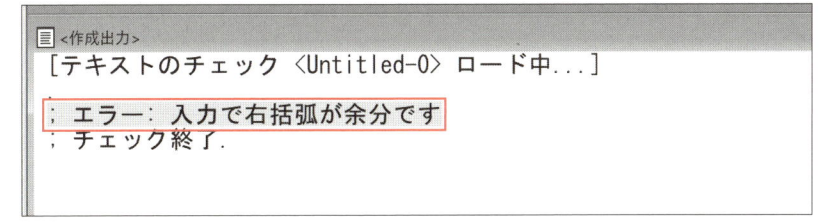

⓫ ここでコードを読みやすく整形してみましょう。エディタ ウインドウを選択して、「ツール」メニューの「エディタ内のコードを整形」を選択します。この例では「c」の下にあった最後の右カッコが文頭に移動しました。入力したプログラムのカッコの数が多くなったり、行数が多くなったりしたときに便利な機能です。

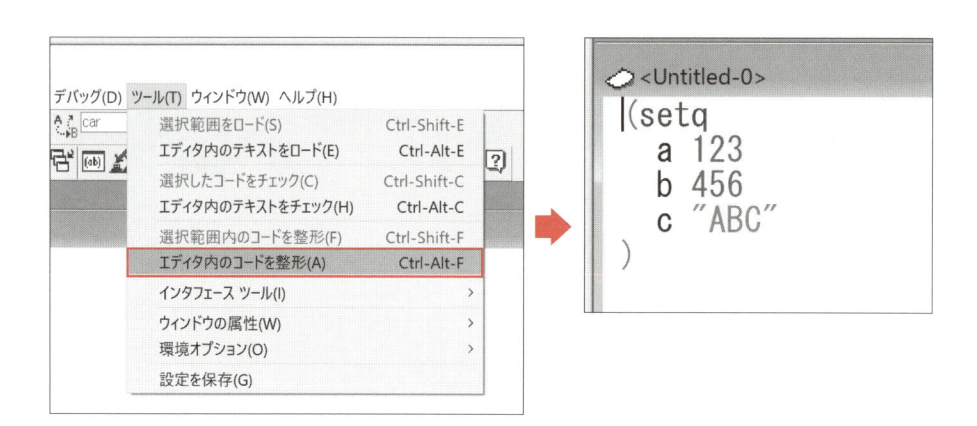

4
AutoLISP で自動化

⓬ このプログラムをVisual LISPエディタから実行（ロード）してみます。エディタ ウインドウを選択して、「ツール」メニューの「エディタ内のテキストをロード」を選択します。

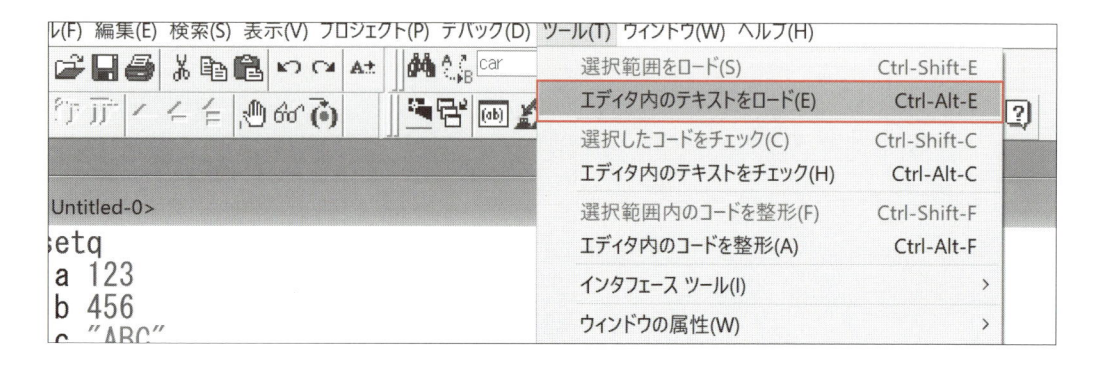

⓭ コンソールウインドウが現れ、次のように表示されます。ロードされたことが確認できました。

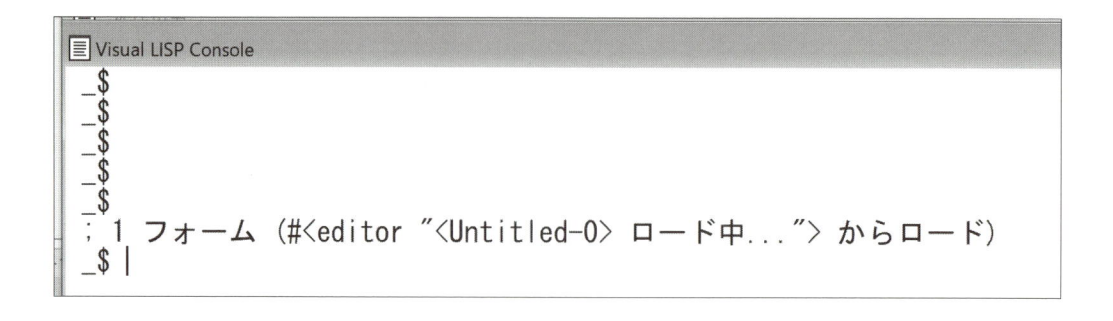

⓮ ここでAutoCADのウインドウに戻ってみます。「実行した」といってもシンボルに値を代入しただけ
で、図形を作成したりするわけではないので、コマンド ウインドウには何も表示されていません。

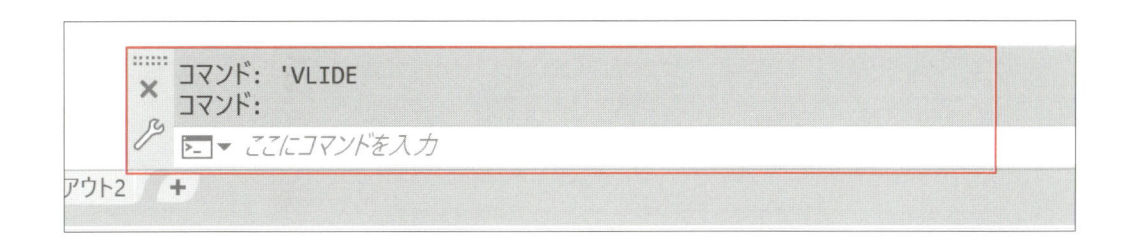

⓯ プログラムがロードされているかを確認しましょう。コマンド ウインドウにシンボルの値を表示させ
るには、シンボルの前に「!（エクスクラメーション）」を付けて入力します。コマンド ウインドウに
「!a Enter 」と入力して、その値の「123」が表示されることを確認します。同様にして「!b」「!c」も確
認してください。

COMMANDLINE

コマンド: !a
123
コマンド: !b
456
コマンド: !c
"ABC"

　ここまでが Visual LISP エディタの基本的な使い方です。そのほかにも、デバッグなどのもう少し
突っ込んだ使い方がありますが、それらの解説はプログラム開発を進めながら行うことにします。

Column 秀丸エディタを使う

AutoLISP を書くエディタには、キーワードとそれ以外の区別、カッコの対応が必要です。一般的に使われているシェアウエア（有償）「秀丸エディタ」は軽くて使いやすく、AutoLISP のプログラムを書くエディタとしてもおすすめです。エディタとしての検索機能なども豊富で筆者は愛用しています。

- 入手方法：https://hide.maruo.co.jp/software/hidemaru.html
- もしくは Windows ストアで秀丸エディタ (ストアアプリ版) を検索

LISP ファイルを秀丸エディタで開くと、コメントは緑、"（ダブルクオーテーション）で囲まれた文字列は赤、関数は太字で表示されます。さらに右カッコ「)」を入力すると、それ対応した左カッコ「(」がハイライト表示されます。

AutoCAD 付属の Visual LISP エディタは機能が多く便利なのですが、ときどきハングアップすることもあります。秀丸エディタはそのようなこともありません。AutoCAD にプログラムをロードするときは、ウインドウ タイトルのアイコン（下図赤枠）をつかんで作図ウインドウへドラッグ＆ドロップするだけです。ファイルを保存して、エクスプローラから作図ウインドウにドラッグ＆ドロップという手間を省くことができます。

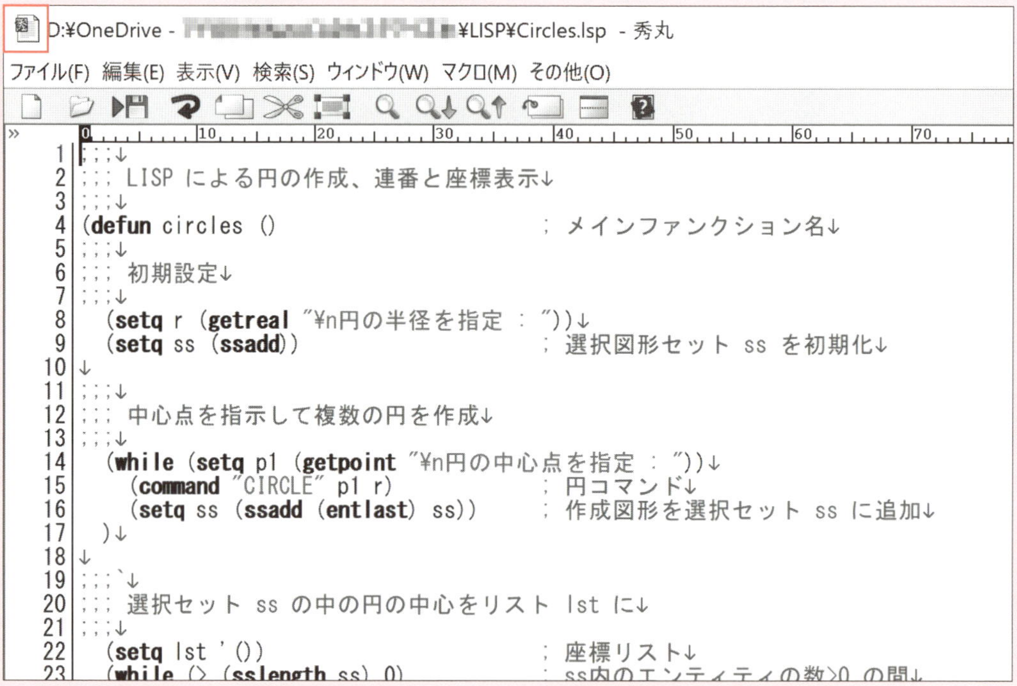

```
D:¥OneDrive - ██████████████¥LISP¥Circles.lsp - 秀丸
ファイル(F) 編集(E) 表示(V) 検索(S) ウィンドウ(W) マクロ(M) その他(O)

    0       10      20      30      40      50      60      70
 1 ;;;↓
 2 ;;; LISP による円の作成、連番と座標表示↓
 3 ;;;↓
 4 (defun circles ()                    ; メインファンクション名↓
 5 ;;;↓
 6 ;;; 初期設定↓
 7 ;;;↓
 8   (setq r (getreal "¥n円の半径を指定 : "))↓
 9   (setq ss (ssadd))                   ; 選択図形セット ss を初期化↓
10 ↓
11 ;;;↓
12 ;;; 中心点を指示して複数の円を作成↓
13 ;;;↓
14   (while (setq p1 (getpoint "¥n円の中心点を指定 : "))↓
15     (command "CIRCLE" p1 r)           ; 円コマンド↓
16     (setq ss (ssadd (entlast) ss))    ; 作成図形を選択セット ss に追加↓
17   )↓
18 ↓
19 ;;;`↓
20 ;;; 選択セット ss の中の円の中心をリスト lst に↓
21 ;;;↓
22   (setq lst '())                      ; 座標リスト↓
23   (while (> (sslength ss) 0)          ; ss内のエンティティの数>0 の間↓
```

4.2 ▎ AutoLISP の関数を使う

P.119 で実行した、円を作図して中心点の座標と連続番号を表示するプログラムを使って、AutoLISP の関数の意味と使い方を説明します。このプログラムコードは次のとおりです。各行の意味はコメントで入れています。これをまとまった操作ごとに分けて解説します。

■ 円を作図して中心点座標と連番を表示する LISP プログラム（LISP 関数は赤色で表示）

```
CODE
;;;
;;; LISP による円の作成、連番と座標表示
;;;
(defun circles ()                              ; メインファンクション名
;;;
;;; どの円でも共通な半径値入力
;;;
  (setq r (getreal "¥n円の半径を指定 : "))        ; 半径値を入力


;;;
;;; 中心点を指示して複数の円を作成
;;;
  (setq ss (ssadd))                            ; 選択セット ss を初期化
  (while (setq p1 (getpoint "¥n円の中心点を指定 : "))  ; 中心点座標を入力
    (command "_CIRCLE" p1 r)                    ; 円コマンド
    (setq ss (ssadd (entlast) ss))             ; 作成図形を選択セット ss に追加
  )


;;;
;;; 選択セット ss の中の円の中心をリスト lst に
;;;
  (setq lst '())                               ; 座標リスト
  (while (> (sslength ss) 0)                    ; ss内のエンティティの数>0 の間
    (setq en  (ssname ss 0)                     ; ssの最初のエンティティ
          ed  (entget en)                       ; エンティティをリスト化
          cp  (cdr (assoc 10 ed))               ; 中心座標を cp に
```

```
        lst  (append lst (list cp))                ; 中心座標のリスト lst に追加

        ss  (ssdel en ss)                          ; 処理したエンティティをssから削除

  )

  )


;;;

;;; X、Y 座標で並べ替え

;;;

  (setq   lst

    (vl-sort lst                                   ; 座標リスト lst を並べ替え

        (function (lambda (a b)                     ; a と b を比較に使う関数を定義

            (if (equal (cadr a) (cadr b) 0.000001)    ; aとbのY座標が同じなら

                (< (car a) (car b))                ; X座標で比較

                (< (cadr a) (cadr b))              ; Y座標が同じでないならY座標で比較

            )

          )

        )

    )

  )


;;;

;;; 番号と座標寸法を記入

;;;

  (setq n 1)                                       ; 番号の初期値は 1

  (setvar "TEXTSIZE" 30)                           ; 文字の高さは 30

  (setvar "DIMSCALE" 10)                           ; 寸法の尺度は 10


  (foreach p lst                                   ; lst 内の座標値それぞれについて

    (command "_TEXT" p "" "" n)                    ; 文字記入コマンド

    (command "_DIMORDINATE" p "@150,0")            ; Y 座標寸法

    (command "_DIMORDINATE" p "@0,150")            ; X 座標寸法

    (setq n (1+ n))                                ; n を1増やす（インクリメント）

  )

)
```

　ここから少しずつコードを書きながら練習していきます。Visal LISP エディタを起動（P.124）して、コードを書く準備をしてください。

4.2.1 関数名を定義して半径値を入力

CODE

```
(defun circles ()
  (setq r (getreal "¥n円の半径を指定 : "))
```

■関数名を定義する（1 行目）

CODE

```
(defun circles ()
```

　最初に **defun**（DEfine FUNction）でこのプログラム全体を任意の関数名で定義します。閉じるための右カッコ「)」はプログラムの最後の行に付けます。ここでは「circles」と名前を付けます。引数は指定しないため、そのあとのカッコ内は空欄です。このようにすべてのプログラムは defun による関数定義から始まります。この関数名はコマンド ウインドウで「コマンド：」の後に（　）を付けて入力すると実行できます。

関数名	defun（デファン）
分類	関数処理関数
説明	関数を定義

■円の半径を入力する（2 行目）

CODE

```
  (setq r (getreal "¥n円の半径を指定 : "))
```

　P.123 でも使った **setq**（SET Quote）は、シンボルに値を代入する関数です。たぶん LISP プログラムでもっともよく使われる関数でしょう。次の getreal 関数の戻り値を「r」に代入します。setq 関数の引数の数に制限はありません。いくつでもシンボルに値を代入することができます。

関数名	setq（セットキュー／セットク）
分類	基本関数−シンボル処理関数
説明	シンボルに値を代入

　次の **getreal** 関数ではユーザーに円の半径の入力を求めます。戻り値は数値のみのため、数値以外の文字を入力すると値が返ってきません。getreal 関数の引数は、ユーザーに対するプロンプトです。最初の「¥n」は改行を意味する文字です。前に表示された入力やプロンプトとつながってしまうと見にくいので、このような改行文字を入れています。

関数名	getreal（ゲットリアル）
分類	基本関数－ユーザー入力関数
説明	ユーザーに数値の入力を求め、入力された数値を返す

　ユーザーがキーボードから「100」を入力して `Enter` キーを押すと、getreal 関数は入力された数値「100」を返し、次の setq 関数によってシンボル r に「100」が代入されます。

4.2.2　中心点を指定して複数の円を作成

CODE
```
(setq ss (ssadd))
(while (setq p1 (getpoint "¥n円の中心点を指定 : "))
  (command "_CIRCLE" p1 r)
  (setq ss (ssadd (entlast) ss))
)
```

■選択セットをつくる（1 行目と 4 行目）

CODE
```
(setq ss (ssadd))
```

　「選択セット」は AutoCAD 上で選択状態にある複数の図形のことです。AutoLISP では選択セットを初期化して、空の状態からスタートします。**ssadd** は新しい選択セットを作ったり、選択セットに図形を追加したりする関数です。1 行目で「ss」という固有の名前を付けた空の選択セットを作成します。

関数名	ssadd（エスエスアド）
分類	選択セット操作関数
説明	新しい選択セットを作成、または選択セットにオブジェクトを追加

```
CODE
    (setq ss (ssadd (entlast) ss))
```

4 行目の **entlast** は一番直近に作図された図形を指定する関数です。この行での ssadd は図形を選択セットに追加する役割を持ちます。1 行目と 4 行目で選択セット ss に作図された図形（円）を追加していく操作を行います。

関数名	entlast（エントラスト）
分類	オブジェクト処理関数
説明	図面内の最後のオブジェクトの名前、つまり作図されたばかりの新しい図形の名前

■円を繰り返し作図する（2 行目、3 行目、5 行目）

```
CODE
(setq p1 (getpoint "¥n円の中心点を指定 : "))
```

まず、2 行目の「setq」以降を先に説明します。2 行目の **getpoint** はユーザーに座標（点）の入力を求める関数です。getreal と同様に、戻り値は数値（ここは座標）、引数はユーザーに対するプロンプトです。ここでも改行文字「¥n」を入れます。座標はマウスクリックでも、キーボードからの数値入力でもかまいません。この点の座標がシンボル「p1」に代入されます。

関数名	getpoint（ゲットポイント）
分類	基本関数－ユーザー入力関数
説明	ユーザーに座標の入力を求め、入力された点の座標を返す

```
CODE
    (command "_CIRCLE" p1 r)
```

次に 3 行目を説明します。2 行目で「p1」に点の座標が代入され、先のコード（P.133）で「r」に円の半径が代入されています。この p1 と r を使って円を作図します。AutoLISP で AutoCAD コマンドを実行するときは **command** 関数を使います。円を作図するコマンド「CIRCLE」と p1、r は command 関数の引数です。

コマンド文字列である「_CIRCLE」は、"（ダブルクオーテーション）で囲みます。「_（アンダーバー／アンダースコア）」をコマンドの頭につけるのは、インターナショナルなコマンドを使うことを示す約束文字です。必ずしも付ける必要はないのですが、ここでは慣習にしたがって付けておきます。

関数名	command（コマンド）
分類	コマンド関数
説明	AutoCAD コマンドの実行

HINT

command 関数内で、コマンド最後の Enter は不要です。またコマンドマクロでのスペースや ; のように、Enter を使う場合は空文字の「""」を使います。

```
CODE
  (while
   ...
  )
```

　最後に 2 行目文頭の **while** を説明します。先に説明した 2 行目と 3 行目で円を作図できますが、一度しか実行できません。このプログラムでは Enter や Esc キーを押すまで円の作図を繰り返す必要があります。

　while は（）内の条件式の値が nil（偽）になるまで、それ以降の処理を続けるという関数です。円の中心点が入力されて、正しく p1 の値が返ってくる限りは処理を続けますが、Enter キーなどが押されて p1 の値が返ってこないときは、while の 2 番目の引数以降の処理（円の作図）は行われません。この式によって、Enter や Esc キーを押すまで円の作図が繰り返されます。while 文の区切りとなる最後（5 行目）の右カッコも忘れないようにしましょう。

関数名	while（ホワイル）
分類	条件関数
説明	評価が nil になるまで繰り返し

HINT

AutoLISP では真（True）を **T**、偽（False）を **nil**（ニル）という特別な用語で表します。条件式は T もしくは nil を返します。while を使ったコードは中止される条件をきちんと書いておかないと、無限ループに陥ってしまうので注意が必要です。

4

AutoLISP で自動化

4.2.3 Visual LISP エディタでデバッグ

まだプログラムは完成していませんが、ここまでに書いたプログラムを一度動かしてみましょう。

❶ Visal LISP エディタのエディタ ウインドウにここまでのコードを入力して、「ツール」メニューの「エディタ内のテキストをチェック」を選択します。

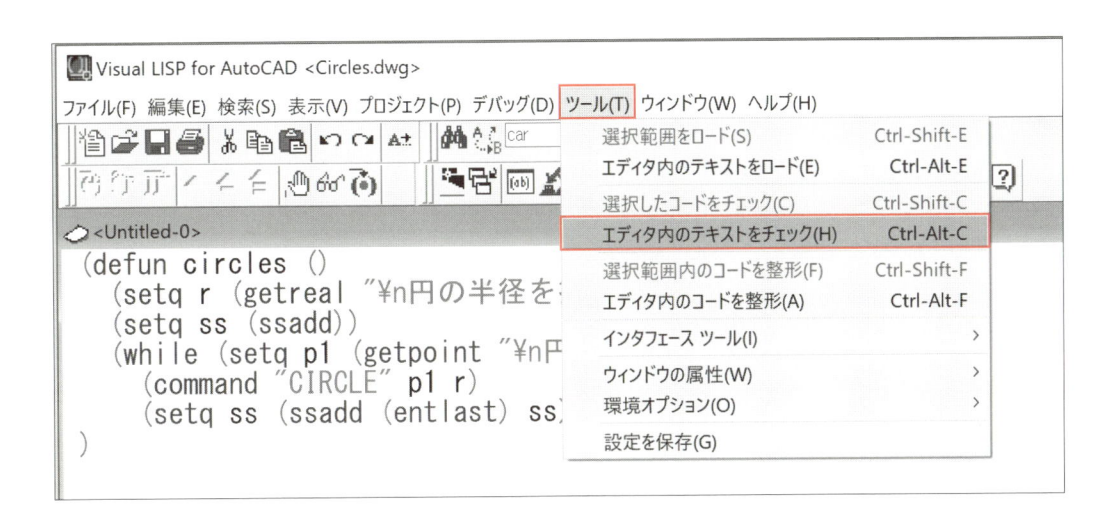

❷ <作成出力>ウインドウが表示され、「エラー：入力のリストの形式に誤りがあります」と表示されました。

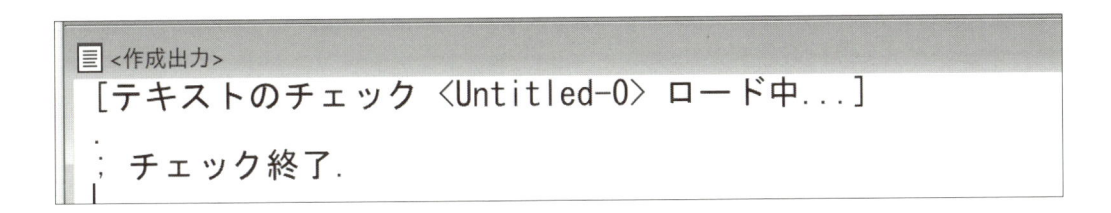

❸ どうやら本来プログラムの最後に付けるdefunの右カッコがないことが原因のようです。<作成出力>ウインドウを一度閉じ、最後の行に「）」を追加したら再び「エディタ内のテキストをチェック」を実行します。エラー表示が消えました。

![<作成出力> テキストのチェック <Untitled-0> ロード中... ; チェック終了.]

④ 「ツール」メニューの「エディタ内のテキストをロード」を選択して、プログラムを実行します。

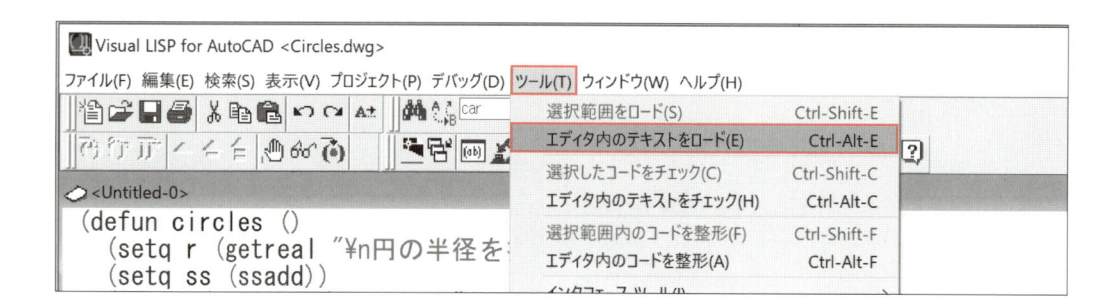

⑤ AutoCADのコマンド ウインドウに「コマンド： 'VLIDE」と表示されています。次の行の「コマンド：」に「(circles)」と入力します。この名前はプログラムに付けた関数名です。AutoLISPのプログラムをコマンドとして実行するときは、関数名をカッコでくくって入力します。

COMMANDLINE

コマンド: 'VLIDE
コマンド:(circles)

⑥ 半径を入力したら、点をクリックして円をいくつか作図し、 Enter キーで終了します。

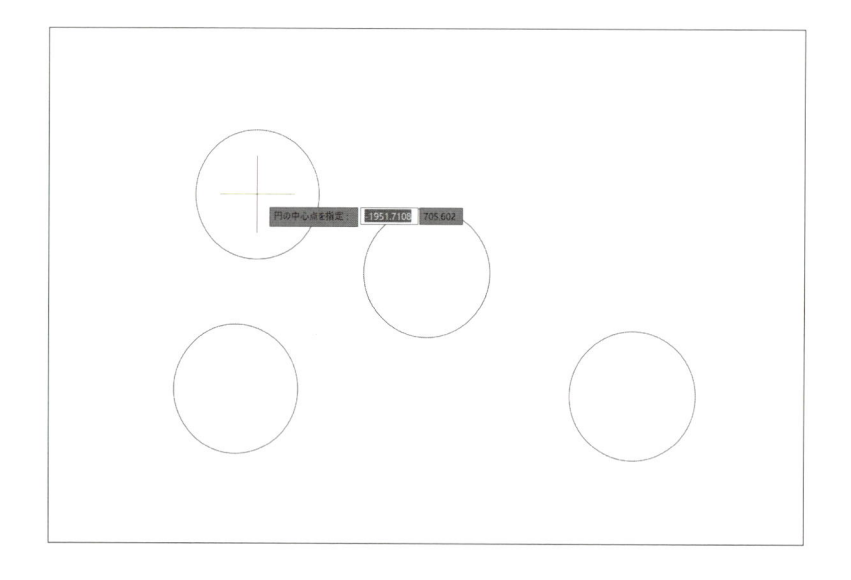

　ここまでのプログラムは想定どおりの実行結果になりましたが、シンボル ss が選択セットとして正しく動作しているかなど、肝心なことはよくわかりません。

　シンボル r と選択セット ss に正しく値が代入されているかを確認したいですね。このようなときにデバッグ（P.99）を行います。Visual LISP エディタのデバッグツールを使ってみましょう。

❶ Visual LISPエディタのエディタ ウインドウで「r」を選択し、「デバッグ」メニューの「ウオッチを追加」（あるいは右クリックして「ウオッチを追加」）を選択します。

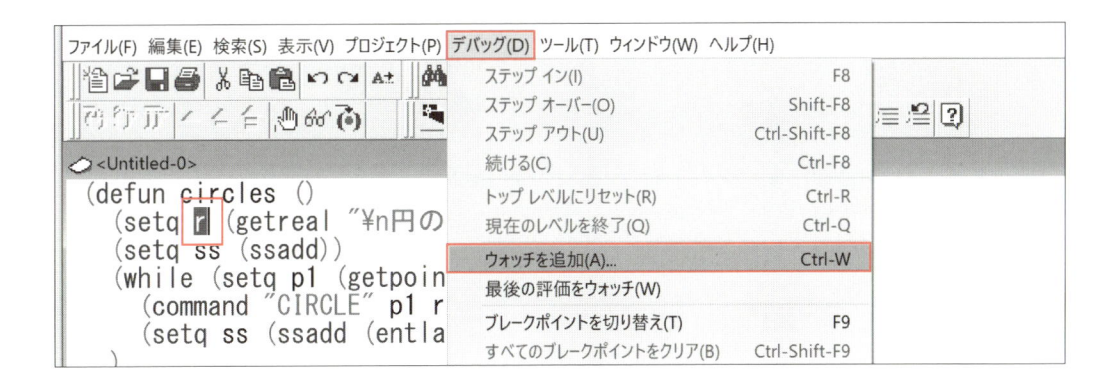

❷ 「ウオッチ」ウインドウが開き、「R ＝ 100.0」と表示されました。シンボルrへの数値代入が、正しく行われていることを確認できました。「ウオッチ」ウインドウを閉じます。

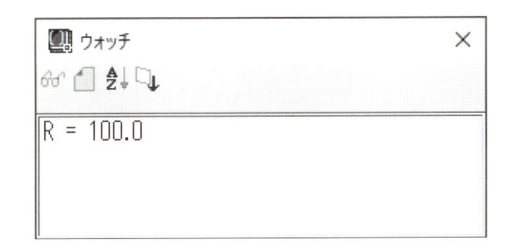

❸ 同じように「ss」を選択して「ウオッチを追加」します。「ウオッチ」ウインドウが開き、「SS ＝<Selection Set: 5>」と表示されました。「SS ＝<Selection Set: 5>」の中身を知りたいので、この行をダブルクリックします。

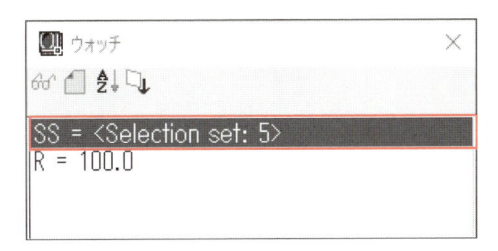

④「検査」ウインドウが開きます。5つの図形が選択セットssに含まれていることがわかります。任意の図形名をダブルクリックしてみましょう。

HINT

AutoCAD での実行結果を消してしまうと、このように含まれている図形が表示されません。その場合はプログラムを再実行してから③の操作をしてください。

⑤「ACAD CIRCLE」が開きます。ダブルクリックした図形（円）の詳細情報が表示されました。

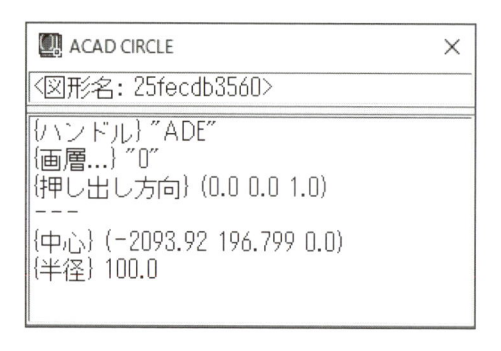

　シンボルへの代入結果は、シンボル名を選択して「ウオッチを追加」で確認できました。次はプログラムの途中までの実行結果を確認できる「ブレークポイントを切り替え」について説明します。「ブレークポイント」とはプログラムの実行を強制的に停止する位置のことです。この機能を使って、最初の(ssadd)で空の選択セットが作られるところまでの動作を確認してみましょう。

①「 (while)」の前にカーソルを置き、「デバッグ」メニューの「ブレークポイントを切り替え」を選択します。whileの前の「(」が赤く表示されます。

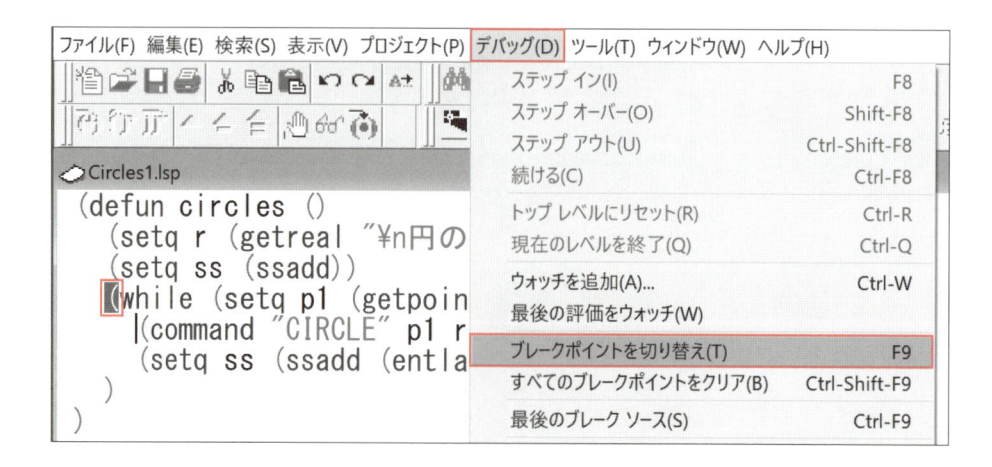

❷ この状態でプログラムを実行します。AutoCADで関数名を入力し、円の半径を指定するとVisual
LISPエディタに強制的に戻ってしまいました。エディタ ウインドウのwhile以降が青く反転してい
るのは、ブレークポイントでプログラムが停止し、以降のプログラムが実行されていないことを示して
います。

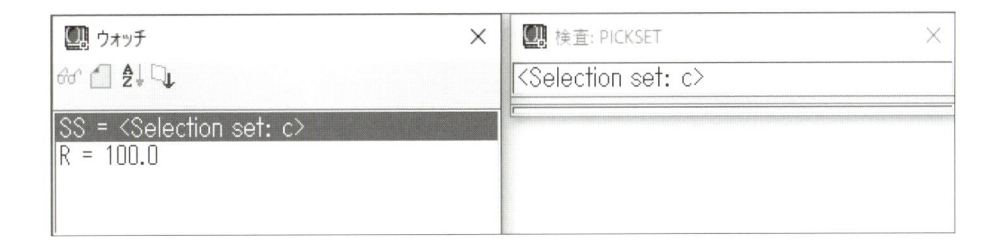

```
Visual LISP for AutoCAD <Circles.dwg>

ファイル(F) 編集(E) 検索(S) 表示(V) プロジェクト(P) デバッグ(D) ツール(T) ウィンドウ(W) ヘルプ(H)

Circles1.lsp
 (defun circles ()
   (setq r (getreal "¥n円の半径を指定 : "))
   (setq ss (ssadd))
   (while (setq p1 (getpoint "¥n円の中心点を指定 : "))
     (command "CIRCLE" p1 r)
     (setq ss (ssadd (entlast) ss))
   )
 )
```

❸ 「ウオッチ」ウインドウの1行目にある選択セット名<Selection Set: c>をダブルクリックすると、
「検査」ウインドウに含まれている図形が表示されません。これで空の選択セット <Selection Set: c
>が作られただけの状態であることがわかりました。

```
ウオッチ                            ×     検査: PICKSET                        ×

SS = <Selection set: c>                  <Selection set: c>
R = 100.0
```

4

AutoLISP で自動化

```
(setq lst '())                                    ; 座標リスト
(while (> (sslength ss) 0)                         ; ss内のエンティティの数>0 の間
  (setq en  (ssname ss 0)                          ; ssの最初のエンティティ
        ed  (entget en)                            ; エンティティをリスト化
        cp  (cdr (assoc 10 ed))                    ; 中心座標を cp に
        lst (append lst (list cp))                 ; 中心座標のリスト lst に追加
        ss  (ssdel en ss)                          ; 処理したエンティティをssから削除
  )
)
```

■座標リストをつくる（1 行目）

CODE
```
(setq lst '())
```

まず、空の座標リスト **lst** を作ります。「'( )」は空のリストを示しています。'（シングルクオーテーション）は **quote** 関数の省略形です。続く関数を評価しないでそのまま返すという関数です。(quote a) は ('a) と同じ意味で、シンボル a に代入された値でなくシンボル a そのものを返します。同様に (quote ()) は ('()) と同じ意味で Nil ではなく、() という空のリストを返します。

関数名	quote（クオート）
分類	シンボル処理関数
説明	引数を評価せずに式そのものを返す

■選択セットに円がある間は処理を繰り返す（2 行目と 9 行目のカッコ）

CODE
```
(while (> (sslength ss) 0)
```

繰り返し処理をするため、先に出てきた **while** をここでも使います。**sslength**（Selection Set LENGTH）は、選択セットの長さを返す関数です。sslength が「0」より大きい「>」、つまり選択セットの中に図形がある限り繰り返すという条件です。このままでは無限に実行してしまいますが、次で解説する選択セットから図形を除外する処理を入れることで、選択セット内に円がなくなったら、つまり sslength が 0 を返すようになれば、繰り返し処理を停止します。

関数名	sslength（エスエスレングス）
分類	選択セット操作関数
説明	選択セット内のオブジェクトの数（選択セットの長さ）を示す整数

4

AutoLISP で自動化

■最初の円の処理がすんだら選択セットから除外（3 行目と 7 行目、8 行目のカッコ）

CODE
```
    (setq en  (ssname ss 0)
```

CODE
```
        ss  (ssdel en ss)
    )
```

ssname（Selection Set NAME）は、選択セット内の図形の名前を返します。3 行目の「ssname ss 0」でインデックス 0、つまり先頭の図形の名前を得ることができます。**ssdel**（Selection Set DELete）は、選択セットの中から対象の図形を除外します。7 行目の「ssdel en ss」は選択セット ss から図形 en を除外するという意味です。つまり while 内のコードを 1 回実行するたびに選択セットから図形が 1 つ減っていきます。

関数名	ssname（エスエスネーム）
分類	選択セット操作関数
説明	選択セットからインデックス番号の要素の図形名を返す

関数名	ssdel（エスエスデル）
分類	選択セット操作関数
説明	選択セットからオブジェクトを削除

■中心座標を取得する（4 ～ 6 行目）

CODE
```
        ed  (entget en)
```

entget（ENTity GET）は、図形の情報をリストとして得る関数です。4 行目は選択セット ss の最初の図形 en の図形情報を ed に代入します。得られる図形情報は次のようなリストになります。以下はコマンド ウインドウに表示された例です。この中で中心座標の情報は「(10 1300.0 600.0 0.0)」になります。

COMMANDLINE
```
((-1 . <図形名: 1fdb68f48c0>) (0 . "CIRCLE") (330 . <図形名: 1fdb68ed9f0>) (5 . "7DC") (100 .
"AcDbEntity") (67 . 0) (410 . "Model") (8 . "0") (100 . "AcDbCircle") (10 1300.0 600.0 0.0) (40 . 100.0)
(210 0.0 0.0 1.0))
```

関数名	entget（エントゲット）
分類	オブジェクト処理関数
説明	図形の定義データを取得

CODE

```
cp (cdr (assoc 10 ed))
```

5行目は図形情報 ed の中から中心座標を取得して、シンボル cp の値にします。**assoc**（ASSOCiations）は、連想リストと呼ばれるドットペアの集まり（リスト）からキー値（DXF コード）を使って、ドットペアリストを得る関数です。「assoc 10 ed」で、ed の DXF コード「10」（中心座標）の連想リスト「(10 1300.0 600.0 0.0)」を取得します。このリストの先頭「10」の部分をのぞいた「(1300.0 600.0 0.0)」が得るべき座標値です。このため、リストの先頭以外の要素を得る **cdr** という関数を使います。

関数名	assoc（アソック）
分類	リスト操作関数
説明	連想リストの検索

関数名	cdr（クダー）
分類	リスト操作関数
説明	リストの最初以外の要素

リストの要素を取り出す関数

たとえば次のような 1 から 10 までの a という整数のリストがあったとします（以下はコマンド ウインドウの表示です）。

COMMANDLINE

コマンド: (setq a '(1 2 3 4 5 6 7 8 9 10))
(1 2 3 4 5 6 7 8 9 10)

cdr 関数は、リストの先頭以外の要素を得ます。(cdr a) はリスト (2 3 4 5 6 7 8 9 10) を返します。

COMMANDLINE

コマンド: (cdr a)
(2 3 4 5 6 7 8 9 10)

このほかにも、リストの先頭の要素（ここでは 1）を得る関数 **car**（Contents of the Address part of the Register）があります。

COMMANDLINE

コマンド: (car a)
1

先頭以外の要素の先頭（ここでは 2）を得る関数 **cadr** もあります。

COMMANDLINE

コマンド: (cadr a)
2

関数名	car（カー）
分類	リスト操作関数
説明	リストの最初の要素

関数名	cadr（カダー）
分類	リスト操作関数
説明	リストの 2 番目の要素 （car(cdr)）の意味

CODE

```
lst  (append lst (list cp))
```

　6 行目は取得した中心座標 cp をリスト lst に追加します。**list** は複数のシンボルや値、文字列をリストにする関数です。中心座標 cp も X、Y、Z の座標をリストにしたものですが、この中心座標がいくつか集まったリストを作る必要があります。中心座標 cp を最初の要素にしたリストを作ります。コ

AutoLISP で自動化

4

マンド ウインドウからその動作を確認します。カッコが二重になりました。

> コマンド: (list cp)
>
> ((1300.0 600.0 0.0))

(setq lst '()) (P.142) で、lst には空のリストが入っていたことを思い出してください。ここで座標リスト（1300.0 600.0 0.0）だけで構成されたリストが返ってきます。

> コマンド: (append lst (list cp))
>
> ((1300.0 600.0 0.0))

もしシンボル lst に別の座標（10.0 20.0 30.0）がすでに代入されていたら、次のように 2 つの座標リストで構成されたリストが返ってきます。

> コマンド: (append lst (list cp))
>
> ((10.0 20.0 30.0) (1300.0 600.0 0.0))

すでにあるリストに別の要素やリストを追加するのが **append** 関数です。引数は、座標を追加するリスト lst と取得した中心座標 (list cp) です。これで最初の円の中心座標がリストに追加されます。円の中心座標を得られたら、選択セットにその円を維持しておく必要はないので、先に解説した (ssdelen ss) で、円を選択セットから除外します。

関数名	list（リスト）
分類	リスト操作関数
説明	複数の式を一つのリストに結合

関数名	append（アペンド）
分類	リスト操作関数
説明	任意の数のリストを一つにまとめる

HINT -

append 関数で 1 つの要素をリストに追加する場合も、追加する要素は「'(1)」や「(list 1)」と表現されるリストでないとエラーになってしまいます。

- -

このプログラムで次のような 3 つの円を作成してみます。

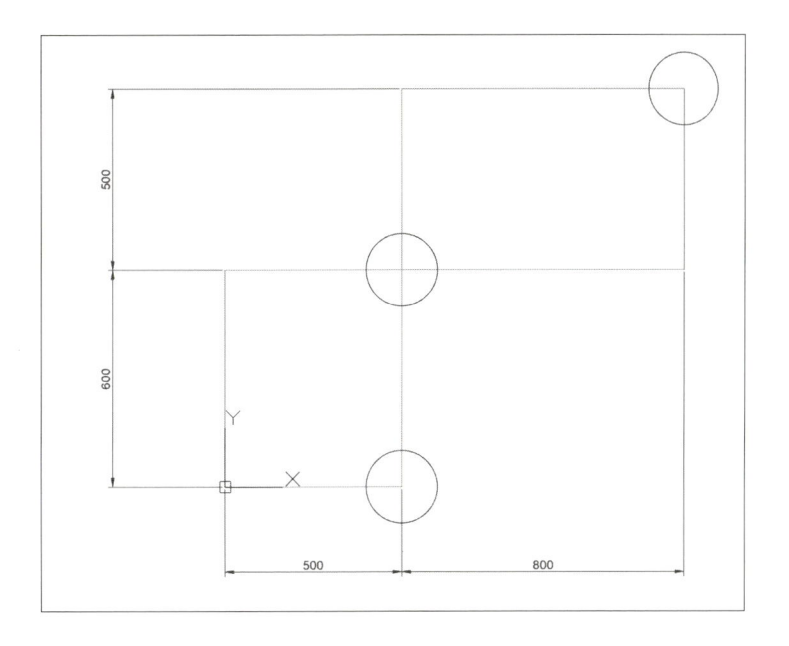

COMMANDLINE

コマンド: !lst
((500.0 -2.85769e-05 0.0) (500.0 600.0 0.0) (1300.0 1100.0 0.0))

　プログラムの実行を終えた時点で lst の中身を見てみると、上のように 3 つの座標リストで構成されるリストになっています。AutoCAD のコマンド ウインドウで LISP のシンボルの中身を見るにはシンボル名の頭に「!」を付けて入力します。最初の円の Y 座標値が 0 ではなく、「-2.85769e-05」（-2.85769-5）と 0 に限りなく近い値になっていることに注意してください。この lst を次のプログラムで使うことになります。

Column　cons 関数

ここでは setq'() や list 関数を使ってリストを作成しましたが、リスト作成の代表選手は **cons**（CONStruct）関数です。（0 . "LINE"）というドットペアのリストは、cons 関数で次のように作成することができます。ドットペア（P.144）のリストは cons 関数で作成するとおぼえておきましょう。

COMMANDLINE

コマンド: (cons 0 "LINE")
(0 . "LINE")

関数名	cons（コンス）
分類	リスト操作関数
説明	リストの先頭に要素を追加、またはドットペア リストを作成

```
CODE
(setq  lst
    (vl-sort lst                                    ; 座標リスト lst を並べ替え
          (function (lambda (a b)                   ; a と b を比較に使う関数を定義
                (if (equal (cadr a) (cadr b) 0.000001)      ; aとbのY座標が同じなら
                    (< (car a) (car b))             ; X座標で比較
                    (< (cadr a) (cadr b))           ; Y座標が同じでないならY座標で比較
                )
              )
          )
      )
  )
```

■中心座標のリストを並べ替える（1 ～ 3 行目と下から 4 行目までのカッコ）

```
CODE
(setq  lst
```

前項で作成した中心座標のリスト lst を使います。ここまでくると lst の中身は以下で説明するような座標のリストになっています。リスト lst を並べ替えて、結果を同じ lst に入れます。この一連の処理の閉じカッコは最後の行の右カッコです。

```
CODE
    (vl-sort lst
```

2 行目の vl から始まる関数は **VL 関数**と呼ばれ、AutoCAD 2000 から追加された高機能な関数群です。**vl-sort** はリストの要素の並べ替えを行う関数で、**(vl-sort リスト 比較関数)** の書式で使います。データの並べ替えはプログラミングでよく扱われるテーマですが、ここでは並べ替えを一度にしてくれる比較関数を使います。並べ替えをどういう順に行うかを指示しないといけません。それが比較関数です。比較関数は 3 ～ 9 行目の部分になります。

```
CODE
          (function (lambda (a b)
                (if (equal (cadr a) (cadr b) 0.000001)
                    (< (car a) (car b))
                    (< (cadr a) (cadr b))
                )
```

```
                    )
                )
```

　ここでは **lambda** 式と呼ばれる関数を使います。名前のない関数を定義できる特別な手法です。**(function (lambda (a b) 比較式))** という形で使います。下から 2 〜 4 行目の右カッコがこの部分のプログラムに対応します。

　たとえば、lambda 式で数値のリストを大きい順に並べる比較式を作れば、次のようになります。

CODE
```
(function (lambda (a b) (> a b)))
```

　次の LISP 式を AutoCAD のコマンド ウインドウに入力してみます。(３２１７８９) というリストが (９８７３２１) に並べ替えられました。

COMMANDLINE

コマンド: (vl-sort '(3 2 1 7 8 9) (function (lambda (a b) (> a b))))

(9 8 7 3 2 1)

　比較式の部分は次で解説します。

関数名	vl-sort（ブイエル ソート）
分類	VL 関数
説明	リスト内の要素をソート

関数名	lambda（ラムダ）
分類	関数処理関数
説明	名前のない関数を定義する

HINT

VL 関数には接頭語 vla- や vlax-、vlr- で始まる関数があります。これらは拡張機能によって利用できるため、vl-load-com 関数によるロードが必要です。これらの関数は本書では取り上げないので説明は省略します。

4

AutoLISP で自動化

■並べ替えの条件を記述する（4 〜 7 行目）

```
CODE
                    (if (equal (cadr a) (cadr b) 0.000001)
```

並べ替えの条件は「Y 座標が小さい順」としますが、もし同じ Y 座標があった場合は「X 座標が小さい順」とします。このように「もし、○○なら××する」というときは、他のプログラミングでもおなじみの条件関数 **if** を使います。

条件関数の if は次のように記述します。

```
CODE
            (if （条件式）

               (条件が成立したときに実行する関数)

               (条件が成立しなかったときに実行する関数)

            )
```

最初の引数は条件式です。LISP では真を **T**、偽を **nil** と表現するので、条件式は T もしくは nil を返します。T なら条件式が成立したときに実行する関数へ進み、nil なら条件が成立しなかったときに実行する関数へと処理が進みます。この if 文の閉じカッコが 7 行目の右カッコになります。

ここでの条件式は「a と b の Y 座標が同じなら」です。**cadr** 関数は P.145 で紹介したように、リストの 2 番目の要素を取得します。(X,Y,Z) 座標の 2 番目、つまり Y の値です。(cadr a) (cadr b)で比較対象が 2 つの座標の Y の値となります。

さて、この 2 つが「同じ」となれば、まず思いつくのが「＝」（イコール）でしょう。しかし、下の例を見てください。「1.3 − 1.2」は「0.1」ですが、1.3-1.2 の答えと 0.1 が等しいかを、＝関数で比較してみます。

```
COMMANDLINE
コマンド: (= (- 1.3 1.2) 0.1)
nil
```

nil、つまり等しくないと返ってきました。これは計算精度の問題です。小数点第 1 位で丸められた数値では「1.3 − 1.2」は「0.1」になりますが、コンピュータの内部では、「1.3 − 1.2」が「0.1」になりません。このような場合は「＝」ではなく、精度を考慮して数値を比較する **equal** 関数を使います。このとき、equal と一緒に精度（ここでは **0.000001**）を指定します。

```
CODE
 (equal (cadr a) (cadr b) 0.000001)
```

これで a 点の Y 座標 (cadr a) と b 点の Y 座標 (cadr b) を、equal で「0.000001」の精度までチェックし、等しいかを判断できます。計算された数値が、ある値と等しいかどうかを調べるのは、「＝」でなく equal とおぼえておいたほうがいいでしょう。

関数名	if（イフ）
分類	条件関数
説明	条件に応じて式を評価する

関数名	equal（イコール）
分類	比較演算関数
説明	2 つの式の評価結果が等しいか、精度を考慮して判定

最後に分岐後に実行する関数です。まず、条件式が真（2 つの Y 座標が同じ）の場合の処理を先に書きます。X 座標が小さいほうの値を取得するという次の文です。

CODE

```
(< (car a) (car b))
```

car 関数は P.145 で紹介したようにリストの 1 番目の要素を取得します。（X,Y,Z）座標の 1 番目、つまり X の値です。これで比較対象が 2 つの座標の X の値となり、「<」で小さいほうを指定します。

そのあとに条件式が偽（2 つの Y 座標がちがう）の場合の処理を書きます。Y 座標が小さいほうの値を取得するという次の文です。これで座標リスト lst が、Y 座標の小さい順で並べ替えられます。

CODE

```
(< (cadr a) (cadr b))
```

Column **distance 関数**

原点からの距離が近い順に並べ替えることもできます。このとき if は使わず、比較式の部分に 2 点間の距離を求める distance 関数を使います。

CODE

```
(function (lambda (a b) ; 原点からの距離を比較
    (< (distance '(0.0 0.0 0.0) a) ; 原点からaまでの距離
       (distance '(0.0 0.0 0.0) b)))) ; 原点からbまでの距離
```

関数名	distance（ディスタンス）
分類	ジオメトリック関数
説明	2 点間の 3D 距離を返します

Column 条件成立時の関数が複数ある場合

条件が成立したときに実行する関数が複数ある場合、() の中に ((関数 1) (関数 2) (関数 3)) と並べて書くことはできません。条件成立時に複数の関数を実行するには **progn**（program n）を使います。次の例の場合、条件が成立すれば (関数 1) (関数 2) (関数 3) が実行され、progn の返り値は最後の (関数 3) が返す値です。

CODE

```
(if (条件式)
    (progn (関数1) (関数2) (関数3))
    (条件が成立しなかったときに実行する関数))
```

条件関数では **cond**（condition）もよく使われます。cond は次のような構文で使います。

CODE

```
(cond ((条件1) (関数1)) ((条件2) (関数2)) ((条件3) (関数3)))
```

関数名	progn（プログエヌ）
分類	関数処理関数
説明	各式を順に評価して最後の式の値を返す

関数名	cond（コンド）
分類	条件関数
説明	条件に応じて式を評価する

4.2.6 番号と座標を記入

CODE

```
(setq n 1)                               ; 番号の初期値は 1
(setvar "TEXTSIZE" 30)                   ; 文字の高さは 30
(setvar "DIMSCALE" 10)                   ; 寸法の尺度は 10


(foreach p lst                           ; lst 内の座標値それぞれについて
  (command "_TEXT" p "" "" n)            ; 文字記入コマンド
  (command "_DIMORDINATE" p "@150,0")    ; Y 座標寸法
  (command "_DIMORDINATE" p "@0,150")    ; X 座標寸法
  (setq n (1+ n))                        ; n を1増やす（インクリメント）
)
)
```

■記入する文字の設定（1 〜 3 行目）

CODE

```
(setq n 1)
(setvar "TEXTSIZE" 30)
(setvar "DIMSCALE" 10)
```

　1 行目で番号 n に 1 を代入します。これによって番号の初期値は 1 になります。2、3 行目は文字高さと寸法尺度の設定です。AutoCAD コマンドを実行するのは command 関数でしたが、システム変数を扱うのは **setvar** 関数です。ここではシステム変数 **TEXTSIZE** で文字高さ 30、システム変数 **DIMSCALE** で寸法尺度 10 を設定しています。コマンドと同様に、システム変数も「"」（ダブルクオーテーション）で囲みます。

関数名	setvar（セットバー）
分類	照会関数
説明	AutoCAD システム変数に値を代入

関数名	getvar（ゲットバー）
分類	照会関数
説明	AutoCAD システム変数の値を得る

■リストの要素に番号を付け、座標寸法として書き出す（5 〜 10 行目）

CODE

```
(foreach p lst


)
```

　5 行目の **foreach** 関数（For Each）は、一般の LISP にはない AutoLISP 固有の関数です。ヘルプによれば「リスト内を順に調べ、その各要素をシンボルに割り当てながら、リスト内のすべての要素に対して、それぞれの式を評価します」とあります。少しわかりにくいのですが、ここでは円の中心座標を「p」というシンボルに代入し、その p を使って 6 行目以降の 4 つの処理を行います。これをリスト内に各座標にそれぞれ実行します。この関数の閉じカッコは 10 行目の右カッコです。

関数名	foreach（フォーイーチ）
分類	リスト操作関数
説明	リストのすべてのメンバーに対して式を評価

CODE

```
(command "_TEXT" p "" "" n)

(command "_DIMORDINATE" p "@150,0")

(command "_DIMORDINATE" p "@0,150")
```

6 ～ 8 行目で **command** 関数（P.135）を使います。まず **TEXT**（文字記入コマンド）を実行し、中心座標 p の位置に番号 n を記入します。Y 座標が小さい順に並び替えたので、一番小さい座標が番号 1（初期値）になります。「"" ""」は [Enter] キーと同じ操作です。7、8 行目は **DIMORDINATE**（座標寸法コマンド）の実行です。7 行目は p の Y 座標、8 行目は p の X 座標を記入します。座標の文字はそれぞれ 150 離れた位置に記入します。

CODE

```
(setq n (1+ n))
```

8 行目までで番号と座標を記入する操作が実行されますが、番号を振りながら次々とこの処理が実行されるように、最後の 9 行目に「番号 n を 1 つ増やす」処理を追加します。 1 行目 (setq n 1) で番号の初期値は 1 としましたが、n に現在の番号を 1 つ増やす引数「1+ n」を代入し直します。**1+** はインクリメントと呼ばれる関数で引数に 1 を加えた値を返します。ちなみに 2+ や 3+ という関数はありません。

関数名	1+
分類	算術演算関数
説明	引数に 1 を加えた値を返す

その他、四則演算などで使う「+」「-」「*」「/」なども算術演算関数です。AutoLISP の書式では 1+2 ではなく（＋ 1 2）、2-1 ではなく（- 2 1）と記号が先に来る記法を使います。

これでプログラムは完成です。最後にこのプログラム全体をまとめる右カッコを忘れずに。

　ここで使用または紹介した関数一覧を下にまとめました。* 印は AutoLISP だけで使える関数で、一般的な LISP の関数ではありません。

■ ここで使用または紹介している AutoLISP 関数

分類		関数名	説明	プログラムでの使用例
基本関数	算術演算関数	1+	引数に 1 を加えた値を返す	(1+ n)
	比較演算関数	>	数値が大きいか	(> (sslength ss) 0)
		<	数値が小さいか	(< (car a) (car b))
		equal	二つの式の評価結果が等しいか	(equal (cadr a) (cadr b) 0.000001)
	条件関数	if	条件によって式を評価	(if 　 (/= p1 "") 　〜)
		while	評価が nil になるまで繰り返し	(while (> (sslength ss) 0) 〜)
	リスト操作関数	assoc	連想リストの検索	(assoc 10 ed)
		car	リストの最初の要素	(car a)
		cdr	リストの最初以外の要素	(cdr (assoc 10 ed))
		cadr	リストの 2 番目の要素 (car(cdr)) の意	(cadr a)
		foreach*	リストの全メンバーを評価	(foreach p lst 　〜)
		append	リストを一つにまとめる	(append lst (list cp))
		cons	ドットペア リストを作成	(cons 0 "LINE")
	シンボル処理関数	quote(')	引数を評価しない (' も同じ意味)	(quote a)
		setq	シンボルに値を代入	(setq a 123 b 456 c "ABC")
基本関数	関数処理関数	defun	関数を定義	(defun circles () 　〜)
		lambda	名前のない関数を定義	(lambda (a b) (> a b))

		command*	AutoCAD コマンド の実行	(command "_CIRCLE" p1 r)
基本関数	コマンド 関数	setvar*	AutoCAD システム 変数に値を代入	(setvar "TEXTSIZE" 30)
		getvar*	AutoCAD システム 変数の値を得る	(getvar "TEXTSIZE")
	ユーザー 入力関数	getreal*	ユーザーが入力した 数値を返す	(getreal "¥n 円の半径を指定：")
		getpoint*	ユーザーが入力した 点の座標を返す	(getpoint "¥n 円の中心点を指定：")
選択セット 操作関数		ssadd*	新しい選択セットを 作成、または選択 セットにオブジェク トを追加	(setq ss (ssadd))
		ssdel*	選択セットからオブ ジェクトを削除	(ssdel en ss)
		sslength*	選択セットの長さを 返す	(sslength ss)
		ssname*	インデックス番号の 要素の図形名を返す	(ssname (ssget) 0)
オブジェクト 処理関数		entget*	図形の定義データを 取得	(entget (ssname (ssget) 0))
		entlast*	作図されたばかりの 図形の名前	(ssadd (entlast) ss)
VL 関数		vl-sort*	リスト内の要素を ソート	(vl-sort lst (function (lambda (a b) (> a b))))

4.3 プログラムを保存する

ここまでのプログラムを保存します。

4.3.1 LISP ファイルとして保存する

プログラムを LISP ファイルとして保存します。

❶ Visual LISP エディタの「ファイル」メニューから「名前を付けて保存」を選択します。

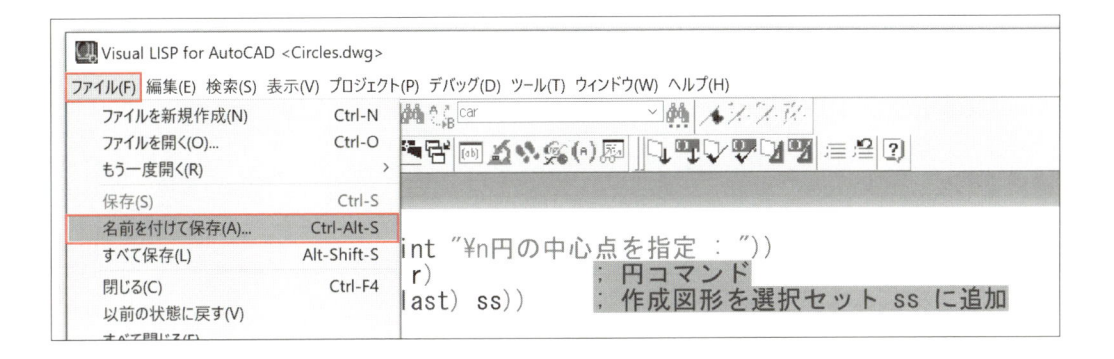

❷ 「名前を付けて保存」ダイアログボックスで「Circles」と名前を付けて保存します。これで「Circles.lsp」ファイルとして保存されます。

　(circles) という LISP 関数が定義できたので、これを「U_CIRCLES」という AutoCAD コマンドにします。先ほど保存した「Circles.lsp」を開き、プログラムの最後に次の 1 行を追加します。

CODE

```
(defun C:U_CIRCLES () (circles))
```

　defun 関数を使います。関数名の頭には、それがコマンドであることを示す「C:」を付けます。

　この 1 行を追加してファイルを保存したら、ロード（P.119）しておきます。コマンド ウインドウに直接「U_CIRCLES Enter 」と入力すると、コマンドが実行されます。LISP 関数からコマンドにしたので、カッコは不要です。

COMMANDLINE

コマンド: U_CIRCLES
円の半径を指定 :

　また「U_」とキーボードから入力した時点で、「U_CIRCLES」が候補として表示される AutoComplete（オートコンプリート）の対象になります。コマンドにすれば AutoCAD が一人前のコマンドとして扱ってくれるわけです。

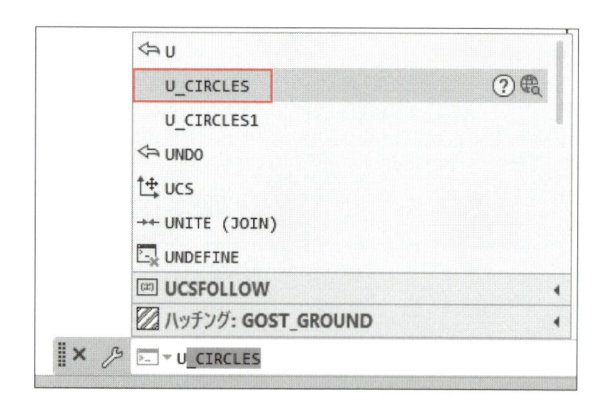

4.4 プログラムをロードする関数

ここまでプログラムのロードは、エクスプローラに表示された LISP ファイルを AutoCAD 作図ウインドウへドラッグ＆ドロップして実行する方法をとってきましたが、関数を使ってロードすることもできます。

4.4.1 プログラムをロードする load 関数

コマンド ウインドウからそのプログラムを「ロード」するのが **load** 関数です。たとえば「Circles.lsp」というファイルは、次のようにパスを指定してロードできます。フォルダーの区切りは￥でなく、「/」（半角スラッシュ）を使います。

COMMANDLINE

```
コマンド: (load "C:/TEST/Circles.lsp")
CIRCLES
```

プログラムをロードすると、次のようなセキュリティ警告が表示されます。自分の作ったプログラムは安全ですから［常にロードする］で応えておきます。

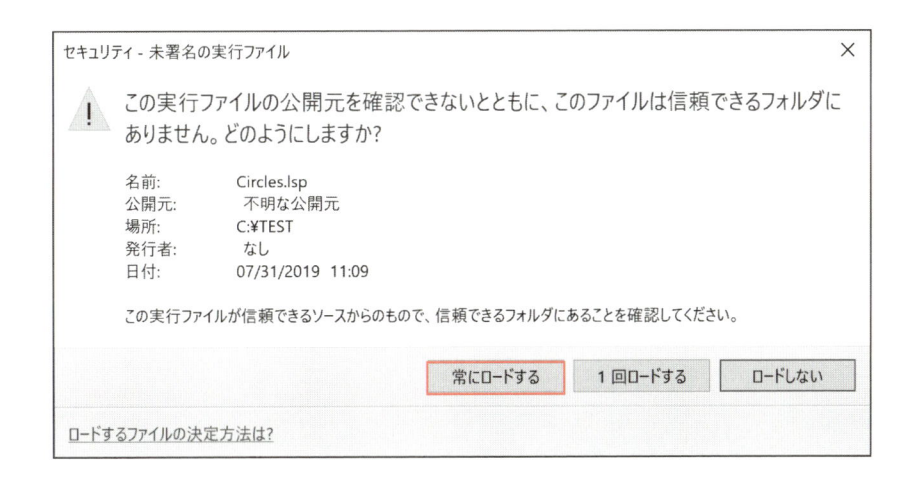

関数名	load（ロード）
分類	アプリケーション処理関数
説明	ファイル内の LISP 式を評価

LISP ファイルは自動ロードすることができます。ここでは AutoCAD が CUI ファイルを読み込んだ時点で自作の LISP ファイルを実行できるようにします。標準の CUI ファイルは AutoCAD 2020 の場合、サポートフォルダーにある acad.cuix ファイル（P.53）です。この CUI ファイルを読み込むと自動的に同じフォルダーにある acad.mnl ファイルがロードされます。つまり、ある CUI ファイルがロードされると同名の MNL ファイルがロードされるというルールがあります。

次の 1 行だけのプログラムを「acad.mnl」として作成し、「%APPDATA% ¥Autodesk¥ AutoCAD 2020¥R23.1¥jpn¥Support¥」フォルダーに保存します。前項の Circles.lsp も同じフォルダーに置きます。

CODE

```
(autoload "Circles" '("U_CIRCLES"))
```

autoload はコマンドが入力されたときに、指定した LISP ファイルを自動でロードするように設定する関数です。最初の引数" Circles"がロードする LISP ファイル名で、次のリスト内の文字列がコマンド名です。

COMMANDLINE

コマンド: U_CIRCLES

初期化中...

関数名	autoload（オートロード）
分類	アプリケーション処理関数
説明	AutoLISP ファイルをロードするコマンド名を定義

HINT -

LISP ファイルをロードするコマンドは複数指定できます。下記は 4 つのコマンドが Circles.lsp ファイル内に定義されている場合です。

CODE

```
(autoload "Circles" '("U_CIRCLES" "U_CIRCLES1" "U_CIRCLES2" "U_CIRCLES3"))
```

4.4.3 ライブラリをつくって自動ロード

　プログラムをたくさんつくっていると、いくつかのファイルで同じ処理を書くことがよくあります。たとえば P.166 ～ 170 までのプログラム自体に関わる処理などがそうです。いくつかのプログラムで共通の処理は、ライブラリを作って自動ロードしておくと便利です。

　よく使う関数を 1 つのファイルに並べてライブラリをつくります。コメントで区切りながら **defun** で始まる関数を並べていくとわかりやすいでしょう。

CODE
```
;;; エンティティリストの表示
(defun C:ELIST ()
  (entget (ssname (ssget) 0))
)
;;; エラー処理
(defun *error* (msg)
  (setvar "FILEDIA" 1)
  (setvar "EXPERT" 0)
  (on)
)
```

　簡単なライブラリファイルなら、mnl ファイル（P.160）として作成すれば、自動ロードができます。ライブラリの量が多かったり、条件によって異なるライブラリを使用したりする場合は mnl ファイルにライブラリファイルをロードするように書いておくとよいでしょう。次のように記述します。

CODE
```
(load "ライブラリ.lsp")
```

4

AutoLISP で自動化

DXF コードを使った 図形の作成・編集

P.144 で解説した DXF コードと値を組み合わせたドットペアを使って、図形の作成や編集ができます。ここでは DXF コードを使う entmake 関数、entmod 関数を紹介します。

4.5.1　DXF コードで図形を作成する

　AutoLISP で図形を作成するとき、簡単に済ませるには command 関数を使います。たとえば、円の作成は (command "_CIRCLE" p1 r) です。ただスピードが要求される場合や他のプログラムと連携させる場合は、**entmake** 関数で図形作成を行います。このとき引数として DXF コードを使用します。次は entmake 関数で円を作成する AutoLISP のプログラムです。

```
CODE
(entmake
  '((0 . "CIRCLE")            ; 図形の種類 円
    (62 . 1)                  ; 色番号 1 (赤色)
    (10 0.0 100.0 0.0)        ; 円中心の座標 0.0, 100.0, 0.0
    (40 . 100.0)              ; 半径 100
  )
)
```

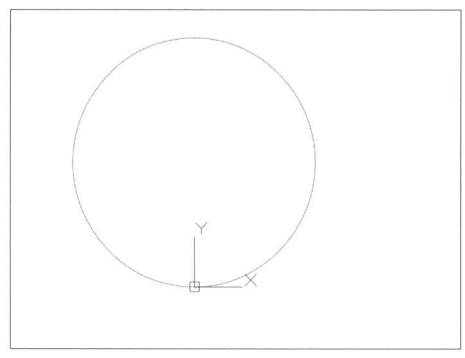

entmake 関数で作成された円

関数名	entmake（エントメイク）
分類	オブジェクト処理関数
説明	図面内に新しい図形を作成

4.5.2　DXF コードで図形を編集する

　P.143 で図形情報を得るプログラムを説明しました。この図形情報の値を操作して図形を編集できるのが **entmod** 関数です。まず、図形情報を得る「ELIST」コマンドを作成しましょう。P.143 でも使った図形情報を得る **entget**、選択セットの最初 0 の図形の名前を返す **ssname** に、選択セットを作成する関数 **ssget** を加えて、次のように書きます。

CODE

```
(defun C:ELIST ()                       ; コマンド ELISTを定義
(entget (ssname (ssget) 0))             ; 図形を選択して図形情報を得る
)
```

　AutoCAD でキーボードから「ELIST[Enter]」とコマンド入力すると、次のように「オブジェクトを選択：」とプロンプトが表示され、ユーザーが図形を選択すると、その図形情報が表示されます。

COMMANDLINE

コマンド: ELIST
オブジェクトを選択: 認識された数: 1
オブジェクトを選択:
((-1 . <図形名: 1c805adee50>) (0 . "CIRCLE") (330 . <図形名: 1c83b7d69f0>) (5 . "815") (100 . "AcDbEntity") (67 . 0) (410 . "Model") (8 . "0") (62 . 1) (100 . "AcDbCircle") (10 0.0 100.0 0.0) (<u>40 . 100.0</u>) (210 0.0 0.0 1.0))

HINT

この ELIST コマンドは、図形の内容をコマンド ウインドウで表示する便利なコマンドです。自分のライブラリ（P.161）に入れておいて、使えるようにしておきましょう。

　それでは、この図形の半径を 100 から 200 に変更してみましょう。半径を表す DXF コードは「40」です。つまり上記の下線部の DXF コード (40 . 100.0) を (40 . 200.0) に変更するプログラムは次のとおりです。

CODE

```
(defun med (ed code dt)                     ; med関数を定義
  (subst (cons code dt) (assoc code ed) ed)  ; DXFコードを書き換える
)


(setq ed (entget (ssname (ssget) 0)))       ; 図形情報をedに得る
(setq ed (med ed 40 200.0))                 ; 半径を置き換え
(entmod ed)                                 ; リストedを書き換える
```

このプログラムは2段階になります。前半はDXFコードを書き換える「med」という関数の定義です。自作の関数を定義しておき、後半でこの「med」関数を使います。

```
(defun med (ed code dt)
  (subst (cons code dt) (assoc code ed) ed)
)
```

ここで定義する関数「med」はed、code、dtという3つの引数を持っています。使うときは5行目の (med ed 40 200.0) のように書きます。

「ed」は前項のELISTコマンドで使った **entget** 関数で得られる図形の情報です。「code」はDXFコードです。「40」は半径を示します。「dt」は新しいDXFコードのドットペア2番目の値です。

2行目を見てみましょう。**subst** はリストからある値を探して、別の値に置き換える関数です。(subst A B リスト) とすると、リストからBを探してAに置き換えます。

(cons code dt) はドットペアを作っています。ここでは (40 . 200.0) というドットペアです。(assoc code ed) は、edという図形情報からcodeを使ったドットペアを探します。codeが40のときは (assoc 40 ed) となり、たとえば図形情報から (40 . 100.0) を見つけます。

これらそれぞれが返す値に置き換えると、次のようになります。

```
(subst (40 . 200.0) (40 . 100.0) ed)
```

つまり、edから (40 . 100.0) を探して (40 . 200.0) に置き換えます。

関数名	subst（サブスティテュート）
分類	リスト操作関数
説明	リストの項目の置き換え

dxfデータedからコードcodeを見つけ、そのドットペアの値をdtに書き換える関数medが定義できたので、後半は、この図形情報の値を操作する **entmod** 関数の登場です。

```
(setq ed (entget (ssname (ssget) 0)))
(setq ed (med ed 40 200.0))
(entmod ed)
```

1 行目は「ELIST」コマンドと同じことをしています。図形情報は ed というシンボルに代入されます。2 行目で med 関数を使います。dxf コード 40 の値を 200 に置き換え、3 行目の entmod 関数で ed の図形情報を該当図形に当てはめて、図形定義データを書き換えます。これで dxf コード 40 の半径値が変わり、図面上の円の大きさが変わります。

関数名	entmod（エントモド）
分類	オブジェクト処理関数
説明	図形の定義データを変更

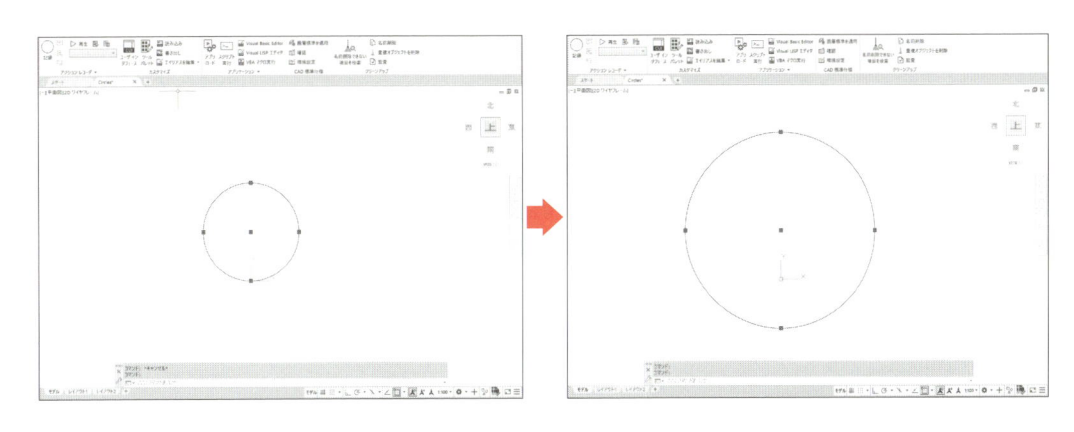

「ELIST」コマンドで図形情報を確認すると、半径だけが変更されていることを確認できます。

COMMANDLINE

コマンド: ELIST
オブジェクトを選択: 認識された数: 1
オブジェクトを選択:
((-1 . <図形名: 1c805adee50>) (0 . "CIRCLE") (330 . <図形名: 1c83b7d69f0>) (5 . "815") (100 . "AcDbEntity") (67 . 0) (410 . "Model") (8 . "0") (62 . 1) (100 . "AcDbCircle") (10 0.0 100.0 0.0) (40 . 200.0) (210 0.0 0.0 1.0))

スマートなプログラムをつくるコツ

プログラム実行時に変なところでプログラムが止まってしまったり、システム変数が変更されたままになっていて、いちいち元に戻したりすることがよくあります。このような問題を回避する方法をいくつか紹介します。また、プログラムをすっきり見せる方法などについても説明します。

4.6.1 コマンド ウインドウの表示を簡潔化

先の円と座標寸法を作図するプログラムは、円を 2 つ作図して終了しただけでも、コマンド ウインドウに 45 行のプロンプトが表示されます。表示が長すぎますね。

COMMANDLINE

コマンド: U_CIRCLES
初期化中...
円の半径を指定 : 100
～ （一部省略）
寸法値: 500
コマンド: 3

コマンド ウインドウの表示は、システム変数 CMDECHO、MENUECHO でコントロールできます。システム変数 **CMDECHO**=0 のときは、AutoLISP の command 関数を実行したときに、AutoCAD コマンドのプロンプトと入力値をエコーバック表示しません。システム変数 **MENUECHO**=1 のときは、コマンドマクロからコマンド ウインドウに送られたコマンドや文字列を表示しません。

これらのシステム関数を使って、うるさいメッセージ・エコーをオフにする「OFF」関数を作成します。実行するプログラムの前に、次のように記述します。

CODE

```
(defun OFF ()
  (setvar    "CMDECHO" 0  )
  (setvar    "MENUECHO" 1  )
  (prin1)
)
```

　最後の行の **prin1** は、コマンド ウインドウに文字列を表示する関数です。引数を何も指定していないので、空の文字列を表示、つまり何もしない関数です。関数を定義すると最後の行が返り値になるので、(prin1) を入れておくことで OFF 関数の返り値を「何もしない」にします。(prin1) がないと (setvar "MENUECHO" 1) の「1」がこの関数の返り値になり、コマンド ウインドウに「1」と表示されます。それを避けるテクニックです。

関数名	prin1（プリンワン）
分類	表示コントロール関数
説明	コマンド ウインドウに文字列などを表示

　このままでは他の操作も非表示になってしまうので、元に戻す「ON」関数を作成し、実行するプログラムの最後に追加します。

CODE
```
(defun ON ()
  (setvar    "CMDECHO" 1 )
  (setvar    "MENUECHO" 0 )
  (prin1)
)
```

　「OFF」関数と「ON」関数を追加した U_CIRCLES コマンドを実行すると、コマンド ウインドウの表示は次のようになります。表示がすっきりして AutoCAD のコマンドらしくなりました。

COMMANDLINE

C:U_CIRCLES
コマンド: *キャンセル*
コマンド: *キャンセル*
コマンド: U_CIRCLES
円の半径を指定 : 100
円の中心点を指定 :
円の中心点を指定 :
円の中心点を指定 :

　図形上の端点などにスナップさせたい、あるいは図形の内側をクリックさせたい場合などは、プログラムの中でシステム変数 **OSMODE** を操作する必要があります。このようなときは、システム変数を一時的に退避させる関数を作成します。

　大事なのは、プログラムが終わったときに、そのシステム変数をプログラム実行前の状態に戻しておくことです。プログラム実行前にシステム変数を一時退避する関数、終了後に元に戻す関数を追加しておきます。まず、システム変数を一時退避する関数です。この関数名は「pushm」関数としています。

CODE

```
;;; システム変数の一時退避
(defun pushm ()                    ; pushm関数の定義
  (setq
    #ortmde (getvar "orthomode") ; 直交モードのシステム変数  orthomodeの値を#ortmdeに代入
    #osmde (getvar  "osmode")     ; オブジェクトスナップのシステム変数  osmodeの値を#osmdeに代入
    #asnap (getvar  "autosnap")  ; AutoSnap機能のシステム変数  autosnapの値を#asnapに代入
    #spmde (getvar  "snapmode")  ; スナップ モードのシステム変数  snapmodeの値を#spmdeに代入
  )
)
```

　この「pushm」関数では4つのシステム変数を、**setq** 関数を使って一時退避しています。シンボルは各システム変数用であることがわかるように、システム変数名に「#」を付けたシンボル名としています。プログラム終了後は、次の関数（ここでは「popm」関数）でシステム変数を元に戻します。

CODE

```
;;; 退避したシステム変数の再読み込み
(defun popm ()
  (setvar "orthomode" #ortmde)       ; システム変数orthomodeに#ortmdeの値を設定
  (setvar "osmode"    #osmde)        ; システム変数osmdeに#osmdeの値を設定
  (setvar "autosnap"  #asnap)        ; システム変数autosnapに#asnapの値を設定
  (setvar "snapmode"  #spmde)        ; システム変数snapmodeに#spmdeの値を設定
)
```

　今度は **setvar** 関数を使って、シンボルの値をシステム変数に設定します。「pushm」で一時退避した4つのシステム変数の値を元に戻すわけです。

4.6.3 エラー処理

エラーが起こるとプログラムは実行を止めてしまいます。そのときのシステム変数やコマンドの状態はわかりません。また、実行が止まったままでは次の操作に支障が出てしまいます。エラーが起きたら、実行中のコマンドをキャンセルし、変更されたシステム変数などを元の状態に戻す必要があります。このようなエラー発生時の動作を追加するのが、**エラー処理**です。基本的な例文を次に示します。

CODE
```
(defun *error* (msg)

  (princ "エラー: ")

  (princ msg)

  (princ)

)
```

error はユーザーが再定義できるエラー処理関数です。引数は文字列で、エラーの内容によって変わります。エラーが起きると、この *error* 関数が実行されます。

princ はコマンド ウインドウに文字列を出力する関数です。(princ " エラー: ") で「エラー :」、(princ msg) でエラーの内容を示す文字列、最後の (princ) は何も実行しません。

このエラー処理のコードをロードしておき、「U_CIRCLES」コマンドの円の中心点指定を Esc キーで中断すると、次のようにエラー表示されます。

COMMANDLINE

コマンド: U_CIRCLES
円の半径を指定 : 150
円の中心点を指定 : *キャンセル*
エラー: 関数は取り消されました

関数名	*error*（エラー）
分類	エラー処理関数
説明	ユーザーが定義できるエラー処理関数

関数名	princ（プリンシー）
分類	表示コントロール関数
説明	コマンド ウインドウに文字列などを表示

このエラー処理の基本例文に実行中のコマンドを中止し、システム変数などを元に戻すプログラム（次の下線部分）を追加します。

```
CODE
(defun *error* (msg)
  (command)                              ; コマンド実行中の時に実行をキャンセル
  (setvar "FILEDIA" 1)                   ; システム変数FILEDIAを1に
  (setvar "EXPERT" 0)                    ; システム変数EXPERTを0に
  (on)                                   ; メッセージ・エコーをON
  (princ "エラー: ")
  (princ msg)
  (princ)
)
```

　引数なしの **command** は実行中のコマンドをキャセルします。「ファイルを選択」ダイアログボックスを制御するシステム変数 **FILEDIA** の値は、プログラムで 0（非表示）にすることがあります（P.83）。そのようなプログラムがエラーで中断するとシステム変数 FILEDIA の値は 0 のままで、図面を開こうとすると「ファイルを選択」ダイアログボックスが表示されず「あれっ？」となってしまいます。このため「1」（表示）に戻します。オプションの選択などを省略するシステム変数 **EXPERT** も既定値「0」に戻します。(on) はメッセージ・エコーを表示する P.167 で解説した関数です。

　このプログラムをロードしておくだけで、エラーが発生した時にこれらの処理が無条件に行われます。

Column　ファイルを探す findfile 関数

LISP ファイルをロードしたり、図面ファイルを開いたりするときにそのファイルが存在するかどうかの確認は重要です。このようなときに、ファイルを探す **findfile** 関数が使えます。ファイルの場所を調べる場合は、findfile 関数のあとに「"」で囲んだファイル名を記述するだけです。

COMMANDLINE

> コマンド: (findfile "Circles.lsp")
>
> "C://Users//Yuji//AppData//Roaming//Autodesk//AutoCAD 2020//R23.1//jpn//support//Circles.lsp"

ファイルがあればそのパスを、みつからなければ「nil」を返します。ただし拡張子が .lsp や .scr などのプログラムファイルは、セキュリティの問題から安全と保証されないフォルダーにあると、存在しても nil を返すので注意が必要です。

関数名	findfile
分類	ファイル処理関数
説明	指定したファイルを AutoCAD 関連ファイルのパスから検索

findfile 関数がファイルを探すフォルダーの優先順位はプログラム起動時に指定された「現在のフォルダー」、開いている図面のあるフォルダー、「サポートファイルの検索パス」に定義されたフォルダーの順になります。

4.6.4　LISP ファイルをコンパイルする

　プログラムを作って人に渡したときに、そのコードを見せたくない、あるいは変更してほしくないことがあります。そのような場合は LISP ファイルをコンパイルします。コンパイルした結果できあがるのは、拡張子「.fas」の **FAS ファイル**です。なお、一度コンパイルされた FAS を LSP ファイルに戻すことはできません。元の LSP ファイルは保管しておくようにしましょう。

　コンパイルするには **vlisp-compile** 関数を使います。その構文は次のようになっています。

CODE

```
(vlisp-compile 'st LSPファイル名　FASファイル名)
```

　Circles.lsp を「Circles.fas」としてコンパイルするには、次のように書きます。このコードを実行するには Visual LISP エディタのウインドウが開いている必要があります。そうでないと実行してもエラーになります。

CODE

```
(vlisp-compile 'st "Circles.lsp" "Circles.fas")
```

関数名	vlisp-compile（ブイリスプ - コンパイル）
分類	VL 関数
説明	AutoLISP のソースコードを FAS ファイルにコンパイル

　コンパイルした Circles.fas を無理に秀丸エディタで開いてみました。まったく読めないファイルになっています。このファイルを Visual LISP エディタで開くと、AutoCAD そのものが落ちてしまいました。

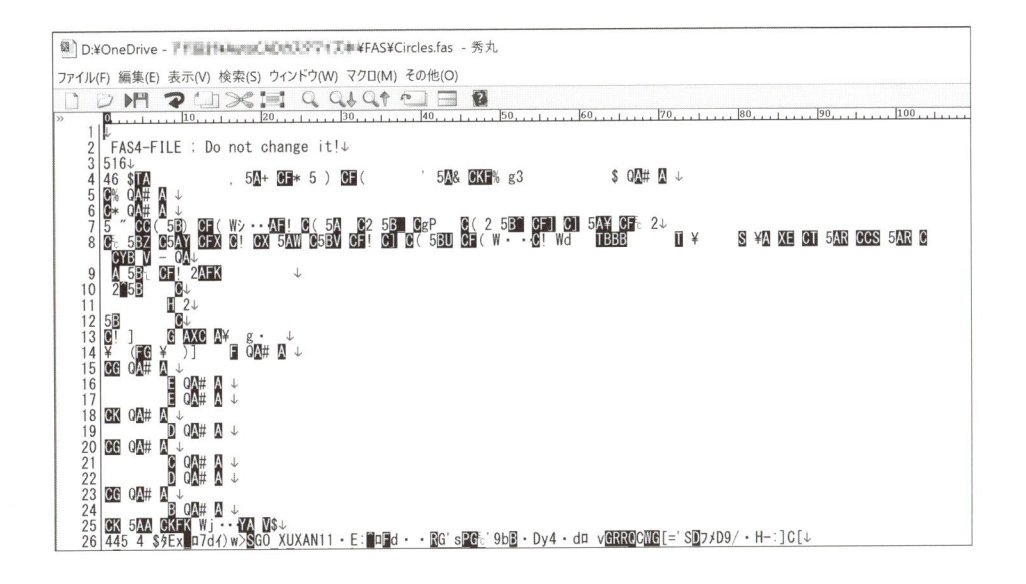

次のプログラムは、1 つのフォルダーにある複数のファイルを一度にコンパイルできるように、vlisp-compile を使いやすくしたものです。次ページの DOSLib 関数を複数使っています。

CODE

```
; 実行前に DOSLib23x64.arx をロードしておく
(defun c:Lsp2Fas (/ lsp fas lst)
  (setq lsp (dos_getdir
              "フォルダーを選択"
              "C:/Users/u2/OneDrive/Documents/AutoCAD自動化/LISP"
              "変換元の LSP ファイルのあるフォルダー"
              t
            )
  )
  (setq fas (dos_getdir
              "フォルダーを選択"
              "C:/Users/u2/OneDrive/Documents/AutoCAD自動化/FAS"
              "変換先の FAS ファイルを置くフォルダー"
              t
            )
  )
  (setq lst (vl-directory-files lsp "*.lsp" 1))
  (if
    lst
    (progn
      (foreach x lst
        (vlisp-compile
        'st
        (strcat lsp x)
        (strcat fas (substr x 1 (- (strlen x) 4)) ".fas")
        )
      )                              ; foreachの終わり
    )                                ; prognの終わり
    (alert "対象ファイルがありません")
  )                                  ; ifの終わり
  (princ)
)                                    ; defunの終わり
```

4 AutoLISP で自動化

Column DOSLib を使う

AutoLISP 専用の無償ライブラリも公開されています。その一つ「DOSLib」を紹介します。「DOSLib」は有名な 3D モデラーアプリケーション Rhinoceros を開発・販売している Robert McNeel & Associates 社によってつくられていて、下記のホームページからダウンロードできます。2019 年 9 月現在、AutoCAD 2013 から 2020 まで対応しています。

DOSLib

en | de | es | fr | it | ja | ko | zh | zh-tw

LISP Library for CAD Applications

DOSLib is a library of LISP-callable functions that provide functionality not available in CAD-based LISP programming languages, included with AutoCAD and BricsCAD.

DOSLib extends the LISP programming languages, in these applications, by providing the following functionality:

- **Drives** - Check for drives, change between drives, and check available disk space.
- **Paths** - Manipulate path specifications.
- **Folders** - Create, rename, remove, select, and change folders. Return special operating system folders.
- **Files** - Copy, delete, move, rename, and select files; get directory listings, search and find multiple instances of files, and change file attributes.
- **Print** - Get and set default printers, and spool print files.
- **Configuration** - Manipulate Windows-style initialization (INI) files, and access the Windows Registry.
- **Processes** - Run operating system commands or other programs.
- **Interface** - Get strings, integers, reals, and lists from the user. Display Windows message boxes, progress meters, and splash screens.
- **Strings** - Tokenize strings, extract characters, find characters, insert, remove, and replace characters, and trim characters.
- **Math** - Trigonometric calculations, vector manipulation, statistical analysis, and more.
- **CAD** - Save all and close all open files. Preview drawings and list xrefs.
- **System** - Get system information, sort lists, change the system date and time, manipulate the keyboard, and play sounds.
- **More!**

---

https://wiki.mcneel.com/doslib/home

ホームページからダウンロードした EXE ファイルを実行すると、10 個の ARX ファイルと 1 つの CHM（ヘルプ）ファイルが C:¥Program Files¥DOSLib 9.0 フォルダーに作成されます。使う準備として **ARX ファイル**という AutoCAD で使われるファイルの一つをロードします。ARX ファイルのロードには、AutoCAD の ARX コマンドや APPLOAD コマンドを使いますが、ここでは次の LISP コードでロードします。

```
(defun DOSLibLoader (/ acad proc fname)

  ; AutoCADのバージョンを確認

  (setq acad (substr (getvar "ACADVER") 1 2))

  ; システムのプロセッサーを確認

  (setq proc (= "AMD64" (getenv "PROCESSOR_ARCHITECTURE")))

  ; 使用するARXファイルの名前を組み立て

  (if proc

    (setq fname (strcat "DOSLib" acad "x64.arx"))

    (setq fname (strcat "DOSLib" acad ".arx"))

  )

  ; AutoCADの検索パスにあればロード

  (if (findfile fname)

    (arxload fname nil)

    (prompt (strcat "\n" fname "が見つかりません."))

  )

  (princ)

)
```

DOSLib*.arx（アスタリスクはバージョン番号）をロードするだけで、300以上のLISP関数を使うことができます。英語表記ですが、使い方はヘルプファイルDOSLib.chmを参照してください。

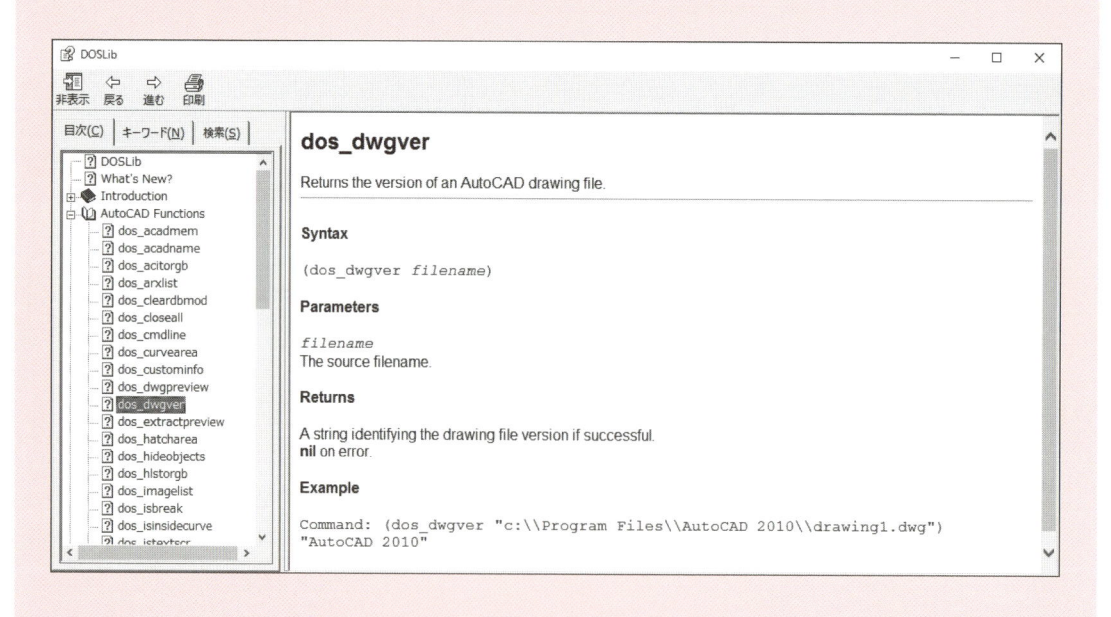

Chapter 5

VBA で自動化

5.1 AutoCAD で VBA を使う

オフィスワーカーになじみのある VBA（ブイビーエー）を使った自動化について説明します。なるべくわかりやすく解説するよう心がけますが、この章は AutoCAD VBA の解説のため、VBA の基礎説明については省略している部分があります。VBA が初めての方は専門の解説書を参考にしてください。

5.1.1 VBA とは

VBA とは、マイクロソフト社がアプリケーション専用に開発したプログラミング言語です。ここでいうアプリケーションとは、Microsoft Office 製品の Excel や Word、Access、PowerPoint などを指します。Excel の VBA は有名ですね。AutoCAD もアプリケーションの一つとして VBA を使うことができます。なお、**AutoCAD LT では VBA は使えません。**

VBA は「**Visual Basic for Applications**」の略称で、Basic（P.118）から発展したプログラミング言語 **Visual Basic** が元になっています。初心者向けと言われることが多いのですが、高度な処理も可能です。VBA は「**Visual Basic Editor**」というエディタを使って、プログラムを書きます。

AutoCAD 2014 以降の VBA は「**VBA 7.1**」というバージョンです。それまでのバージョン「VBA 6.x」とは仕様の変わるところがあるので、AutoCAD 2013 以前の VBA で作ったプログラムは 2014 以降ですべて動作するとは限りません。

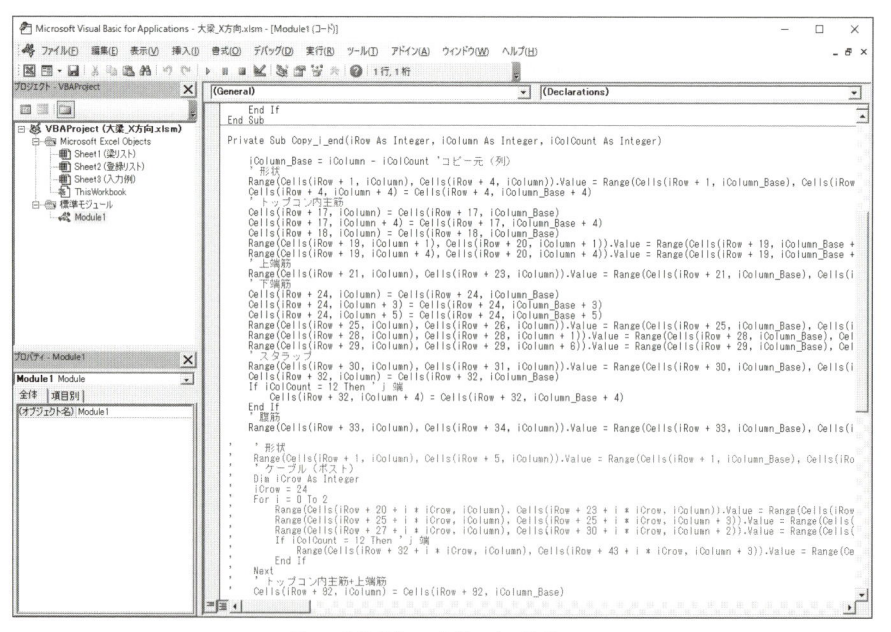

Excel の Visual Basic Editor

5.1.2 VBA を使うための準備

AutoCAD の VBA は「**AutoCAD VBA モジュール**」をインストールしないと使えません。これをインストールしないまま、AutoCAD で VBA 関連のコマンドを入力すると、こんなメッセージが表示されてしまいます。

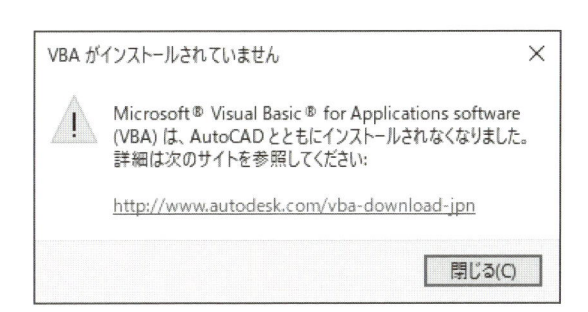

ここでは、「AutoCAD VBA モジュール」をインストールして、VBA を使えるようにする手順を簡単に説明します。

❶ https://www.autodesk.com/vba-download-jpnにアクセスします。「Microsoft Visual Basic for Applications(VBA) モジュールのダウンロード」ページが開きます。AutoCADのバージョンに合ったダウンロードファイルをクリックします。

❷ ダウンロードしたファイル (autocad_2020_acvbainstaller_win_64bit_dlm.sfx.exe など) を
実行します。表示されたインストール画面で [Install] をクリックします。
※ AutoCAD が起動している場合は終了させてください。

❸ 次の画面でインストールする場所を確認して、[Install] ボタンをクリックします。インストールが成
功したら [Finish] ボタンで完了です。

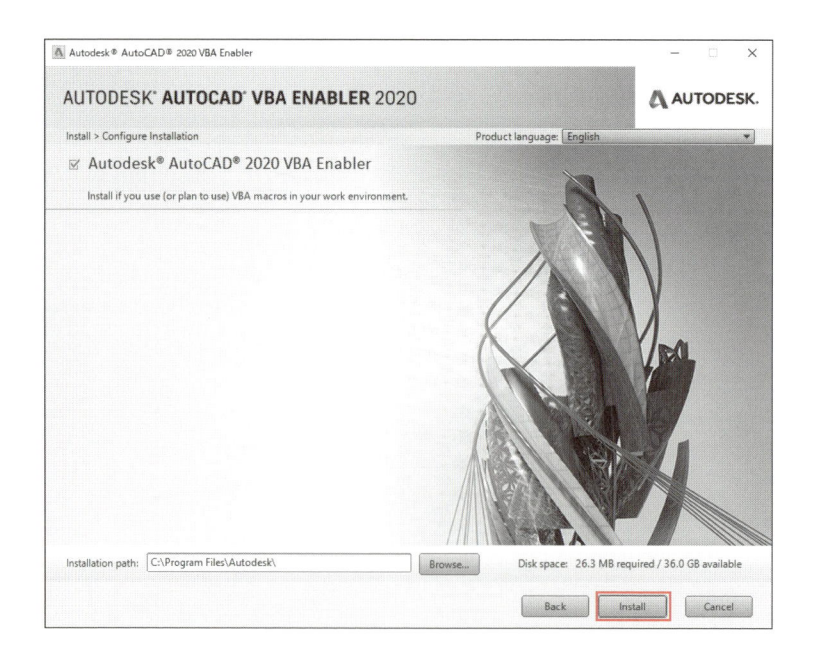

5

VBA で自動化

5.1.3 AutoCAD で VBA を試してみる

AutoCAD で VBA を使った自動化を試してみましょう。第 4 章で紹介したような、円をかき、座標寸法を記入する VBA プログラム「Circles.dvb」です。以降もこのプログラムを使って解説をします。

ただし、このプログラムには AutoLISP で作成した「座標値順に並べ替えて、数字を記入する」処理は含まれていません。VBA でその動作を実現するのは、やや高度なテクニックが必要です。並べ替えについては、このプログラムとは別で解説します（P.221）。VBA は AutoLISP やコマンドマクロと比べて動作は高速です。そこも実感してください。

❶ AutoCAD でサンプルファイル「Circles.dwg」を開き、AutoLISP と同じように、サンプルプログラム「Circles.dvb」を作図ウインドウにドラッグ＆ドロップします。

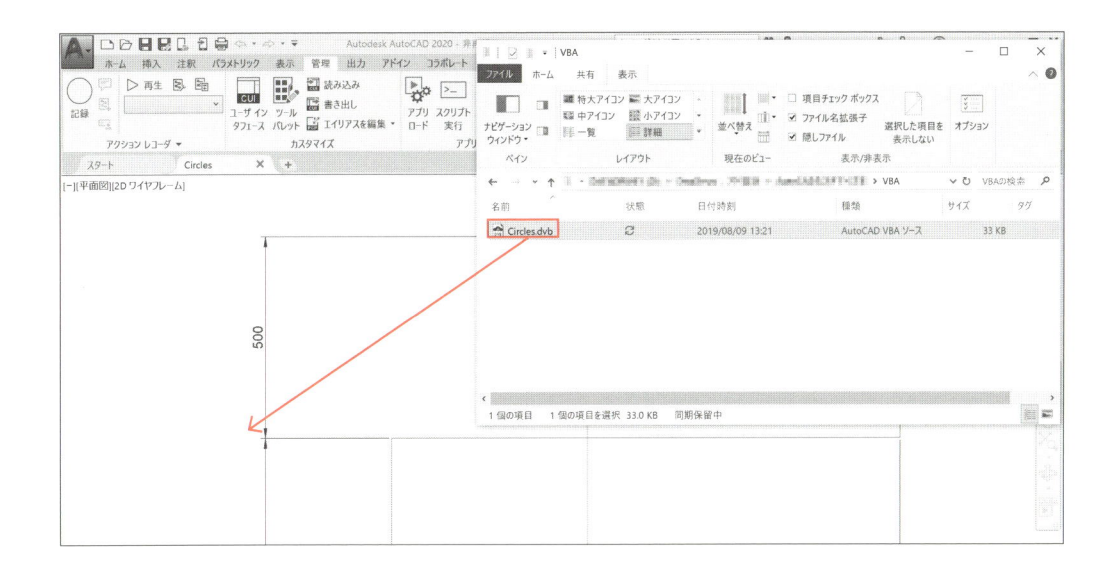

❷ セキュリティ メッセージが表示されます。[常にロードする] をクリックします。

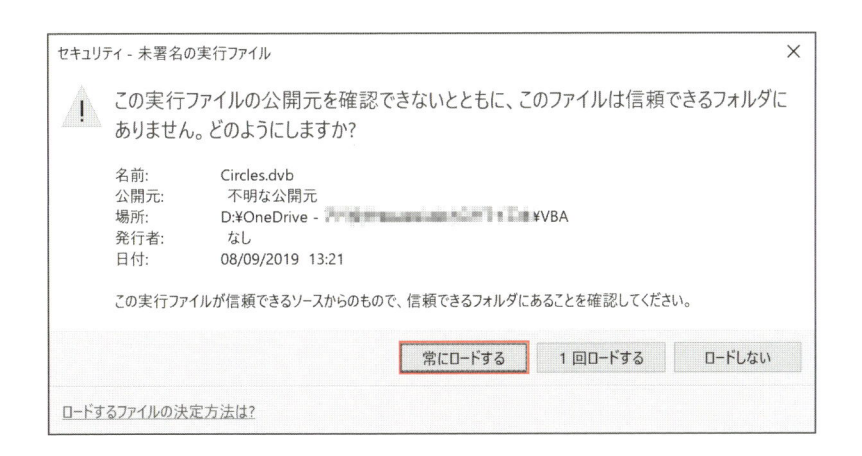

❸ マクロ（VBAのプログラム）に対する警告メッセージが表示されます。［マクロを有効にする］をクリックします。これでVBA プログラムをロードできました。

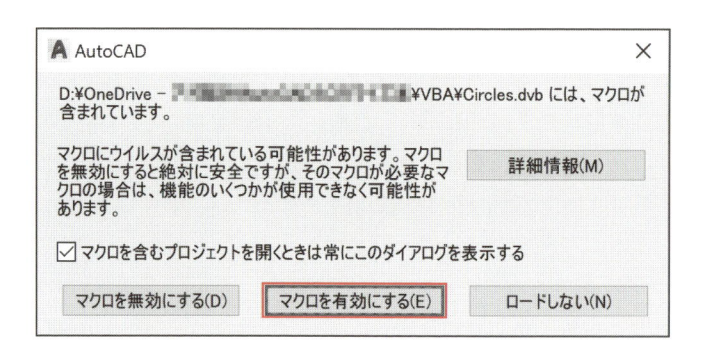

❹ プログラムを実行します。「管理」タブの「アプリケーション」パネルにある「VBA マクロ実行」をクリックしてVBARUN コマンドを実行します。

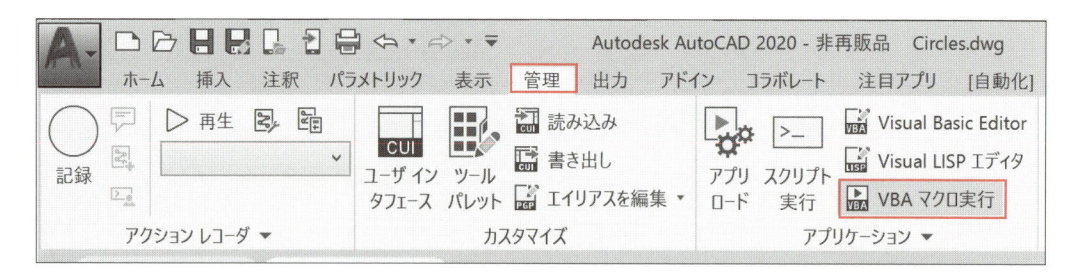

❺ 表示された「マクロ」ダイアログボックスで「Circles.dvb!Module1.Circles」を選んで［実行］ボタンをクリックします。

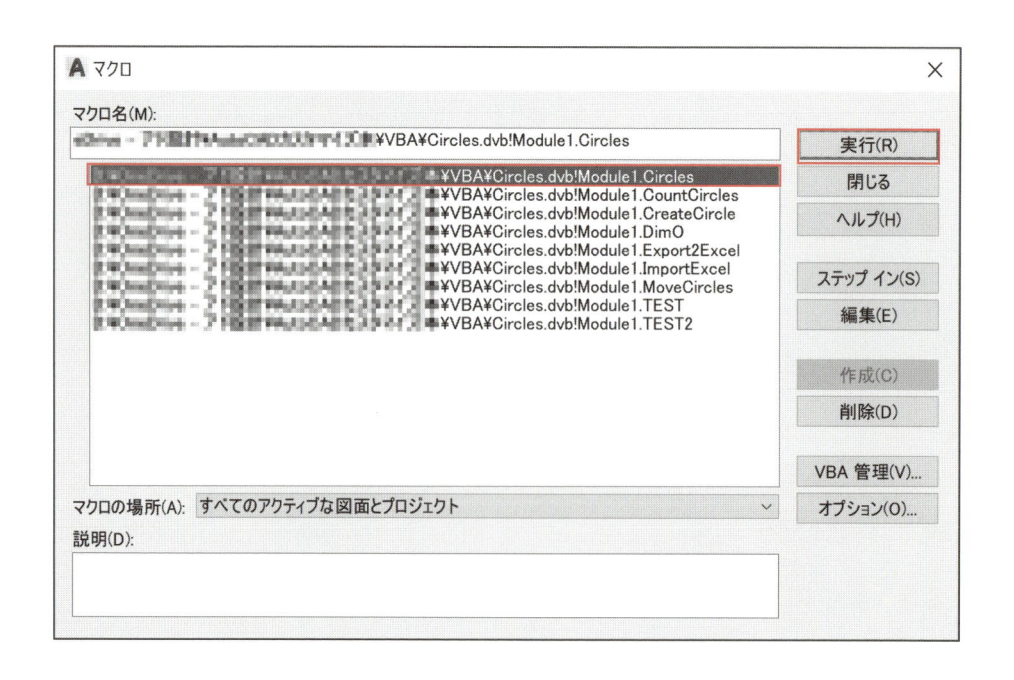

6 図のダイアログボックスが表示されます。これはVBAで作成されたダイアログボックスです。半径「100」と入力し、どの画層に円を置くか適当に選んで［OK］ボタンをクリックします。

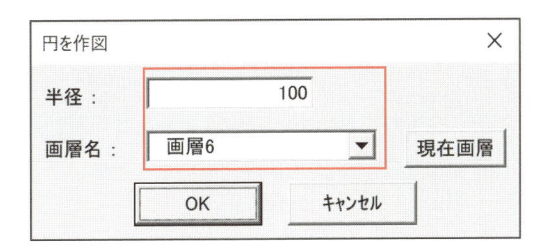

7 作図ウインドウで円の中心をクリックして指示すると、円と座標寸法が次々に記入されます。

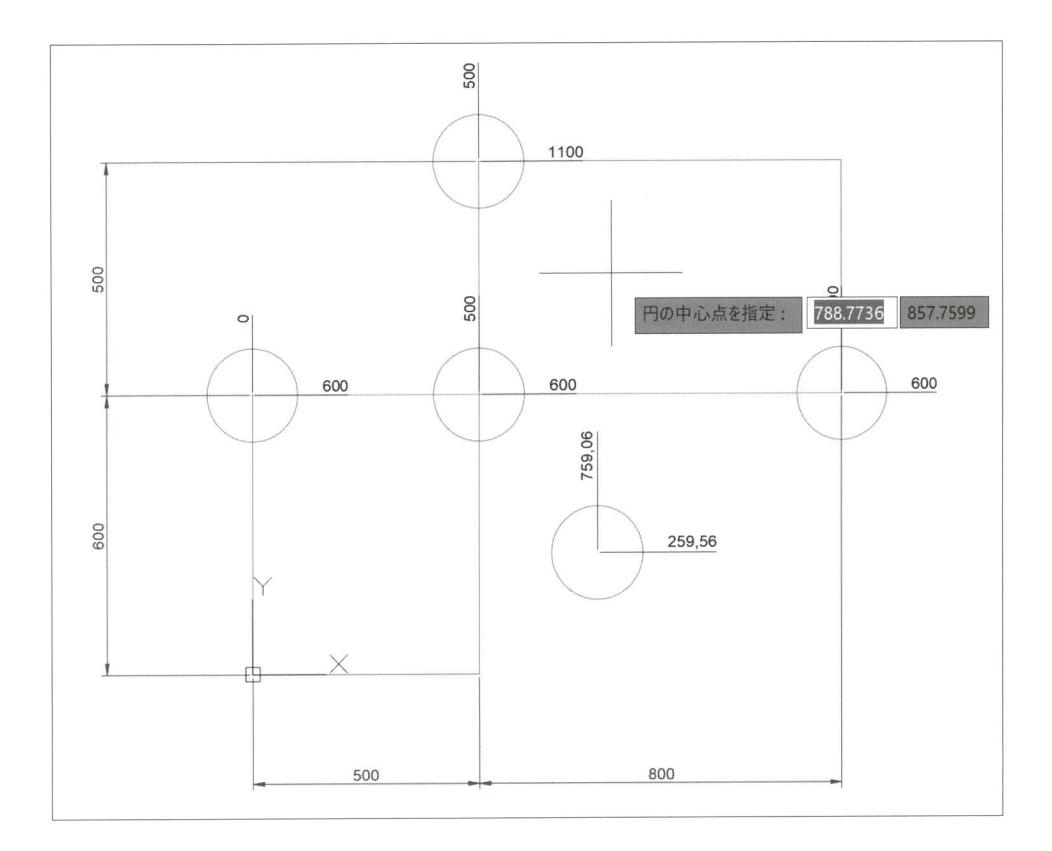

8 円の作図を終えたら Esc キーか Enter キーを押します。もう一度ダイアログボックスが表示されるので、［キャンセル］ボタンをクリックします。プログラムが終了します。

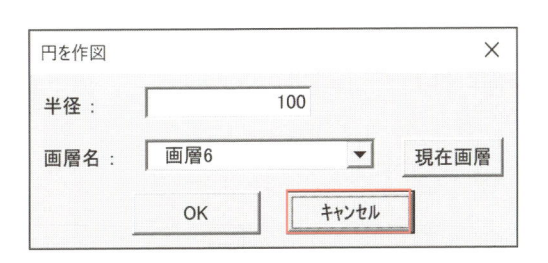

円と座標寸法を記入する VBA プログラム

前項の「VBA を試してみる」で実行した円と座標寸法を記入するプログラムを作成してみましょう。「VBA を試してみる」では開始と終了時にダイアログボックスを使いましたが、まず、ダイアログボックスを使わない簡易版のプログラムをつくってみます。

5.2.1 プログラムの作成順序

P.180 で実行した「Circles」マクロは、次のような動作でした。

ダイアログボックスを表示

⬇

半径と画層を入力して［OK］ボタン

⬇

ダイアログボックスが非表示になる

⬇

中心点を指定して円を作図

⬇

座標寸法も作図される

⬇

円と座標寸法の作図を繰り返す

⬇

 Esc または Enter キーを押すと作図を終了

⬇

ダイアログボックスが表示される

⬇

［キャンセル］ボタンで終了

プログラムの核心になる部分から順に作成していきます。

このプログラムの核心になるのは「**円を作図**」です。その円の情報として最低限必要なのは、中心点の座標と円の半径です。プログラムを簡単にするため、半径は 100 に固定しておきましょう。ユーザーが入力するのは、円中心の座標だけです。

次に、少しプログラムの範囲を広げると「**円の作図を繰り返す**」です。何回でも、クリックした位置に円を作図するプログラムです。

繰り返してばかりで終わることができなければ困ります。「**作図を終了**」することもプログラムに含まなければいけません。プログラムを作成する手順はこの 3 段階になります。プログラミング開発の現場でも、プロたちはこのようにプログラムを組み立ててつくっていきます。

1. 中心点を指定して円を作図するプログラム
2. 円の作図を繰り返すプログラム
3. 繰り返した円の作図を終了するプログラム

ここまでを 1 つのプログラムとしてまとめます。次に座標寸法を作成するプログラムをつくって動作を確認してから、円の作図プログラムに組み込みます。完成したプログラムはファイルとして保存します。

それでは、VBA でプログラミングを始めましょう。

5.2.2 Visual Basic Editor を起動する

Excel などと同じように、VBA は **Visual Basic Editor** を使って入力します。AutoCAD で Visual Basic Editor を起動してみましょう。VBA のサンプルプログラム「Circles.dvb」がドラッグ＆ドロップによってロードされている状態から始めます。

❶「管理」タブの「アプリケーション」パネルにある「Visual Basic Editor」をクリックします。または Alt + F11 キーを押します。

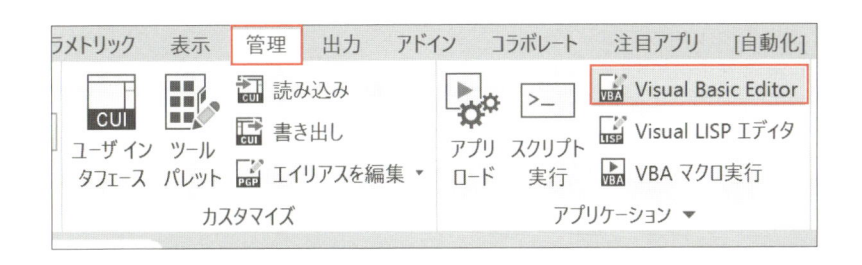

5

VBA で自動化

❷ Visual Basic Editorが表示されます。コード ウインドウには「Circles.dvb」に含まれるコードが表示されています。コード ウインドウの最大化ボタンで大きく表示して見やすくしておきます。

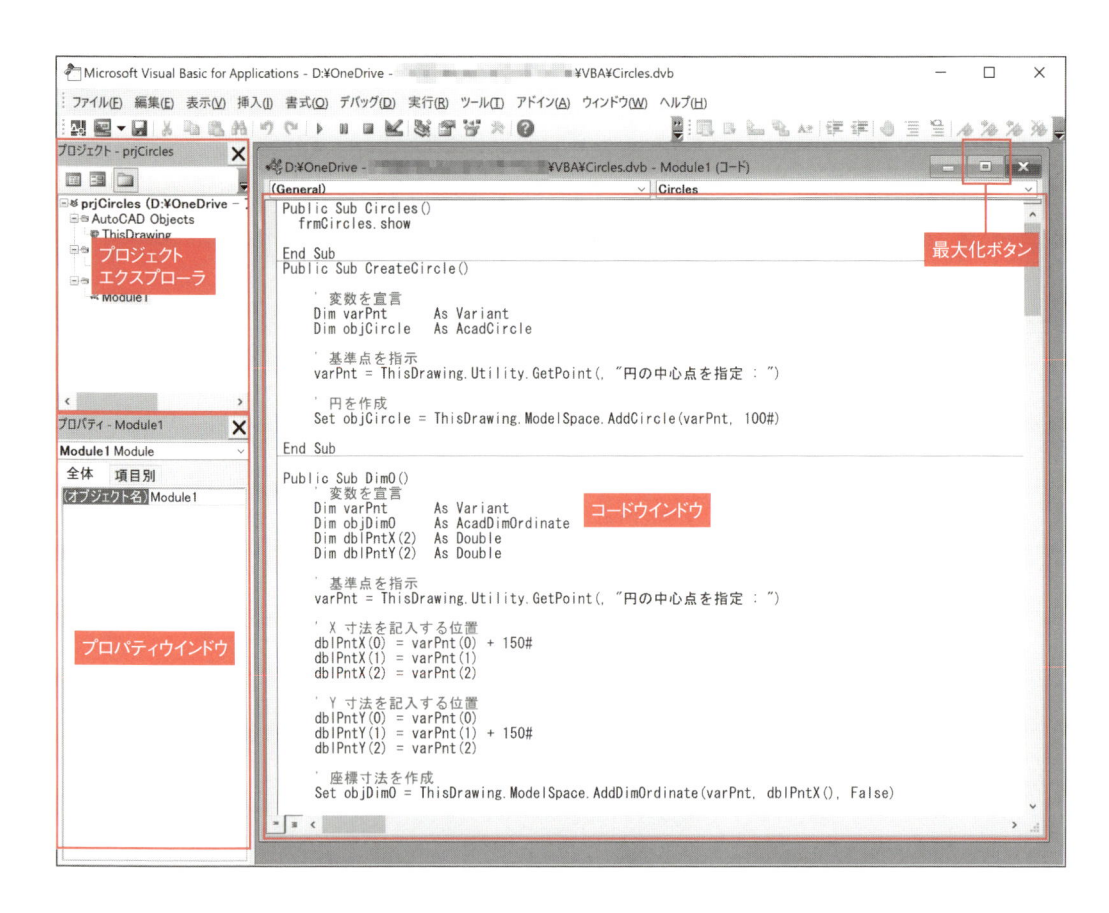

❸ 上の図のようにコードウインドウにコードが表示されていない場合は、プロジェクト エクスプローラの「prjCircles」→「標準モジュール」を展開して、「Module1」をダブルクリックします。

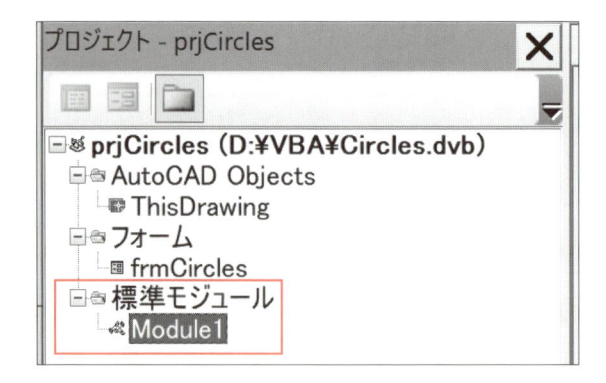

　プログラムの作成を始める前に、プログラム「Circles.dvb」をロードした VBA の状態を見ておきましょう。

　VBA を使ったことがある人には、おなじみの画面が開いています。各ウインドウの構成も Excel で使用する Visual Basic Editor と同じです。コードも「Sub ○○ ()」から始まり、「End Sub」で終わる**プロシージャ**で構成されています。

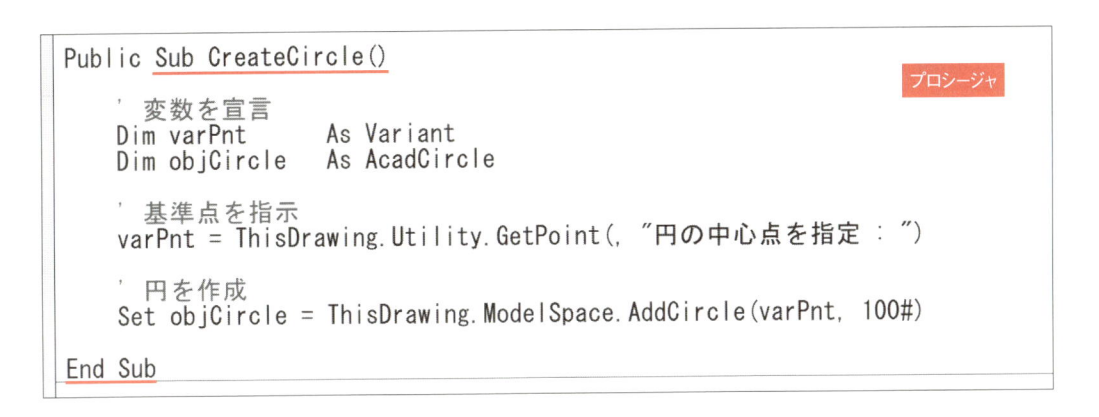

```
Public Sub CreateCircle()

    ' 変数を宣言
    Dim varPnt      As Variant
    Dim objCircle   As AcadCircle

    ' 基準点を指示
    varPnt = ThisDrawing.Utility.GetPoint(, "円の中心点を指定 ：")

    ' 円を作成
    Set objCircle = ThisDrawing.ModelSpace.AddCircle(varPnt, 100#)

End Sub
```

プロシージャ

　プロジェクト エクスプローラには、現在開いているファイルに含まれる要素がツリー表示されます。ここでは「Circles.dvb」をロードしているので、プロジェクト「prjCircles」が見えているはずです。「Circles.dvb」に書かれているプロジェクトが「prjCircles」です。本書の VBA では、少し古い方法ですが要素の名前の頭にその要素の種類がわかるように、英小文字 3 文字 prj を書くという命名規則を採用しています。プロジェクト「prjCircles」の下には「AutoCAD Objects」と「フォーム」、「標準モジュール」があります。

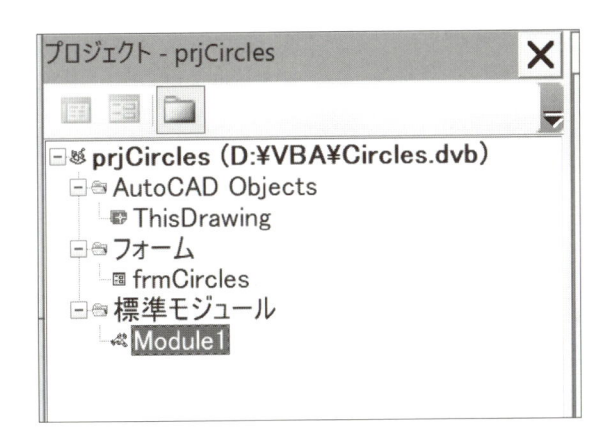

　「prjCircles」プロジェクトのコードがお手本になりますが、いったん白紙の状態に戻して VBA のプログラムを作っていくことにしましょう。

❶ いったん AutoCAD を終了して、再起動します。

❷ AutoCAD でサンプル図面 Circles.dwg を開き、「管理」タブの「アプリケーション」パネルにある「Visual Basic Editor」をクリック（P.183）、または Alt + F11 キーを押し、Visual Basic Editor を表示させます。

③ プロジェクト エクスプローラで「AutoCAD Objects」の下の「ThisDrawing」をダブルクリックすると白紙のコード ウインドウが表示されます。ここにコードを書いていきます。

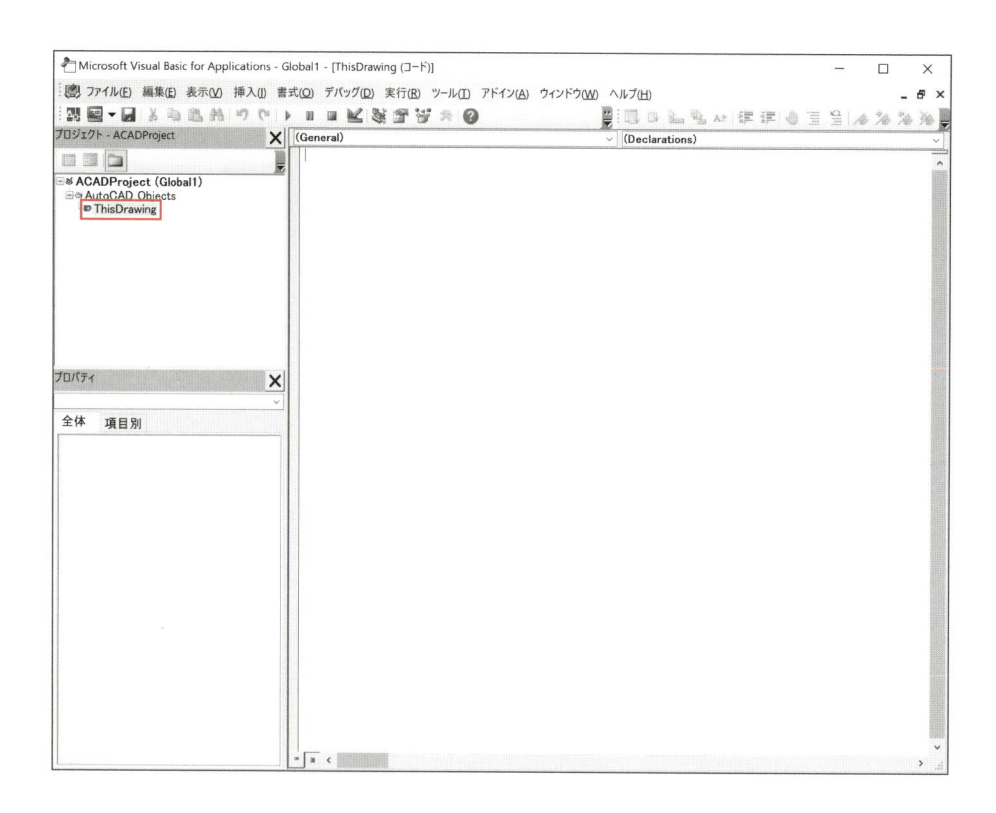

5.2.3　円を作図する処理

　円を作図する処理から説明します。半径 100 の円を指定した位置に作成するコードは次のようになります。

CODE

```
Public Sub CreateCircle()

    ' 変数を宣言

    Dim varPnt      As Variant

    Dim objCircle   As AcadCircle


    ' 基準点を指示

    varPnt = ThisDrawing.Utility.GetPoint(, "円の中心点を指定 : ")


    ' 円を作成

    Set objCircle = ThisDrawing.ModelSpace.AddCircle(varPnt, 100#)

End Sub
```

■プロシージャを作成

CODE
```
Public Sub CreateCircle ()


End Sub
```

「CreateCircle」という名前の **Public Sub** プロシージャを作成します。名前を付けて Sub プロシージャを作っておくことで、名前を指定してこのプログラムを実行できるようになります。わかりやすい名前にしておきましょう。最初の行を入力して ［Enter］ キーを押すと、自動的に単語の頭を大文字にして、**End Sub** が挿入されます。間にある空白行にコードを入力していきます。

■変数を宣言

CODE
```
    ’ 変数を宣言
```

とコメントを入力します。最初の「’」（シングルクオート）は半角です。［Enter］ キーを押した瞬間にコメントであることを示す緑色に変わります。行頭では ［Tab］ キーを1回押し、字下げしてコードを見やすくしておきます。

CODE
```
    Dim varPnt      As Variant
    Dim objCircle   As AcadCircle
```

この処理で使う変数「varPnt」と「objCircle」を宣言します。VBA では「**Dim 変数名 As データ型**」という形で変数の宣言を行います。VBA では宣言なしで変数を使うこともできますが、ここでは最初に変数のデータ型を決めておくことで、違うデータ型が代入されたときなどにエラーを発生させ、問題点がわかるようにします。varPnt の「var」は、変数の型を示す文字です。変数名を見れば変数の型がわかるようにするプログラミングの慣習に従っています。

「varPnt」は、ユーザーがクリックした点（座標）です。データ型には整数型（Integer）や文字列型（String）などがありますが、座標には数字でも文字でも、配列でも柔軟にデータを扱える**バリアント型**（Variant）を使います。

「objCircle」は作成した円です。データ型には「AcadCircle」（円）と宣言します。

■基準点を指示

CODE
```
    varPnt = ThisDrawing.Utility.GetPoint(, "円の中心点を指定 : ")
```

ユーザーに座標を入力するように求めるのがこの1行です。ここで取得した座標が変数「varPnt」に代入されます。

「=」のあとに「th」と入力して Ctrl + Space キーを押すと、自動的に残りのスペルが補われます。次に「.」を押した時点で候補が表示されるので、もう一文字「u」を入力して候補から選ぶだけです。最小限のキー操作でコードを間違いなく入力することができます。VBA の**自動メンバー表示**という便利な機能です。

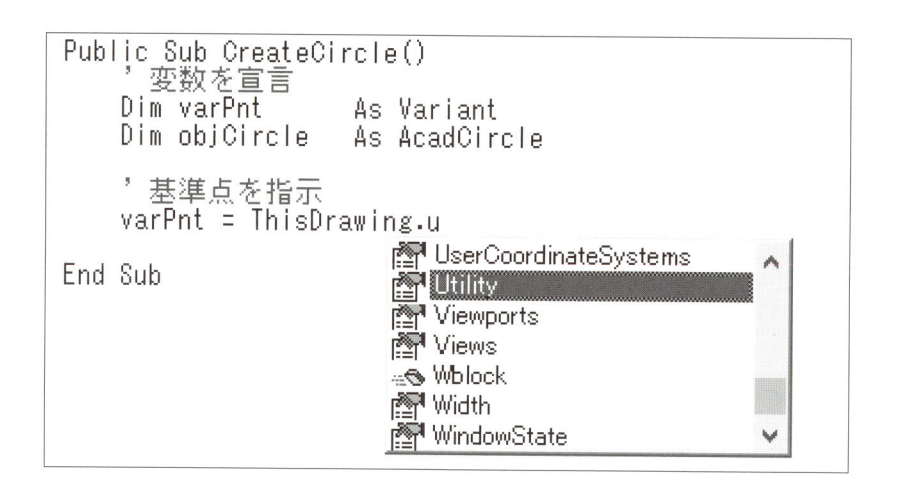

```
Public Sub CreateCircle()
    ' 変数を宣言
    Dim varPnt      As Variant
    Dim objCircle   As AcadCircle

    ' 基準点を指示
    varPnt = ThisDrawing.u
                        UserCoordinateSystems
End Sub                 Utility
                        Viewports
                        Views
                        Wblock
                        Width
                        WindowState
```

「=」以降のコード説明の前に、AutoCAD VBA の構文について触れておきます。

AutoCAD VBA の特徴は**オブジェクト**です。オブジェクトが階層になって構造化されています。オブジェクトはメソッドとプロパティの 2 つの要素を持ちます。オブジェクトは「モノ」と訳されることもありますが、形のないものも指すので、オブジェクトは「オブジェクト」と理解しましょう。**メソッド**はオブジェクトが実行できる命令です。**プロパティ**はオブジェクトの持つ属性です。オブジェクトのメソッド、オブジェクトのプロパティのいずれもオブジェクト名の次に「.（ドット）」を入れてつなぎます。

オブジェクト.メソッド ()
オブジェクト.プロパティ ()

ThisDrawing.Utility の「.（ドット）」は、ThisDrawing オブジェクトの下の Utilty オブジェクトというオブジェクトの階層を示しています。オブジェクトの下にあるオブジェクトです。これも「.（ドット）」でつなぎます。Utility. GetPoint が Utilty オブジェクトの持つ点を取得する **GetPoint** メソッドという意味です。

ThisDrawing.Utility. GetPoint(Point , Prompt)

図面オブジェクト　ユーティリティオブジェクト　座標取得メソッド

コード ウインドウで「GetPoint」の単語の上にカーソルを置き、 F1 キーを押すと単語のヘルプが表示され、単語の意味や使い方を調べることができます。「GetPoint」をヘルプで調べると、次の形式の構文で使うと書いてあります。

```
CODE
RetVal = object.GetPoint([Point [, Prompt]])
```

　[ ] でくくってある項目は省略可能という意味です。Point を指定して、2 点目のような入力もできるし、Prompt を指定してプロンプトありにもできるということです。

　ここでは、プロンプトに「円の中心点を指定 :」の文字列を指定します。文字列は「"」で囲みます。これでプロンプトの表示で入力された点の座標を取得できます。

　先に触れた入力途中での候補を表示する自動メンバー表示と、このヘルプの活用によって、初心者でもまちがいなくプログラムを書くことができます。プログラム開発に必須の機能として上手に活用したいものです。

■取得した座標を中心に円を作成

```
CODE
    Set objCircle = ThisDrawing.ModelSpace.AddCircle(varPnt, 100#)
```

　図面のモデル空間に、varPnt を中心として半径 100 で円を作成するというコードです。円というオブジェクトを変数に代入するには、**Set** という Visual Basic のキーワードを使います。

　円を作成するメソッドは **AddCircle** です。ヘルプによると構文は次のようになっています。

```
CODE
RetVal = object.AddCircle(Center, Radius)
```

　引数の「Center」は中心、「Radius」は半径です。中心には先ほどユーザー入力で取得した座標varPnt、半径は 100.0 と入力します。半径は「100.0」と入力すれば、倍精度の実数を示す「100#」に変換してくれます。ここでもユーザーの入力ミスをできるだけ防ぐ仕組みが作られています。

　「object」はここではモデル空間です。**ThisDrawing.ModelSpace** と表記します。AutoCADの図形はモデル空間、ペーパー空間、そしてブロックの 3 つの要素の中に存在します。モデル空間にある図形（Entities）なら、下記のように階層を「.（ドット）」でつないで表現します。

ThisDrawing.ModelSpace.Entities

　　　この図面　　　　　　モデル空間　　　　　　図形

　これでクリックした位置を中心に半径 100 の円を描くプログラムが作成できました。ただし、この段階では円を 1 つ作成すると終了するプログラムです。

2019 年 9 月時点で AutoCAD 2020 で表示されるヘルプは英語版ですが、次の手順で日本語版のオンライン ヘルプをインストールできます。

① https://adndevblog.typepad.com/files/acadauto.zip から「acadauto.zip」ファイルをダウンロードする。

②「acadauto.zip」ファイルを展開して「acad_aag.chm」と「acadauto.chm」ファイルを得る。

③「 C:¥Program Files¥Common Files¥Autodesk Shared」フォルダーにある「acad_aag.chm」と「acadauto.chm」ファイルをバックアップ用に別の場所へ移動しておく。

④ ②の「acad_aag.chm」と「acadauto.chm」ファイルを「C:¥Program Files¥Common Files¥Autodesk Shared」フォルダーに移動する。

展開したオンラインヘルプの右側のコンテンツ領域が何も表示されない場合には、「acadauto.chm」ファイルのプロパティを開き、「許可する」にチェックを入れてロックを解除します。

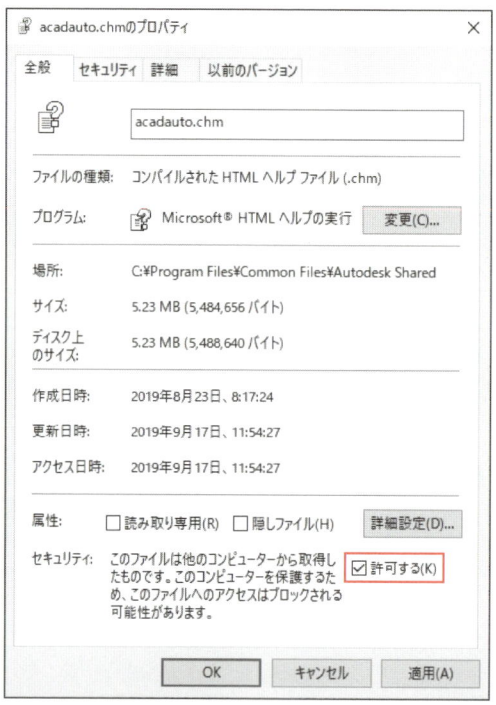

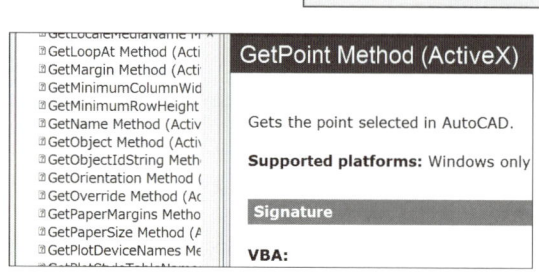

AutoCAD 2020 の英語版ヘルプ

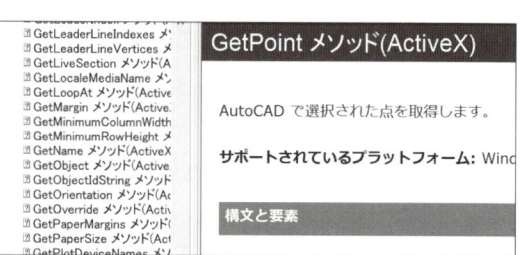

上書きした AutoCAD 2020 の日本語版ヘルプ

VBA で自動化

5

Column ヘルプでオブジェクトのメソッドを見る

オブジェクト ModelSpace（モデル空間）には他にどんなメソッドがあるのでしょうか？ ModelSpace という単語の上にカーソルを置いて F1 キーを押し、「ModelSpace プロパティ」のヘルプを表示します。
このヘルプの真ん中あたりに「タイプ：ModelSpace」とあるので、この ModelSpace をクリックします。
ヘルプが「ModelSpace コレクション」に切り替わり、「メンバー」欄に目的のメソッド一覧が表示されます。

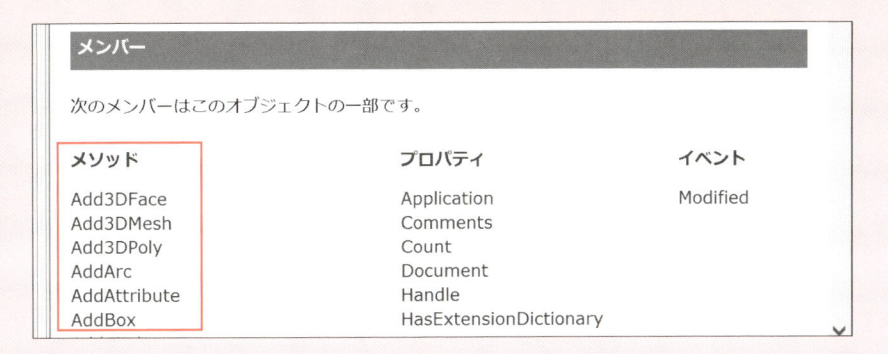

よく見れば「Add」ではじまるメソッドがたくさんあります。さらに Add の後ろに図形の種類を書けば、それがメソッド名になることがわかります。円弧を作成する場合は AddArc、円を作成する場合は AddCircle、座標寸法は AddDimOrdinate です。本書の付録に AutoCAD 図形の名称とそれを作成するメソッドをまとめておきました。参考にしてください。ここでは円を作成する目的ですから、メソッドの中から「AddCircle」をクリックします。図のような AddCircle についてのヘルプが表示されます。

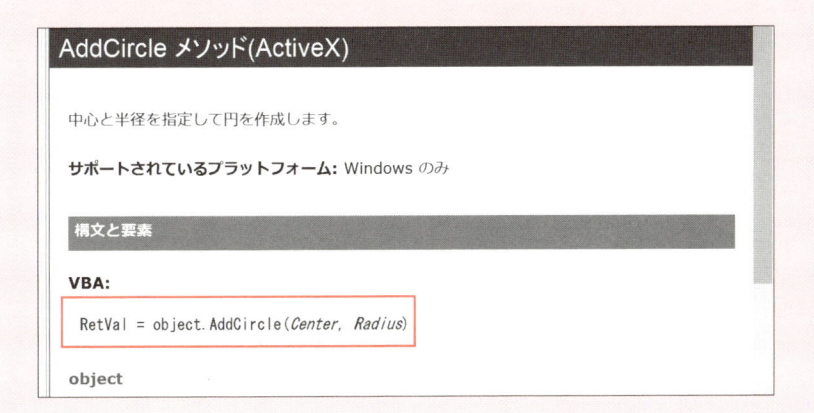

ヘルプで大事なのはこの 1 行です。AddCircle を使うときの構文です。

CODE

```
RetVal = object.AddCircle(Center, Radius)
```

さらにこの行の下には、この構文で使われている用語が解説されています。「Object」は Block、ModelSpace あるいは PaperSpace です。「Center」はバリアント型（3 要素の倍精度浮動小数点数型配列）と書いてありますが、これについては次項で解説します。中心位置を示すことです。「Radius」は倍精度浮動小数点数型の円の半径で、正の数値です。

円を作図するプログラムの入力が完了したので、実行して動作をテストしてみましょう。

❶ Public Sub CreateCircle()のプロシージャ内にカーソルを置いて、F5 キーを押します。

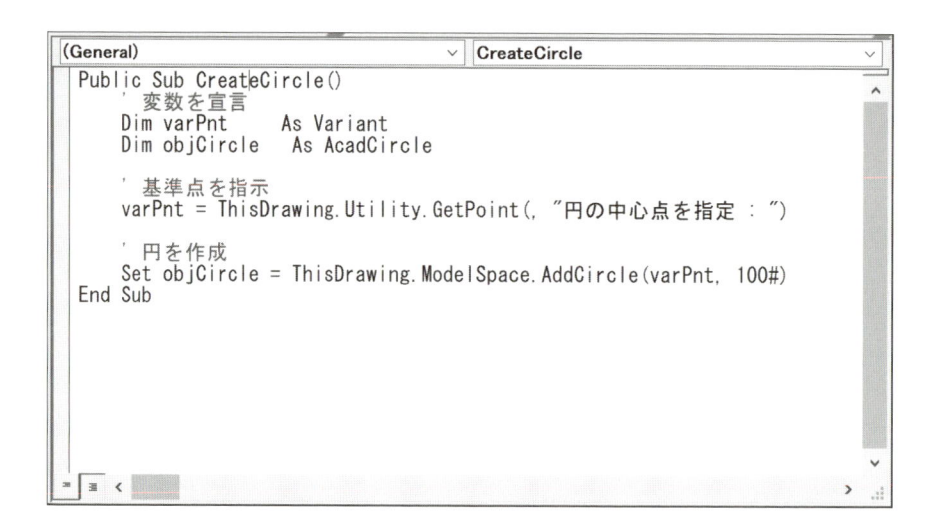

```
(General)                                    CreateCircle
Public Sub CreateCircle()
    ' 変数を宣言
    Dim varPnt     As Variant
    Dim objCircle   As AcadCircle

    ' 基準点を指示
    varPnt = ThisDrawing.Utility.GetPoint(, "円の中心点を指定 : ")

    ' 円を作成
    Set objCircle = ThisDrawing.ModelSpace.AddCircle(varPnt, 100#)
End Sub
```

HINT

F5 キーは「**Sub/ ユーザー フォームの実行**」コマンドのショートカットです。「実行」メニューから「Sub/ ユーザー フォームの実行」を選択、またはツールバーの「Sub/ ユーザー フォームの実行」ボタンをクリックしても実行できます。

❷ AutoCADの作図ウインドウに切り替えます。「円の中心点を指定 :」のプロンプトを確認したら、任意の位置をクリックします。クリックした位置に半径100の円が作成されてプログラムは終了です。

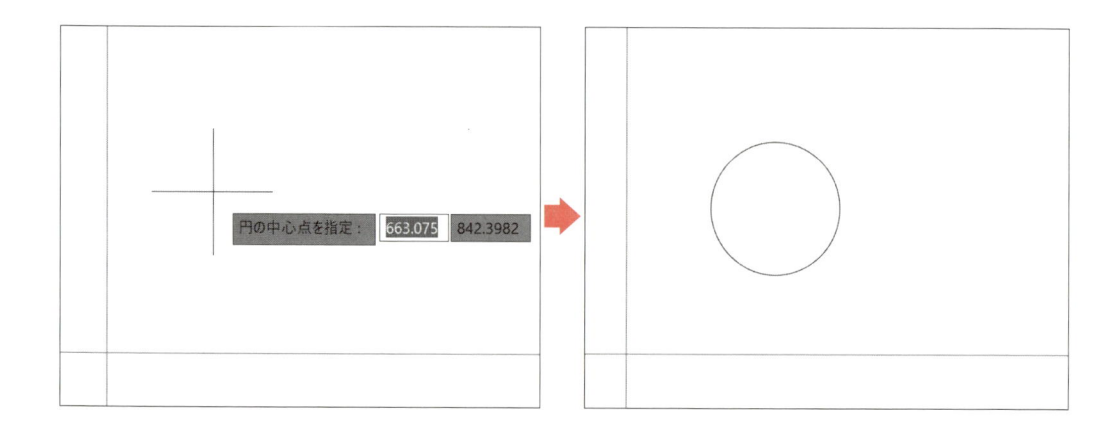

円の中心点を指定 :　663.075　842.3982

これで動作を確認できました。続けて、このプログラムで使用した 2 つの変数がプログラムの進行に応じてどのように変化するのかを、**ウォッチ式の追加**で確認してみましょう。

❶ 変数「varPnt」を選択して右クリックし、「ウォッチ式の追加」を選択します。「ウォッチ式の追加」ダイアログボックスを [OK] ボタンで閉じます。同じように「objCircle」も「ウォッチ式の追加」を設定しておきます。

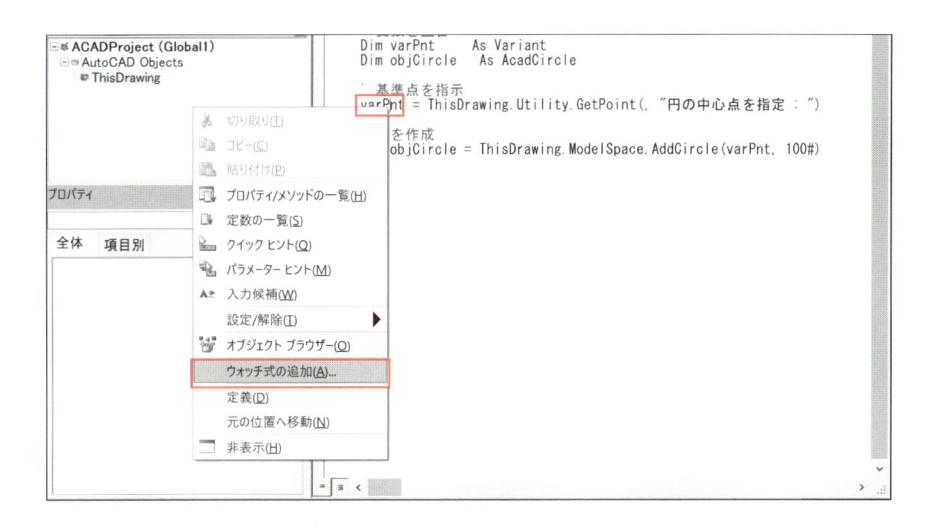

5

VBA で自動化

❷ Visual Basic Editorに「ウォッチ」ウインドウが表示されます。「ウォッチ」ウインドウを見やすい位置に移動しておきます。

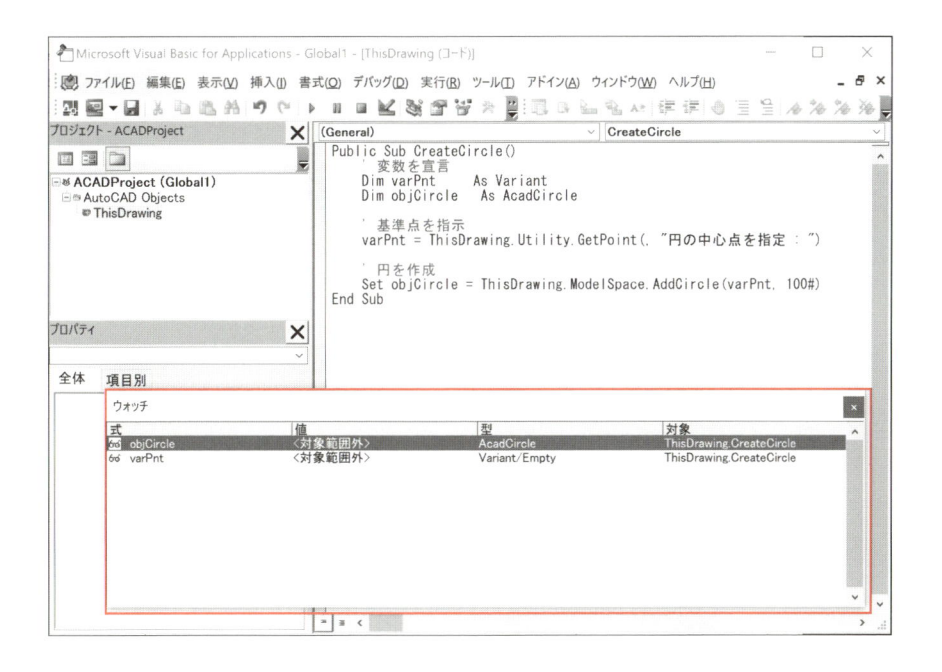

❸ Public Sub CreateCircle()のプロシージャ内にカーソルを置いて、何度か F8 キーを押し（または「デバッグ」メニューから「ステップイン」を選択）、一行ずつプログラムを進めます。現在実行中の行が黄色く表示されます。さらに「ウォッチ」ウインドウで目的の変数をダブルクリックして展開すると、変数の値が表示されます。変数varPntの値はX座標を示すvarPnt(0)が964.71で、Y座標を示すvarPnt(1)が796.9、Z座標を示すvarPnt(2)が0という、3つの倍精度の数値が入った配列であることがわかります。varPntの値を確認したら「ウォッチ」ウインドウは閉じておきます。

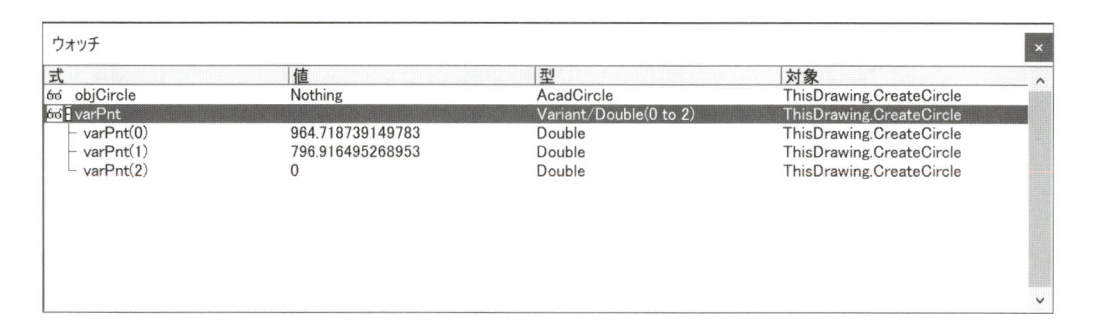

プログラムをつくっていてなぜかうまく動かない、思った結果にならないというときに、このステップインとウォッチ式は強力な武器になります。この行でこの変数はこの値になるはずと狙いを付け、そうなっているかを確認できます。

F5 キーでプログラムが期待通りに動くかを一度に確認してもいいのですが、筆者は F8 キーでステップインという手法を最初から使います。他にもブレークポイントを置くという手法もあります。プログラムに F9 キーでブレークポイントを設定しておいて、プログラムを中断させる方法です。中断した時点での変数の値を確認することができます。詳細はここでは触れません。

5.2.5 繰り返し処理

ここまでに作成したプログラムは、1つの円を作図するプログラムです。このプログラムを何カ所かクリックして円を作図できるように編集します。繰り返し実行するという処理を、先ほどのプログラムに追加します。次の色文字部分が追加したコードです。

CODE

```
Public Sub CreateCircle()

    ' 変数を宣言

    Dim varPnt As Variant

    Dim objCircle As AcadCircle
```

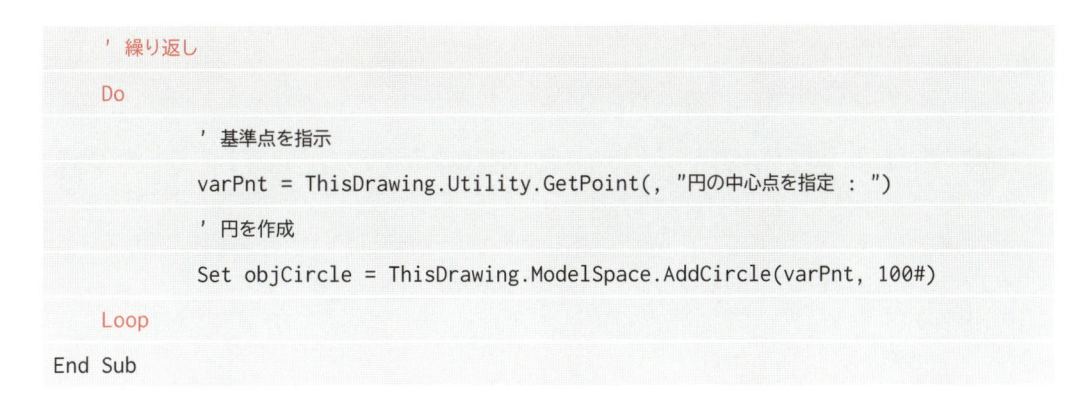

```
    ’ 繰り返し
    Do
        ’ 基準点を指示
        varPnt = ThisDrawing.Utility.GetPoint(, ”円の中心点を指定 : ”)
        ’ 円を作成
        Set objCircle = ThisDrawing.ModelSpace.AddCircle(varPnt, 100#)
    Loop
End Sub
```

■ Do ～ Loop ステートメントで繰り返し

CODE

```
    Do


    Loop
```

　繰り返したい範囲を **Do** と **Loop** で囲みます。基準点を指示する GetPoint メソッドと円を作図する AddCircle メソッドの 2 つの前に Do、後に Loop を入れるだけで、この 2 つが無限に繰り返し実行されます。Do と Loop はペアでこの間の処理を無限に繰り返すという VBA のステートメントです。

　これで円を繰り返し作図するプログラムになりました。しかし、クリックするたびに円を作図という動作が、終わることなく無限に実行されてしまいます。もちろんそれでは困りますので、「円の中心点を指定：」のプロンプトに対して Esc キーで応えます。そうすると、図のようなエラーが発生してプログラムが中断します。Enter キーでも別のエラーで中断します。

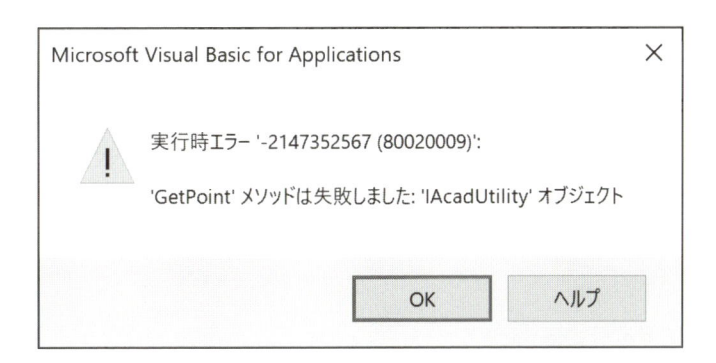

前項で作成したプログラムは繰り返し円を作図するプログラムですが、 Enter や Esc キーが押されるとエラーになりました。このエラーが起きることを逆手に取って、エラーが起きるまで繰り返し実行するという処理を、先ほどのプログラムに追加します。ユーザーにはエラーが起きたことを知らせずにプログラムを正常に終了するプログラムです。色文字部分が追加したコードです。

CODE

```
Public Sub CreateCircle()
    ' 変数を宣言
    Dim varPnt As Variant
    Dim objCircle As AcadCircle
    ' 繰り返し
    Do
        ' エラーが起きても中断しない
        On Error Resume Next
            ' 基準点を指示
            varPnt = ThisDrawing.Utility.GetPoint(, "円の中心点を指定 : ")

        ' キャンセルされた
        If Err Then
            ' エラー処理を戻す
            On Error GoTo 0
            ' Subプロシージャを抜ける
            Exit Sub
        End If
        ' 円を作成
        Set objCircle = ThisDrawing.ModelSpace.AddCircle(varPnt, 100#)
    On Error GoTo 0
    Loop
End Sub
```

■ エラーが起きても中断しない処理

CODE

```
        On Error Resume Next


        On Error GoTo 0
```

Do の後に「**On Error Resume Next**」を記述します。この 1 行でエラーがおきても中断せず、次の行の処理に移るということを宣言します。つまり、エラーが起きても次の点の指示は実行されます。最後（Loop の前）に、この「On Error Resume Next」を解除する「**On Error GoTo 0**」を記述します。

■ エラー（キーが押されたときの）処理

CODE

```
        If Err Then
            On Error GoTo 0
            Exit Sub
        End If
```

ここでは、エラーが起きた（つまりキーが押された）場合の条件を「**If Err Then 〜 End If**」とし、その間にエラー処理を書きます。

エラー処理として、On Error Resume Next でエラーが起きても中断せずに次の行に行くというイレギュラーな状態を元に戻します。それがここでも登場する「**On Error GoTo 0**」です。さらに Sub プロシージャから無理矢理脱出して、「**Exit Sub**」でプログラムを終了します。

これで円を繰り返し作図して、 Enter や Esc キーで終了するプログラムになりました。P.192 の方法で、 Enter キーで終了できるか試してみましょう。

5.2.7 座標寸法を作成する処理

座標寸法を作成するコードをつくります。円の作成プログラムに組み込むとややこしいので、まずクリックした位置に座標寸法だけを作成するプログラムをつくります。座標寸法を作成する処理は次のコードになります。プロシージャ名は、座標寸法 DimOrdinate の短縮形「DimO」です。

CODE

```
Public Sub DimO()
    ' 変数を宣言
    Dim varPnt      As Variant
    Dim objDimO     As AcadDimOrdinate
    Dim dblPntX(2)  As Double
    Dim dblPntY(2)  As Double

    ' 基準点を指示
    varPnt = ThisDrawing.Utility.GetPoint(, "円の中心点を指定 ： ")
```

```
    ' X 寸法を記入する位置
    dblPntX(0) = varPnt(0) + 150#
    dblPntX(1) = varPnt(1)
    dblPntX(2) = varPnt(2)

    ' Y 寸法を記入する位置
    dblPntY(0) = varPnt(0)
    dblPntY(1) = varPnt(1) + 150#
    dblPntY(2) = varPnt(2)

    ' 座標寸法を作成  Y座標
    Set objDimO = ThisDrawing.ModelSpace.AddDimOrdinate(varPnt, dblPntX(), False)
    objDimO.ScaleFactor = 10#

    ' 座標寸法を作成  X座標
    Set objDimO = ThisDrawing.ModelSpace.AddDimOrdinate(varPnt, dblPntY(), True)
    objDimO.ScaleFactor = 10#
End Sub
```

■変数を宣言

CODE

```
    Dim varPnt        As Variant
    Dim objDimO       As AcadDimOrdinate
    Dim dblPntX(2)    As Double
    Dim dblPntY(2)    As Double
```

　ここでは 4 つの変数を宣言します。「varPnt」は P.187 で説明したとおりです。変数「objDimO」
は座標寸法図形です。データ型には「**AcadDimOrdinate**」（座標寸法）を宣言します。
　変数「dblPntX(2)」「dblPntY(2)」はそれぞれ、座標位置です。座標寸法には「起点（測定する
点）の位置」と「引出線の終点の位置」の 2 点が必要です。

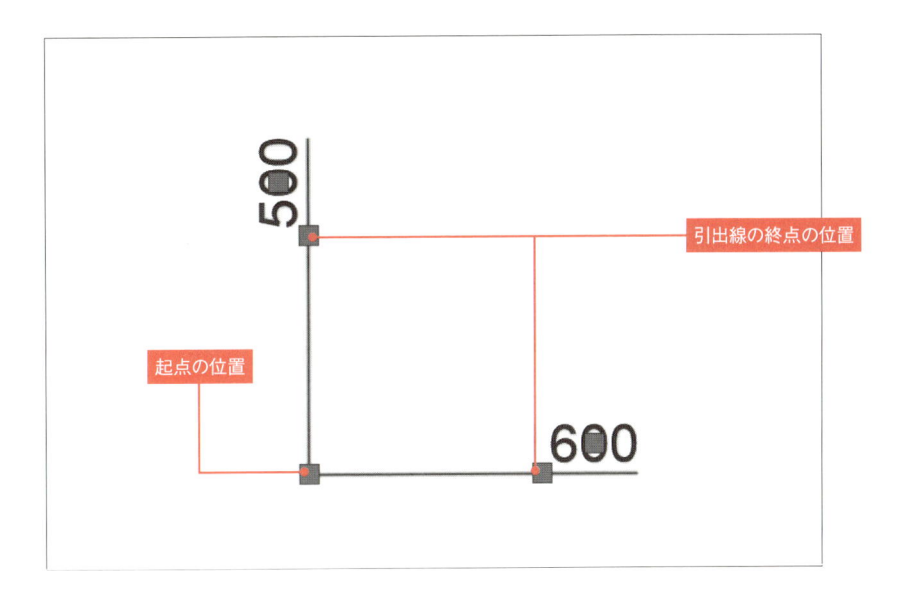

X、Y それぞれの引出線の終点の位置を dblPntX(2)、dblPntY(2) で宣言します。AutoCAD VBA では、座標は Double 型（倍精度浮動小数点型）の**配列**です。たとえば、ある座標を「Pnt(2)」という配列とします。この (2) は、0 番目から 2 番目までの 3 つの値を配列として格納できるという意味です。したがって、

Pnt(0) = X 座標の値、Pnt(1) = Y 座標の値、Pnt(2) = Z 座標の値

が代入され、座標位置が取得できます。

次の基準点を指示する行は、円の作図と同じため、説明を省略します。

■ X 寸法を記入する位置

CODE

```
' X 寸法を記入する位置
dblPntX(0) = varPnt(0) + 150#
dblPntX(1) = varPnt(1)
dblPntX(2) = varPnt(2)
```

X 方向に 150 離れた座標の計算です。面倒ですが、X、Y、Z それぞれの座標を配列の (0)、(1)、(2) で取得し、代入します。

クリックした点 varPnt を起点として、次の図のように引出線を記入する位置を計算しています。「varPnt(0) + 150#」は起点の X 値に 150 をたして、引出線の終点の X 値とするという意味です。

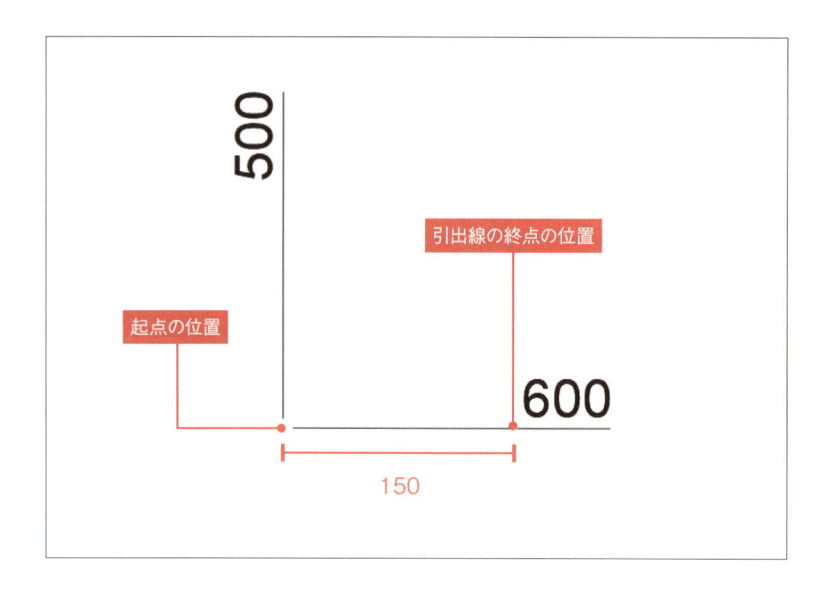

その次の3行は、Y方向に150離れた座標の計算です。考え方はX座標と同じなため、説明を省略します。

■座標寸法を作成して寸法尺度を調整

CODE

```
' 座標寸法を作成  Y座標
Set objDimO = ThisDrawing.ModelSpace.AddDimOrdinate(varPnt, dblPntX(), False)
objDimO.ScaleFactor = 10#


' 座標寸法を作成  X座標
Set objDimO = ThisDrawing.ModelSpace.AddDimOrdinate(varPnt, dblPntY(), True)
objDimO.ScaleFactor = 10#
```

AddDimOrdinate メソッドで座標寸法を追加します。引数は3つあります。最初の「varPnt」が寸法の起点の座標、次の「dblPntX()」が引出線の終点の座標です。3つ目はTrue ／ False を切り替える「スイッチ」と呼ばれる要素で、**True** だと **X値**、**False** だと **Y値**を表示します。

CODE

```
objDimO.ScaleFactor = 10#
```

　コマンドマクロで座標寸法を作成したときは、図面に設定された DIMSCALE（寸法の尺度）システム変数から寸法図形の尺度を自動で設定できました。しかし、VBA プログラムは自動で寸法尺度を決めてはくれません。

　VBA では作成した図形のプロパティ **ScaleFactor** を調整する必要があります。ここで使っている図面「Circles.dwg」では、ScaleFactor=10 ぐらいが適当です。

　オブジェクトのプロパティを設定するときは次の構文を使います。メソッドと同じようにオブジェクトの後に「.（ドット）」を続けてプロパティを書きます。

オブジェクト.プロパティ () = 値

　これで座標寸法を作成するプログラムになりました。P.192 の方法で、クリックした位置に座標寸法が入力されるか確認してみましょう。

先に作成した円を繰り返し作図するプログラム CreateCircle () と、座標寸法を作成するプログラム DimO() を組み合わせ、円と座標寸法を繰り返し作図するプログラム TEST2() にします。次のコードで完成です。

CODE

```
Public Sub TEST2()
    ' 変数を宣言
    Dim varPnt      As Variant
    Dim objCircle   As AcadCircle
    Dim objDimO     As AcadDimOrdinate
    Dim dblPntX(2)  As Double
    Dim dblPntY(2)  As Double          ←変数は最初にまとめます


    ' 繰り返し
    Do
        ' エラーが起きても中断しない
        On Error Resume Next
            ' 基準点を指示
            varPnt = ThisDrawing.Utility.GetPoint(, "円の中心点を指定 : ")
                        ↑座標寸法の点は円の中心になるので、このコードになります


            ' キャンセルされた
            If Err Then
                ' エラー処理を戻す
                On Error GoTo 0
                ' Subプロシージャを抜ける
                Exit Sub
            End If


            ' 円を作成
            Set objCircle = ThisDrawing.ModelSpace.AddCircle(varPnt, 100#)
```

```
            ' X 寸法を記入する位置        ←キャンセルされない処理に座標寸法作図を追加

            dblPntX(0) = varPnt(0) + 150#

            dblPntX(1) = varPnt(1)

            dblPntX(2) = varPnt(2)


            ' Y 寸法を記入する位置

            dblPntY(0) = varPnt(0)

            dblPntY(1) = varPnt(1) + 150#

            dblPntY(2) = varPnt(2)


            ' 座標寸法を作成 Y座標

            Set objDimO = ThisDrawing.ModelSpace.AddDimOrdinate(varPnt, dblPntX(),
False)

            objDimO.ScaleFactor = 10#


            ' 座標寸法を作成 X座標

            Set objDimO = ThisDrawing.ModelSpace.AddDimOrdinate(varPnt, dblPntY(),
True)

            objDimO.ScaleFactor = 10#

        On Error GoTo 0

    Loop

End Sub
```

Column 作図した円の画層を設定する

「Set objCircle =」でオブジェクト変数 objCircle に作図した円を代入しましたが、このコードに続けて円 objCircle のプロパティを設定できます。プロパティは AutoCAD のオブジェクト プロパティ管理パレットに表示されるものとほぼ同じです。作図した円の画層を設定する場合は、プロパティ「objCircle.Layer」を使って次のように記述します。

CODE

```
        Set objCircle = ThisDrawing.ModelSpace.AddCircle(varPnt, 100#)

        ' 円のプロパティ（画層）

        objCircle.Layer = "画層1"
```

画層名は文字列なので、「"（ダブルクオーテーション）」で囲んで表記します。図面にない画層を設定するとエラーが発生しますが、ここでは On Error Resume Next が効いているので中断されずに処理は継続されます。
AcadCircle オブジェクトのプロパティには Area（面積）、Center（中心座標）、Diameter（直径）、Layer（画層）、Linetype（線種）、Normal（法線方向）、Radius（半径）などがあります。Area（面積）などは読み取り専用なので設定はできません。

　　ここまでに作成した VBA プログラムを保存しましょう。AutoCAD の VBA プログラムは保存すると「.dvb」というファイルになります。

❶ Visual Basic Editorのツールバーの「上書き保存」ボタンをクリックします。

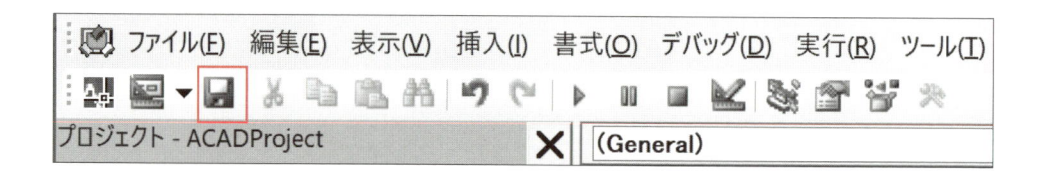

❷ 初めて保存するときは「名前を付けて保存」ダイアログボックスが開きます。ファイル名を入力して保存します。2回目からは、作成した.dvbファイルに上書き保存されます。

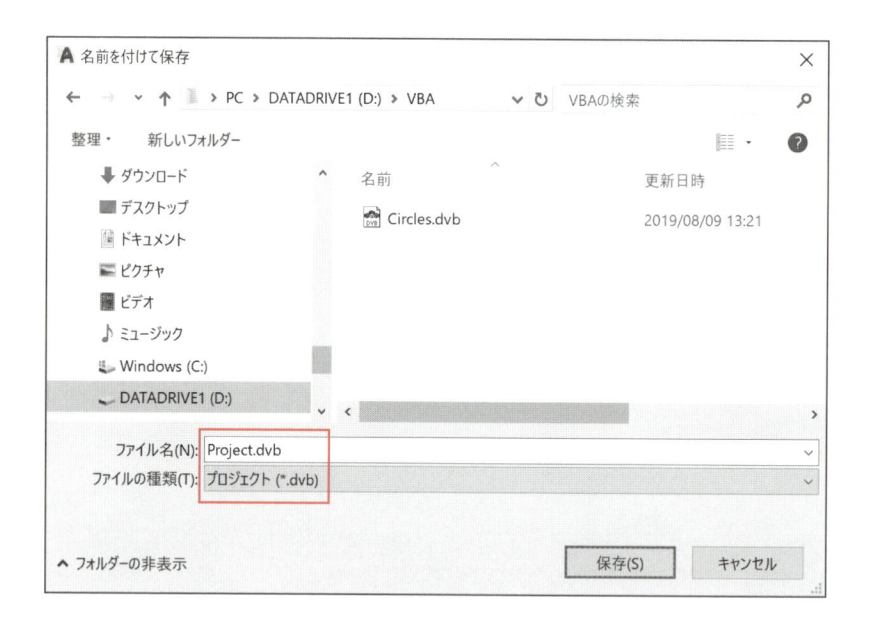

❸ プロジェクト エクスプローラに、プロジェクト名とともにファイル名が表示されました。

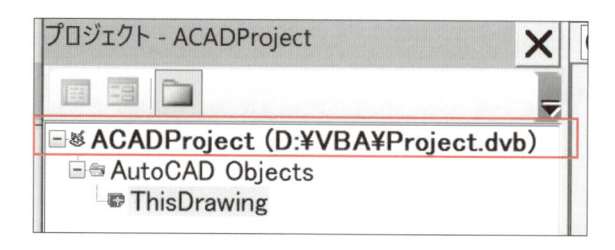

ユーザー フォームを つくる

P.180 で実行した VBA プログラムではダイアログボックスが表示されました。VBA ではこのダイアログボックスを**ユーザー フォーム**（以降、「フォーム」）といいます。フォームを使えば、一度に必要な情報を入力して処理することができます。AutoCAD VBA を使ってこのフォームをつくりましょう。

5.3.1 ユーザー フォームをデザインする

　白紙のフォームにボタンやラベルなどの**コントロール**（フォームの要素）を配置して、P.181 と同じようにデザインしましょう。ここでは「半径」は任意に入力できるようにします。「画層名」はプログラムをつくる段階では空欄ですが、実行時には図面の現在画層が表示されます。

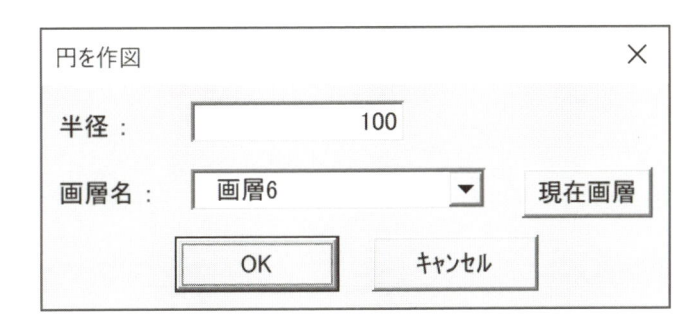

❶ Visual Basic Editorのプロジェクト エクスプローラで現在使用中のプロジェクトを右クリックし、「挿入」→「ユーザー フォーム」を選択します。「挿入」メニューから「ユーザー フォーム」を選んでも同じです。

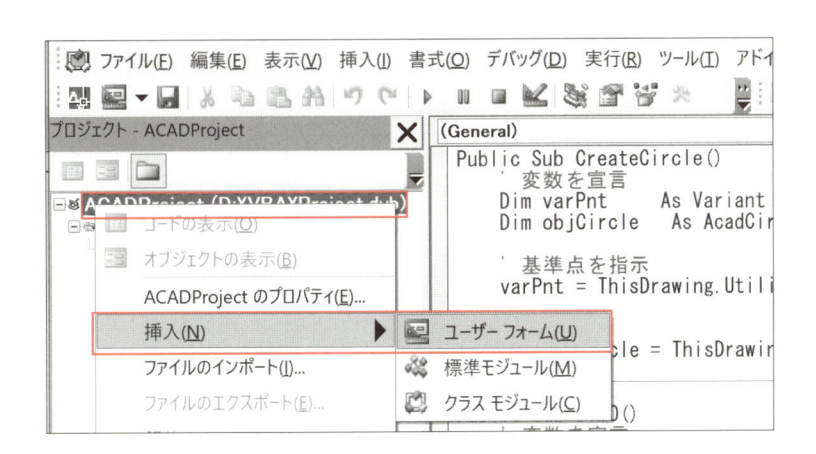

❷ 白紙のフォームと、アイコンの並んだツールボックスが表示されます。

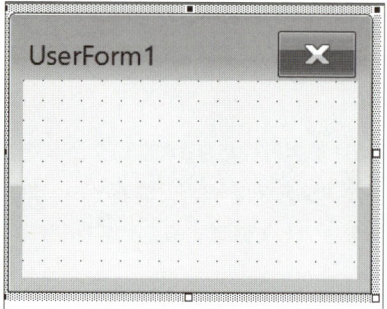

❸ ツールボックスからコントロールを選んで、この白紙のフォームに配置します。配置の方法はいくつか
ありますが、ツールボックスからのドラッグ＆ドロップが早くて簡単です。配置が終わったら、[オブジェ
クトの選択] ツールで位置や大きさを整えます。

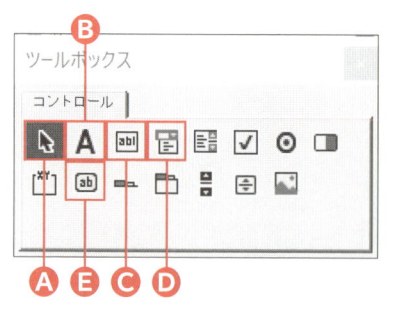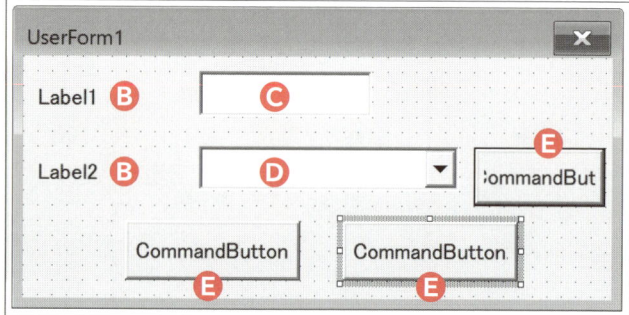

Ⓐ [オブジェクトの選択] ツール　Ⓑ [ラベル] ツール　Ⓒ [テキストボックス] ツール
Ⓓ [コンボボックス] ツール　Ⓔ [コマンドボタン] ツール

❹ まず、[OK] ボタンのプロパティを設定します。左下のコマンドボタンを選択し、プロパティウインド
ウに項目を表示します。図の項目を変更します。[OK] ボタンはこのフォームが表示されているときに
Enter キーを押せば、実行されるボタンです。この設定はDefaultプロパティを「True」にします。

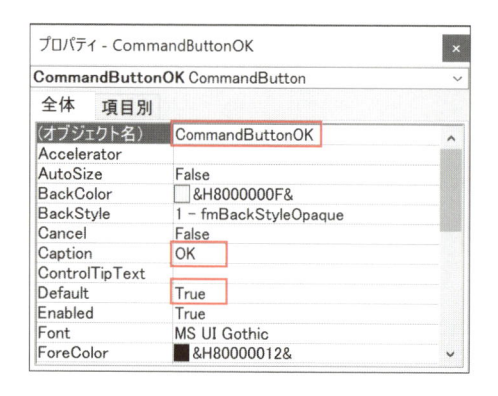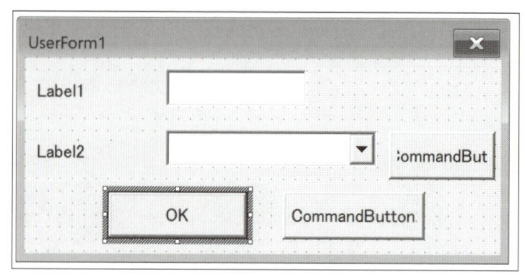

❺ 他のコントロールのプロパティ設定は以下のとおりです。このようなデザインになったら完成です。ここではボタンやボックスの名前（オブジェクト名）も「CommandButton1」のままではなく、「CommandButtonOK」などのわかりやすい名前にしています。

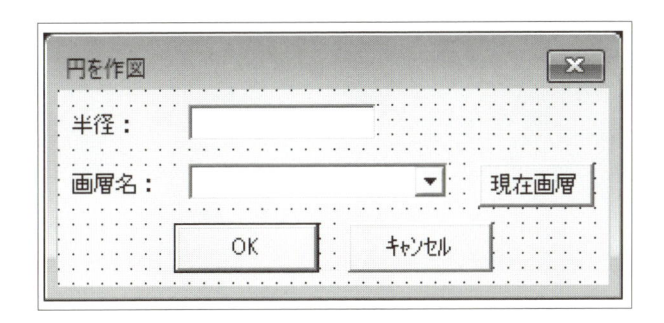

● CommandButtonCancel ＝キャンセル

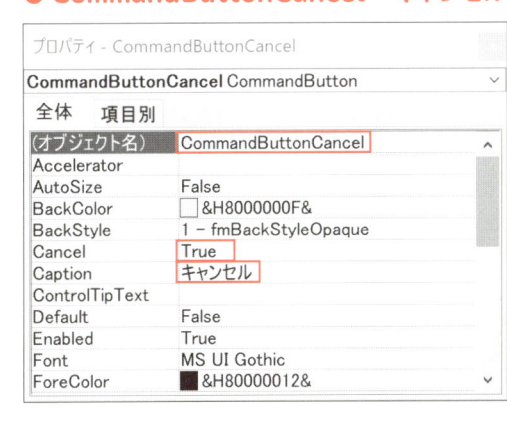

● CommandButtonLyr ＝現在画層

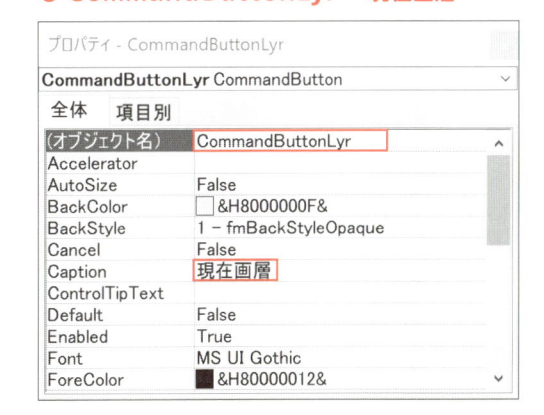

● Label1 ＝半径

● Label2 ＝画層名

● TextBoxRad（半径を入力するボックス）

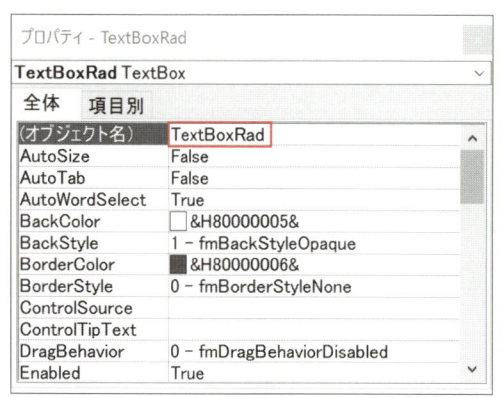

● ComboBoxLyr（画層名を表示するボックス）

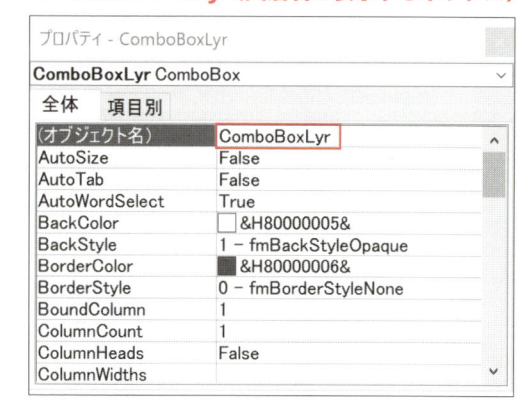

● UserForm1 ＝円を作図（フォーム名）

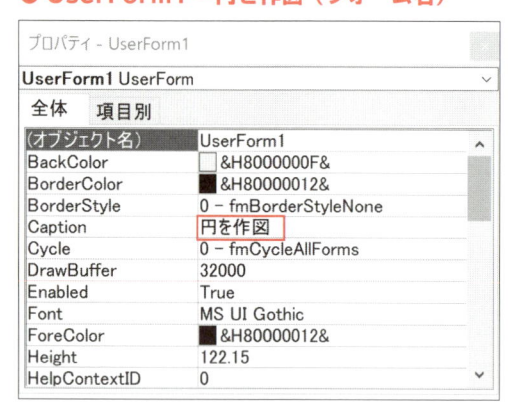

5.3.2 イベントにコードを追加する

　フォームのデザインができたら、コードを追加していきましょう。最初にこのフォームが表示されたとき、図面に設定された画層名をすべて取得して、「画層名：」の横にあるコンボボックスで選択できるようにします。

　フォームの振る舞いを制御するプログラムは、フォーム専用のコードウインドウに書きます。ボタンクリックなどの操作によって発生する処理は**イベントプロシージャ**と呼ばれます。フォームが最初に表示されたときに実行されるイベントは「Initialize イベント」といいます。

❶ フォーム内のコントロールがないところをダブルクリックします。

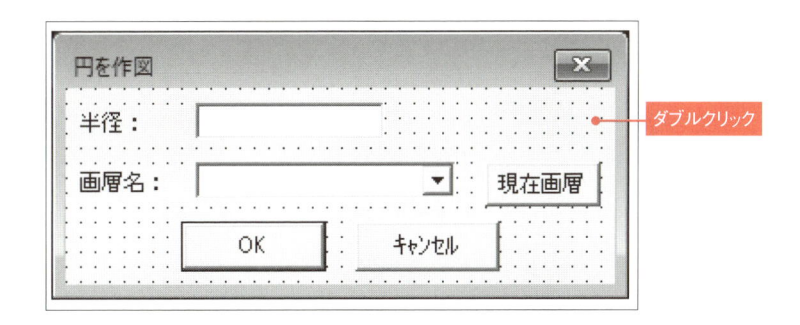

❷ コードを書くためのウインドウが現れますが、ウインドウの右上を見ると「Click」と表示されています。これはフォーム上でマウスクリックしたときのコードを書く場所です。「Click」から「Initialize」を選び直します。

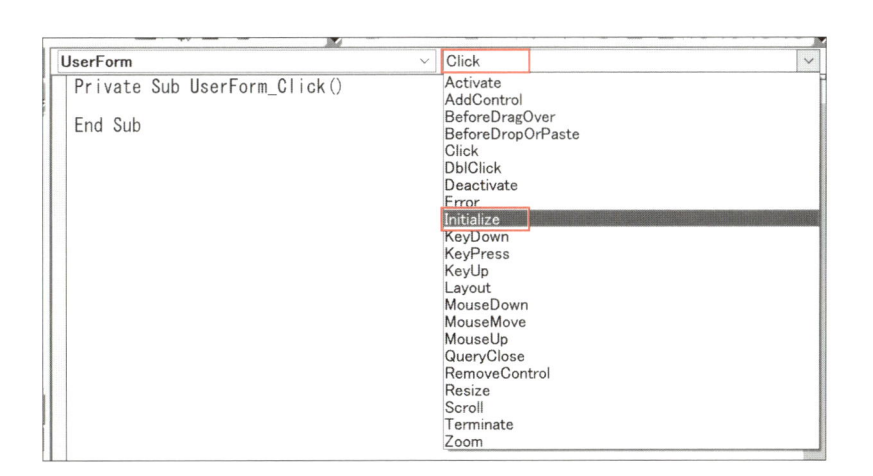

❸ コードウインドウに「Private Sub UserForm_Initialize()」が現れます。ここがフォームが表示されたときに実行されるコードを書く場所です。次のようにコードを書きます。

5
VBA で自動化

```
CODE
Private Sub UserForm_Initialize()
    Dim objLayer          As AcadLayer


    ' 全画層名をComboBox1に
    For Each objLayer In ThisDrawing.Layers
        ComboBoxLyr.AddItem objLayer.Name
    Next
End Sub
```

このコードを解説します。

```
CODE
    Dim objLayer          As AcadLayer
```

変数の宣言をします。「objLayer」は作成した画層です。データ型は「AcadLayer」(画層)とします。

```
CODE
    For Each objLayer In ThisDrawing.Layers
        ComboBox1.AddItem objLayer.Name
    Next
```

このコードのポイントは **For Each ～ Next** の使い方です。図面に設定された要素を取得するときに、この構文がよく使われます。

```
CODE
    For Each objLayer In ThisDrawing.Layers
```

最初の行は「**For Each 要素 in グループ**」、つまり、グループの中にあるいくつかの要素に対してこれから処理をします、という意味です。ここでは図面の画層「ThisDrawing.Layers」グループにある、画層「objLayer」それぞれに対して処理をします。

```
CODE
        ComboBoxLyr.AddItem objLayer.Name
    Next
```

処理とは、画層名「objLayer.Name」を ComboBoxLyr に表示することです。最後の **Next** までに書かれた処理を行い、すべての画層名を取得します。

これでフォームが表示されたときのイベントが作成できました。

5.3.3 ［OK］ボタンのイベントを追加する

　次は［OK］ボタンをクリックしたときに実行されるコードです。フォームのデザインに表示された［OK］ボタンをダブルクリックして、「Private Sub CommandButtonOK_Click()」を表示します。

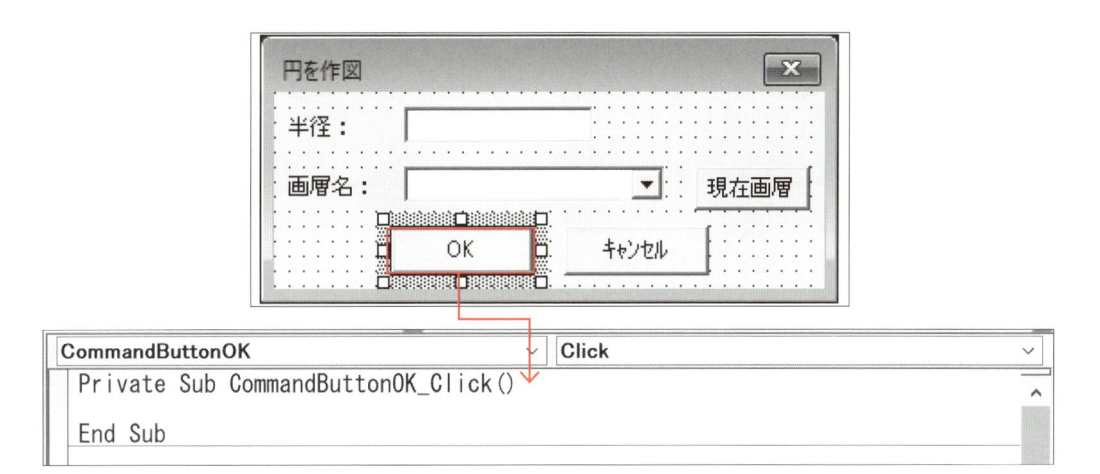

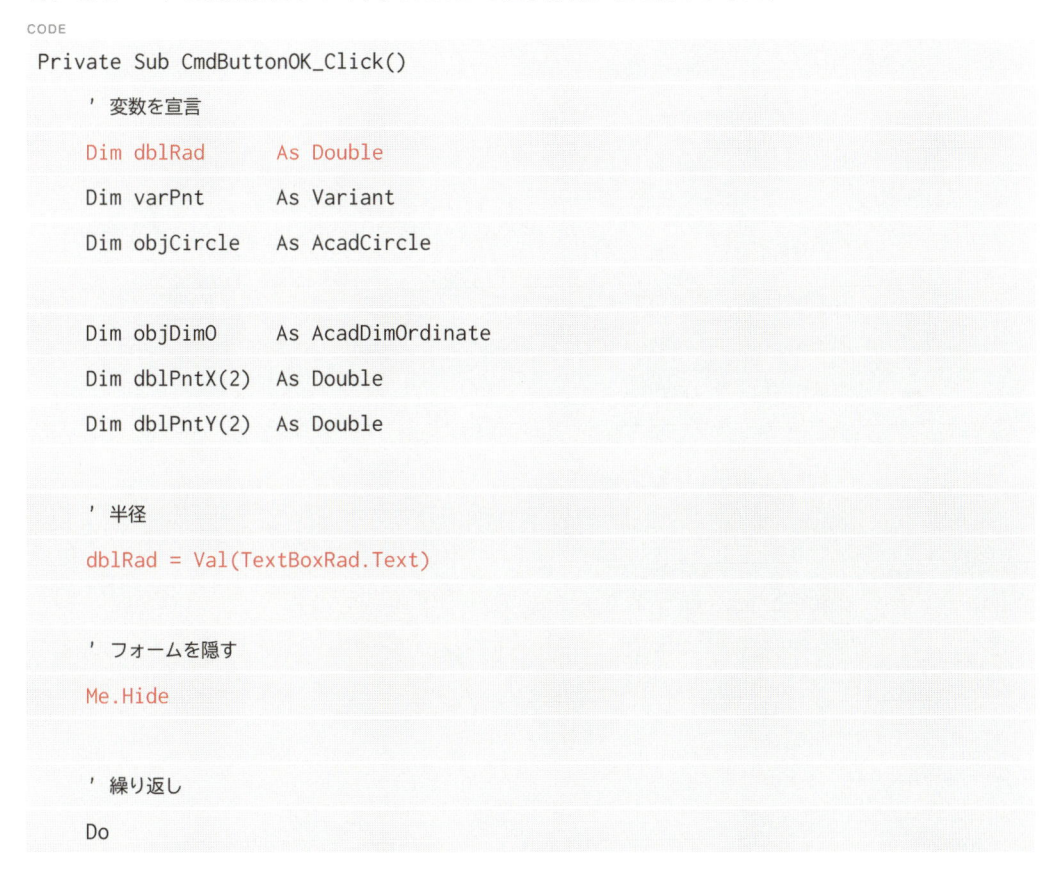

　［OK］ボタンをクリックすると円を作図する処理が始まるため、ここに書くコードは P.202 で組み合わせたコードを編集したものです。P.202 と違う部分に色を付けました。

CODE

```
Private Sub CmdButtonOK_Click()
    ' 変数を宣言
    Dim dblRad      As Double
    Dim varPnt      As Variant
    Dim objCircle   As AcadCircle

    Dim objDimO     As AcadDimOrdinate
    Dim dblPntX(2)  As Double
    Dim dblPntY(2)  As Double

    ' 半径
    dblRad = Val(TextBoxRad.Text)

    ' フォームを隠す
    Me.Hide

    ' 繰り返し
    Do
```

5

VBA で自動化

```
    On Error Resume Next
        ' 基準点を指示
        varPnt = ThisDrawing.Utility.GetPoint(, "円の中心点を指定 : ")


        ' キャンセルされた
        If Err Then
            ' エラー処理を戻す
            On Error GoTo 0
            ' フォームを表示
            Me.show
            ' Subプロシージャを抜ける
            Exit Sub
        End If


        ' 円を作成
        Set objCircle = ThisDrawing.ModelSpace.AddCircle(varPnt, 100#)
        objCircle.Layer = ComboBoxLyr.Text


        ' X 寸法を記入する位置
        dblPntX(0) = varPnt(0) + 150#
        dblPntX(1) = varPnt(1)
        dblPntX(2) = varPnt(2)


        ' Y 寸法を記入する位置
        dblPntY(0) = varPnt(0)
        dblPntY(1) = varPnt(1) + 150#
        dblPntY(2) = varPnt(2)


        ' 座標寸法を作成
        Set objDimO = ThisDrawing.ModelSpace.AddDimOrdinate(varPnt, dblPntX(),
False)
        objDimO.ScaleFactor = 10#
        Set objDimO = ThisDrawing.ModelSpace.AddDimOrdinate(varPnt, dblPntY(),
True)
        objDimO.ScaleFactor = 10#


        ' 図面を更新
        ThisDrawing.Application.Update
```

5

VBA で自動化

```
        On Error GoTo 0
    Loop


    ' フォームを表示
    Me.show


End Sub
```

色付け部分のコードを解説します。

CODE
```
    Dim dblRad      As Double
```

変数「dblRad」は、ユーザーが入力した半径値で倍精度の実数です。サンプルプログラムでは「100#」と倍精度実数の固定値を使いましたが、このプログラムではユーザーが自由に入力できるように変数として宣言しておきます。

CODE
```
    dblRad = Val(TextBoxRad.Text)
```

「半径」のテキストボックス TextBoxRad に入力されるのは文字列ですから、文字列から数値に変換しないとエラーになります。入力された文字列を、実数や整数などの数値に変換する **Val()** 関数を使います。

CODE
```
    Me.Hide
```

フォームが表示されていると作図ウインドウでマウス指示ができないので、**Hide** メソッドでいったんフォームを非表示にします。**Me** は自分自身、つまりこのフォーム UserForm1 を指します。「UserForm1.Hide」としても同じことです。

CODE
```
                Me.show
```

Enter や Esc キーが押されたときは、プログラムを終了させるのでなく、フォームを **Show** メソッドで表示させます。これで半径や画層を変更して円の作図を続けられます。下から 2 行目の「Me.show」も同じです。

CODE
```
            objCircle.Layer = ComboBoxLyr.Text
```

コンボボックス ComboBoxLyr で現在選ばれている文字列（画層名）を **Text** プロパティで取得します。この画層名を示す文字列は、円図形の **Layer** プロパティに代入されます。

CODE

```
                    ThisDrawing.Application.Update
```

グラフィックドライバーやメモリーなどにより、たまに AutoCAD の画面が乱れることがあります。念のため **Update** メソッドで画面を更新しておきます。このプログラムなら必要ないかもしれませんが、念のためのコードです。

5.3.4 ［キャンセル］ボタンのイベントを追加する

次は［キャンセル］ボタンをクリックしたときに実行されるコードです。［キャンセル］ボタンをダブルクリックして、「Private Sub CommandButtonCancel_Click()」を表示します。

次のようにコードを書きます。

CODE

```
Private Sub CommandButtonCancel_Click()

    Unload Me

End Sub
```

プログラムを終了させるのが［キャンセル］ボタンです。**Unload** はプログラムのロードを解除する VBA のステートメントです。ロード解除の対象は **Me**、実行中のプログラム自身です。つまり、プログラムを終了させます。

5.3.5　［現在画層］ボタンのイベントを追加する

　最後に［現在画層］ボタンのイベントを追加します。このボタンの役割は「画層名」欄のコンボボックスに現在画層名を表示することです。［現在画層］ボタンをダブルクリックして、「Private Sub CommandButtonLyr_Click()」を表示します。

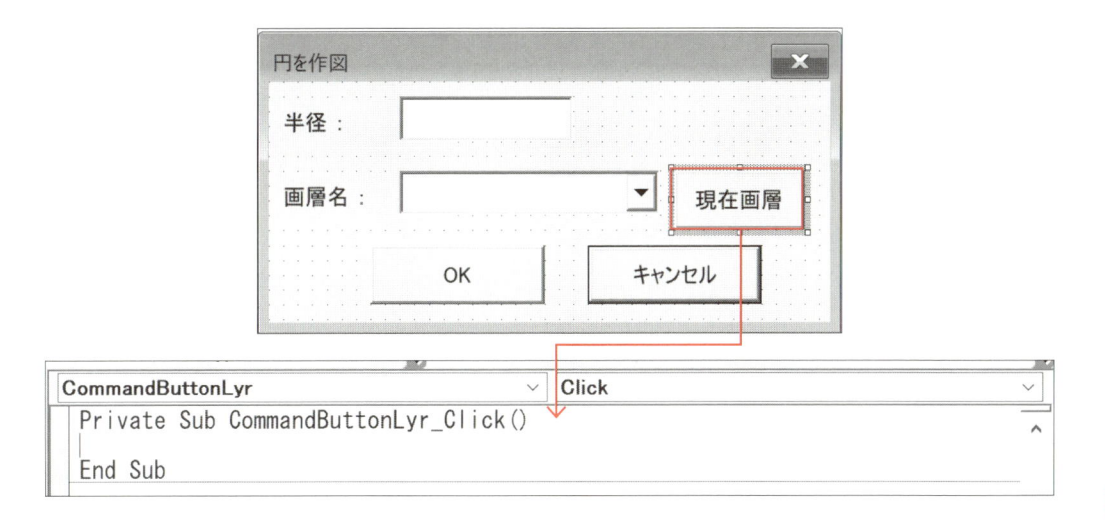

　次のようにコードを書きます。

CODE

```
Private Sub CommandButtonLyr_Click()

    ComboBoxLyr.Text = ThisDrawing.ActiveLayer.Name

End Sub
```

　コンボボックスのテキスト「ComboBoxLyr.Text」に、現在画層名「ThisDrawing.ActiveLayer.Name」を代入します。これだけです。

　これでフォームのデザインとコードができあがりました。フォームのコードをすべて実行することができます。P.192 の方法で動作を確認してみましょう。終了は［キャンセル］ボタンです。

5.3.6　フォームを表示する処理

　最後にこのフォームを表示する（呼び出す）処理を作成すれば完成です。この処理は標準モジュール（P.184）に作成します。これが最初に実行した VBA プログラム「Circles」です。「Circles」と名前を付ければ、「マクロ」ダイアログボックス（P.180）からも実行できます。

5

VBA で自動化

❶ プロジェクト エクスプローラで「AutoCAD Objects」の「ThisDrawing」をダブルクリックして、コード ウインドウを切り替えます。

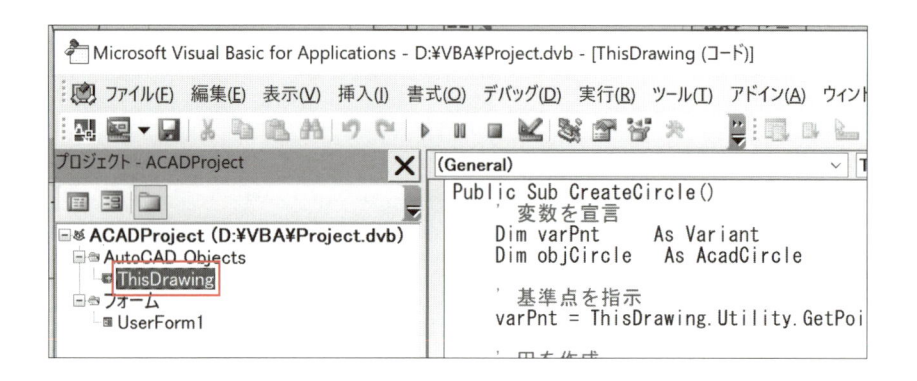

❷ 次のコードを書きます。フォームをshowするだけのプロシージャです。プロシージャ名に「Circles」と付けることによって、図のようにマクロとして実行できるようになります。これでフォームから円と座標寸法を作図する「Circles」プログラムが完成しました。

CODE

```
Public Sub Circles()

    UserForm1.show

End Sub
```

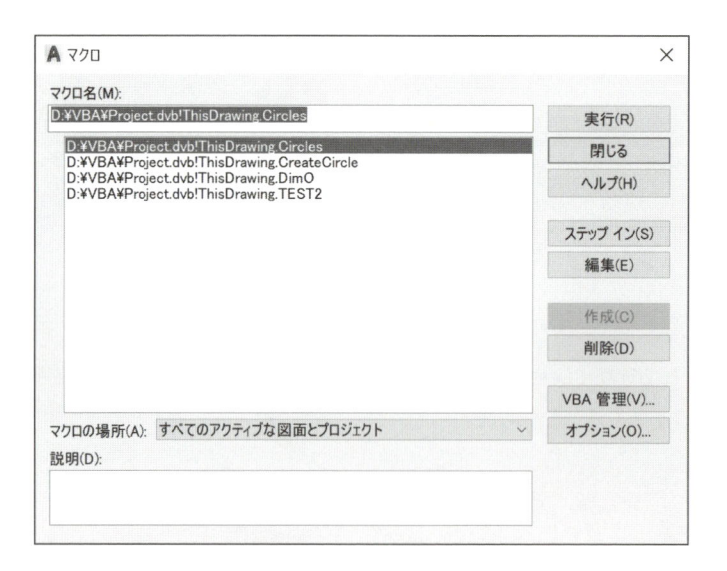

HINT

VBA プログラムを CUI ファイルに登録してリボンから実行するには、**-VBARUN**（VBA プログラムの実行）コマンドを使います。

例：
-VBARUN "D:/VBA/Project.dvb!ThisDrawing.Circles"

5.4 Excel との連携

円と座標寸法を作図する VBA プログラム「Circles」が作成できました。ここに円の座標値を並べ替えて番号を記入するプログラムを追加するには、Excel を使った少し複雑なテクニックが必要です。

5.4.1 並べ替えまでの流れ

P.148 で解説した AutoLISP の並べ替えでは、vl-sort 関数を使いました。しかし、vl-sort に相当する VBA の関数はありません。

AutoCAD 2013 以前の VB 6.X のときは、マイクロソフト社製の MSCOMCTL.OCX に含まれていた「ListView」というコントロールを使うことができました。この ListView に座標を表示させて

CODE
```
ListView.Sorted = True
```

とするだけで並び替えた座標リストを得ることができましたが、現在の VBA7.1 ではこのコントロールは使えません。そこで、次のような流れで処理します。

Excel に複数の円の中心座標を書き出し（Export2Excel プログラム）

↓

Excel で座標順に並べ替え（Excel での操作）

↓

その結果を AutoCAD に読み込んで番号表示する（ImportExcel プログラム）

5.4.2 Excel を使う準備

AutoCAD から外部アプリケーションである Excel を使うには、「参照設定」という準備が必要です。Visual Basic Editor の「ツール」メニューから「参照設定」を選択します。表示された「参照設定」ダイアログボックスで、「Microsoft Excel」で始まるライブラリ ファイルにチェックを入れて、[OK] ボタンをクリックします。

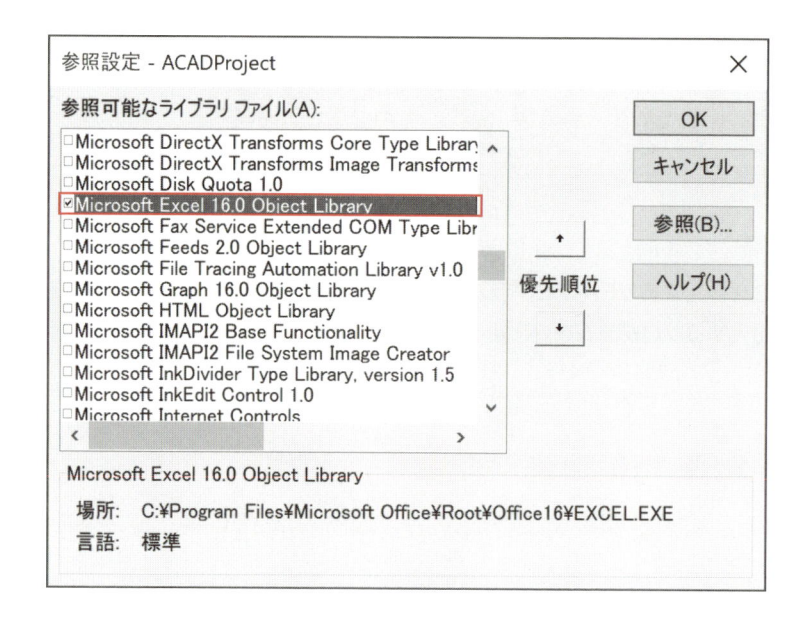

　使っている Office アプリケーションのバージョンによって、後の数字（図では 16.0）は異なります。残念なことに Excel のバージョンや種類が変わると、作成したプログラムは動きません。この参照設定をやり直す必要があります。

　次に、座標を書き出す白紙の Excel ファイル「Circles.xlsx」を作成しておきます。これで Excel の準備は完了です。Excel は終了しておいてください。

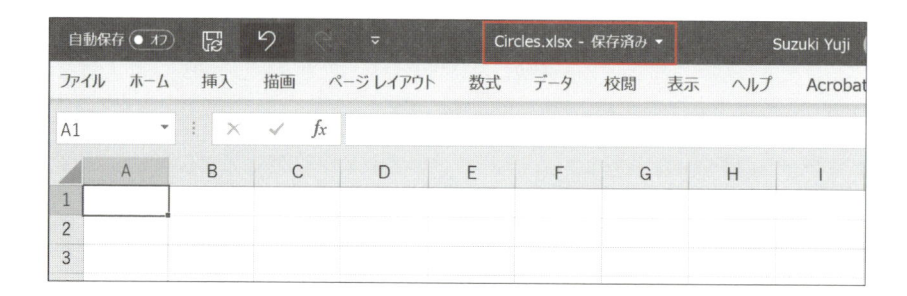

　Excel に図面上の円の中心座標を書き出すプログラムのコードは次のとおりです。なお、ここからプログラムの全文解説は省略し、ポイントのみを説明します。

CODE

```
Public Sub Export2Excel()

    ' Excel 変数宣言

    Dim ExcelApp As Excel.Application
```

```vba
    Dim ExcelBooks As Excel.Workbooks
    Dim ExcelBook As Excel.Workbook
    Dim ExcelSheet As Excel.Worksheet

    ' Excel を起動
    Set ExcelApp = CreateObject("Excel.Application")
    ExcelApp.Visible = True

    ' Excel ファイルを開く
    Set ExcelBooks = ExcelApp.Workbooks
    Set ExcelBook = ExcelBooks.Open("D:¥VBA¥Circles.xlsx")

    ' Excel シートを得る
    Set ExcelSheet = ExcelBook.Worksheets.Item("Sheet1")

    ' 図面上の円を得る
    Dim ent As AcadEntity
    Dim objCircle As AcadCircle
    Dim varPnt        As Variant
    Dim Row As Long
    Row = 1

    ' すべての図形を調べて円があれば
    For Each ent In ThisDrawing.ModelSpace
        If ent.ObjectName = "AcDbCircle" Then
            ' 中心点座標
            Set objCircle = ent
            varPnt = objCircle.Center
            ' Excel に書き込み
            ExcelSheet.Cells(Row, 1).Value = varPnt(0)
            ExcelSheet.Cells(Row, 2).Value = varPnt(1)
            ExcelSheet.Cells(Row, 3).Value = varPnt(2)
            Row = Row + 1
        End If
    Next
End Sub
```

■ Excel 変数を宣言〜 Excel シートを得る

```
Dim ExcelApp As Excel.Application
Dim ExcelBooks As Excel.Workbooks
Dim ExcelBook As Excel.Workbook
Dim ExcelSheet As Excel.Worksheet
```

　Excel の参照設定をしたので、Excel オブジェクトが使えます。Excel.Application（Excel アプリケーションそのもの）、Excel.Workbooks（Excel が開く複数のファイル）、Excel.Workbook（Excel のファイル）、Excel.Worksheet（Excel シート）を変数で宣言します。

```
Set ExcelApp = CreateObject("Excel.Application")
```

　CreateObject は、新たにアプリケーションを起動する関数です。すでに起動しているアプリケーションを得る場合は GetObject を使います。「Set」で変数 ExcelApp に起動した Excel アプリケーションを代入します。以降も「Set」を使ってそれぞれを代入します。

■すべての図形を調べて円があれば

```
For Each ent In ThisDrawing.ModelSpace
    If ent.ObjectName = "AcDbCircle" Then
```

　いきなり「ThisDrawing.ModelSpace.Circles」などとはできません。ThisDrawing.ModelSpace にある AcadEntity を 1 つずつ調べて、円のみを取得します。円かどうかは、そのObjectName が "AcDbCircle" であるかどうかで調べます。**For Each** でそれぞれに処理を行います（P.210）。

■中心点座標〜 Excel に書き込み

```
        varPnt = objCircle.Center
```

　Excel シートに書き込むデータは円の中心座標です。中心座標「objCircle.Center」を得ます。

```
        ExcelSheet.Cells(Row, 1).Value = varPnt(0)
        ExcelSheet.Cells(Row, 2).Value = varPnt(1)
        ExcelSheet.Cells(Row, 3).Value = varPnt(2)
```

セルに X、Y、Z の順に書き込みます。**Row** は Excel の行を示す変数です。

書き込みが終われば、

```
Row = Row + 1
```

で次の行に移動します。

プログラムを実行すると、座標値が書き出された「Circles.xlsx」が表示されます。

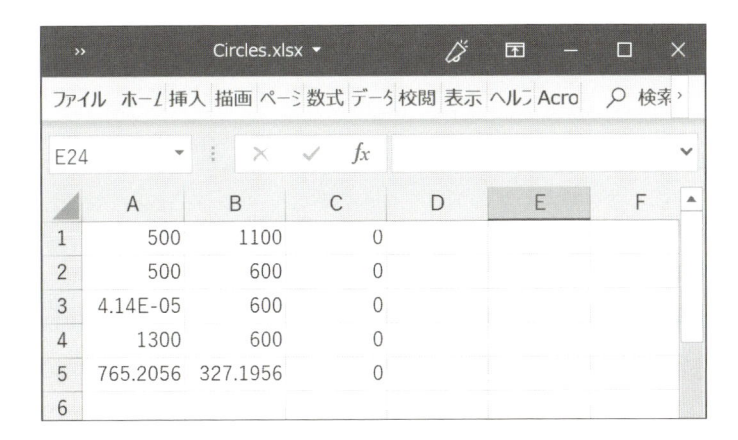

5.4.4 Excel で座標順に並べ替え

開いた Excel の標準機能「並べ替え」を使って、座標順を並べ替えます。ここでは X 座標が小さい順を優先して並べ替えます。

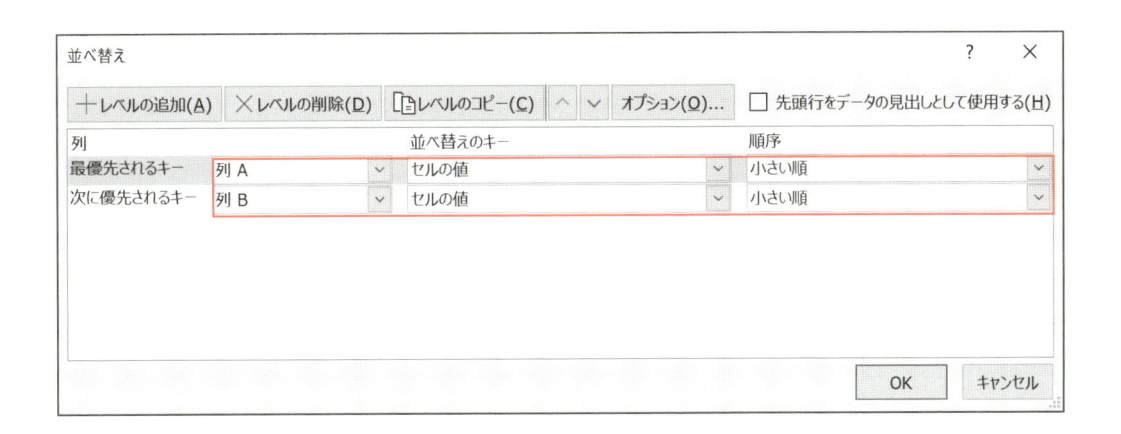

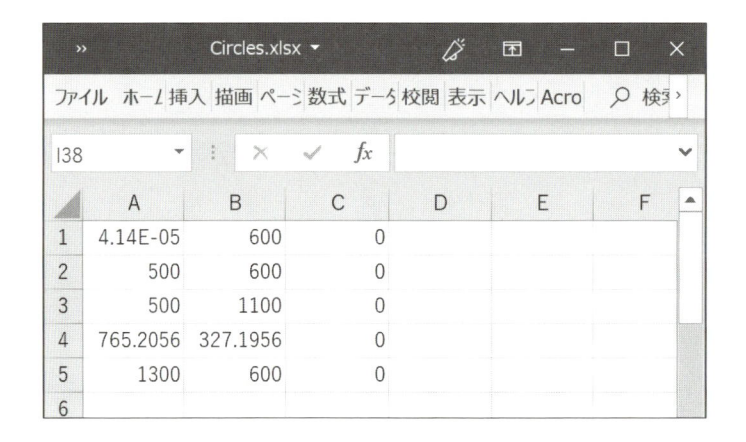

並べ替えが終了したら、Circles.xlsx を上書き保存して Excel は終了しておきます。

プログラムで座標の並べ替えなどの加工をするのでなく、Excel にまかせてしまおうというアイデアです。ここでは座標順に並べ替えましたが、原点に近い方からなど自由に並べ替えることができます。Excel と結びつけて図面を加工するというこの方法は、実務でもよく使われます。

5.4.5 AutoCAD に読み込んで番号表示する（ImportExcel プログラム）

並べ替えた Excel の座標値を読み込んで、小さい順に数字を記入するコードは次のとおりです。先の Excel に書き出すプログラムと Excel オブジェクトを得る部分は同じです。

CODE
```
Public Sub ImportExcel()

    ' Excel 変数宣言

    Dim ExcelApp As Excel.Application

    Dim ExcelBooks As Excel.Workbooks

    Dim ExcelBook As Excel.Workbook

    Dim ExcelSheet As Excel.Worksheet


    ' Excel を起動

    Set ExcelApp = CreateObject("Excel.Application")

    ExcelApp.Visible = True


    ' Excel ファイルを開く

    Set ExcelBooks = ExcelApp.Workbooks

    Set ExcelBook = ExcelBooks.Open("D:\VBA\Circles.xlsx")
```

```
    ' Excel シートを得る
    Set ExcelSheet = ExcelBook.Worksheets.Item("Sheet1")


    ' Excel データを読む
    Dim Row         As Long
    Dim CellValue As Variant
    Dim dblPnt(0 To 2) As Double
    Dim objText As AcadText


    Row = 1


    ' 1行ずつ読んで配列へ
    Do
        CellValue = ExcelSheet.Cells(Row, 1).Value
        If CellValue = "" Then
            Exit Do
        Else
            ' 座標
            dblPnt(0) = ExcelSheet.Cells(Row, 1).Value
            dblPnt(1) = ExcelSheet.Cells(Row, 2).Value
            dblPnt(2) = ExcelSheet.Cells(Row, 3).Value
            ' 文字記入
            Set objText = ThisDrawing.ModelSpace.AddText(Str(Row), dblPnt, 50#)
        End If
        Row = Row + 1
    Loop
End Sub
```

■ 1 行ずつ読んで配列へ

CODE

```
        CellValue = ExcelSheet.Cells(Row, 1).Value
        If CellValue = "" Then
            Exit Do
```

Excel シートを 1 行ずつ読みます。読むのをやめるのは、空白のセルが A 列に現れたときです。A 列のセルに書かれている内容は「ExcelSheet.Cells(Row, 1).Value」で得ます。Variant 型の変数 CellValue に代入します。

■文字記入

```
Set objText = ThisDrawing.ModelSpace.AddText(Str(Row), dblPnt, 50#)
```

A 列のセルが空白でなければ、その前の 3 行で円の中心の X、Y、Z 座標値が配列 **dblPnt** に代入されます。**AddText** が図面に文字を記入するメソッドです。「AddText(記入する文字列 , 文字を記入する位置 , 文字の高さ)」という構文で使います。記入する文字列は行番号で、行番号の数値を文字列にする **Str** 関数を使って Str(Row) とします。文字を記入する位置は円の中心ですから dblPnt、文字の高さはここでは 50 に固定しました。座標順の文字を記入して、プログラムは終わります(Excel ファイルは開いたままです)。これで X 座標の小さい順に 1 から 5 までの数字が書き込まれました。

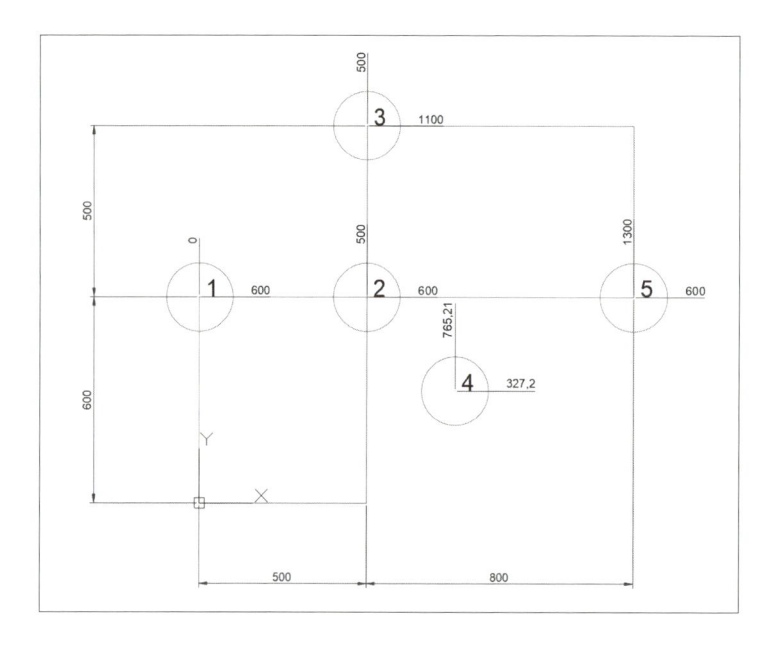

.Net プログラムなら

AutoCAD には AutoLISP、VBA とならんで **.Net**(ドットネット)というプログラミングインターフェイスも用意されています。マイクロソフトの Visual Studio という道具が必要なのと、使うための準備が大変なので本書の対象から外しました。この .Net なら次の 1 行で座標の配列を並べ替えることができます。

```
Dim pt = From p In points Order By p.X Select p
```

アプリケーションをカスタマイズする手段のことを API(Application Programming Interface)といいますが、AutoCAD API は AutoLISP、VBA、.Net、ARX さらに JavaScript が使えます。それぞれに特徴があるので、機会があれば一度挑戦されてはいかがでしょうか。

Column　DVB ファイルをプロテクト

プログラムの中身を見られたくない、あるいは変更されたくないというときは、そのプログラムを「プロテクト」します。AutoCAD VBA でプログラムが書かれている DVB ファイルを読めないようにするには、「ロック」の設定をします。

Visual Basic Editor で目的のファイルを開いている状態で、「ツール」メニューから「*** のプロパティ」を選択します。*** には現在開いているプロジェクト名が表示されます。「プロジェクト プロパティ」ダイアログボックスが表示されるので、「保護」タブで「プロジェクトを表示用にロックする」にチェックを入れ、パスワードを入力して［OK］ボタンをクリックするだけです。

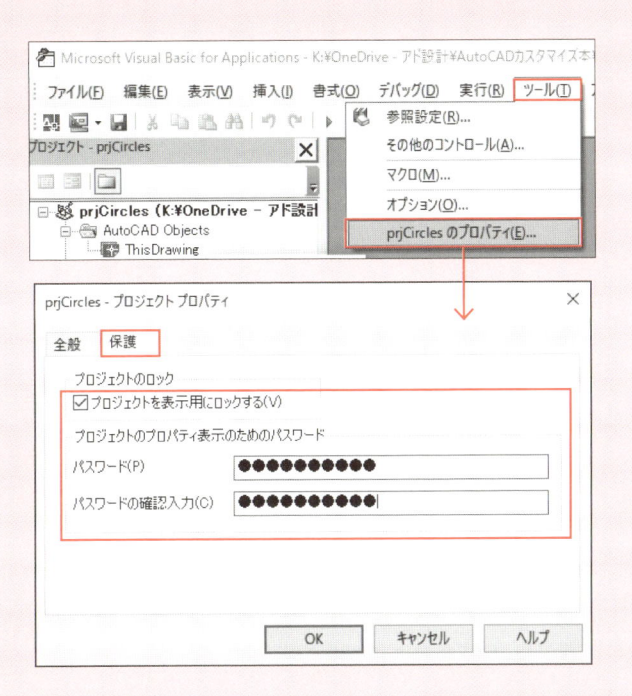

これでファイルを保存して閉じます。次にこのファイルをロードして実行することは問題なくできます。ただし Visual Basic Editor でこのファイルの内容を見ようとすると、パスワードを求められます。パスワードを忘れてしまうと、作者といえどもファイルの編集もできなくなってしまうのでご注意ください。

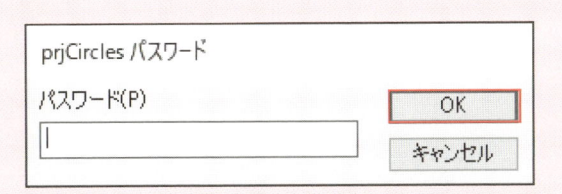

AutoCAD 自動化攻略読本

FAX質問シート

[送付先]

FAX **03-3403-0582**

メールアドレス **info@xknowledge.co.jp**

以下を必ずお読みになり、ご了承いただいた場合のみご質問をお送りください。

- 「本書の手順通り操作したが記載されているような結果にならない」といった本書記事に直接関係ある質問にのみ回答いたします。「このようなことがしたい」などの特定のユーザー向けの操作方法については受付しておりません。
- インストール、ご使用の機器やOSについての操作方法やトラブルなどの質問には回答できません。
- 本書執筆バージョン以外の操作方法については回答できません。
- ご質問の内容によっては日数を要する場合がございます。またお電話での質問はお受けできません。

ふりがな

氏名 　　　　　　　　　　　　　　　　　年齢　　　　歳　　　　性別　男　・　女

回答送付先（FAX番号またはメールアドレスのいずれかをご記入ください）

FAX番号 　　　　　　　　　　　　**メールアドレス**

※送付先ははっきりとわかりやすくご記入ください。判読できない場合は回答いたしかねます。※電話による回答はいたしておりません

ご質問の内容（本書記事のページおよび具体的なご質問の内容）
※例）01の手順4までは操作できるが、手順5の結果が別紙画面のようになって本書通りにならない。

【本書　　　　　ページ　〜　　　　　ページ】

ご使用のパソコンの環境
パソコンOSの種類とAutoCADバージョン、メモリ量、ハードディスク容量など。

Appendix

1. デジタル署名について

　本書では、下の図のような「セキュリティ－未署名の実行ファイル」警告のダイアログボックスが表示されたら［常にロードする］をクリックしてくださいと解説してきました。出所不明なファイルの場合は、いくら便利なツールらしいと思ってもロードしてはいけません。ウイルスが含まれているかもしれないからです。

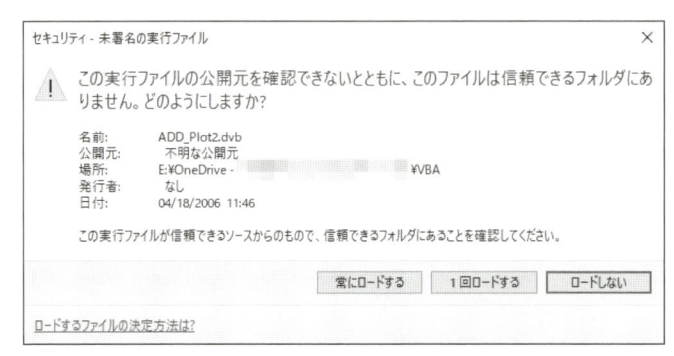

「セキュリティ－未署名の実行ファイル」警告のダイアログボックス

　自作のプログラムにデジタル署名をすれば、その出所を明らかにしておくことができます。有効な署名をするには公的に認められた認証局が発行するデジタル証明書を持っている必要があります。ただし、デジタル署名したプログラムでもいったん改変が行われると、署名は無効になります。

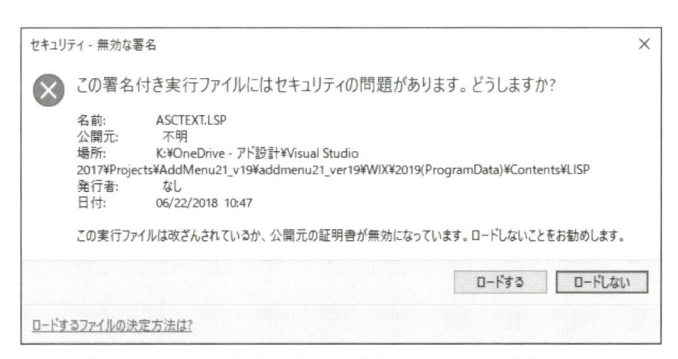

「セキュリティ－無効な署名」警告のダイアログボックス

　プログラムへのデジタル署名は AutoLISP ファイルと .Net アセンブリの DLL ファイルなどにできますが、AutoLISP ファイルとそれ以外では署名ツールが異なります。ここでは本書で取り上げた AutoLISP 用のツールについて簡単に紹介します。残念ながら VBA のプログラムファイル（.dvb）にはデジタル署名をすることができません。

　AutoLISP ファイル（.lsp、.fas、.vlx、.mnl）にデジタル署名をするときは、AutoCAD のインストール フォルダー内にある AcSignApply.exe を使います。AutoCAD 2020 では下記にあります。

```
C:¥Program Files¥Autodesk¥AutoCAD 2020¥AcSignApply.exe
```

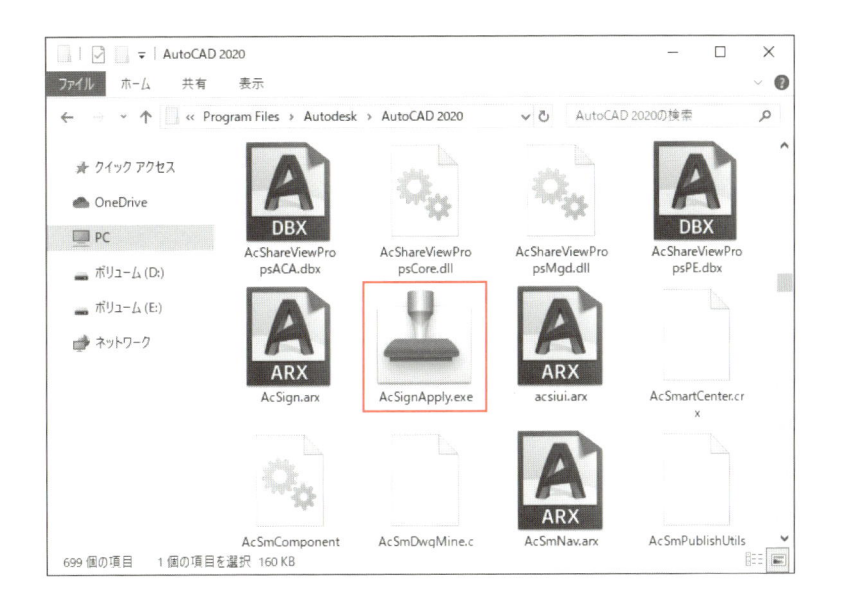

　起動すると「デジタル署名をアタッチ」ダイアログボックスが表示されます。[ファイルを追加] ボタンで署名するファイルを選択して、取得したデジタル ID (証明書) を選択、[ファイルに署名] ボタンで署名することができます。

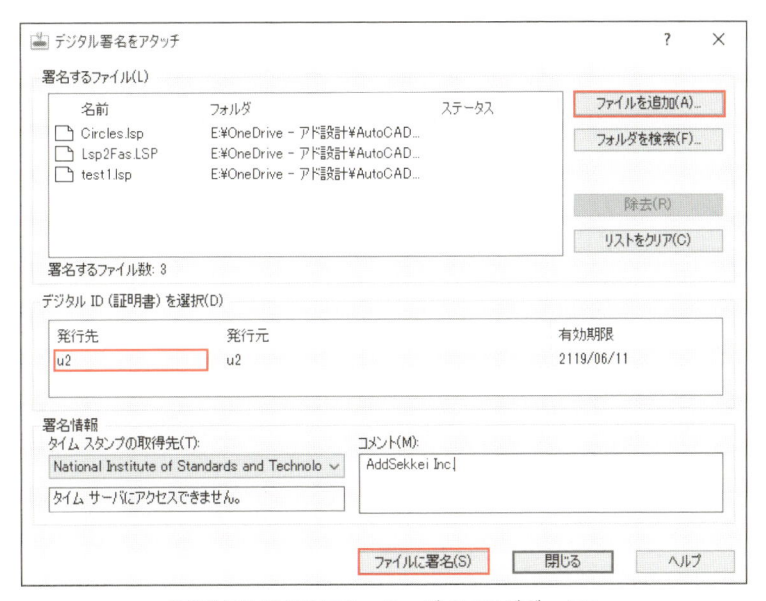

「デジタル署名をアタッチ」ダイアログボックス

2. コマンド一覧

コマンド名	日本語名 / ツールチップ
?（HELP）	ヘルプ
3DALIGN	3D 位置合わせ
3DARRAY	3D 配列複写
3DCLIP	3D クリップ
'3DCLIP	3D クリップ
3DCONFIG	3D 表示環境設定
-3DCONFIG	3D 表示環境設定（コマンドライン）
3DCORBIT	3D 継続オービット
'3DCORBIT	3D 継続オービット
3DDISTANCE	3D 距離
'3DDISTANCE	3D 距離
3DDWF	3DDWF
3DDWFPUBLISH	3D DWF パブリッシュ
3DEDITBAR	制御点編集バー
3DFACE	3D 面
3DFLY	3D フライスルー
'3DFLY	3D フライスルー
3DFORBIT	3D 自由オービット
'3DFORBIT	3D 自由オービット
3DMESH	3D メッシュ
3DMOVE	3D 移動
3DORBIT	3D オービット
'3DORBIT	3D オービット
3DORBITCTR	3D オービット中心設定
'3DORBITCTR	3D オービット中心設定
3DOSNAP	3D オブジェクト スナップ設定
3DPAN	3D 画面移動
'3DPAN	3D 画面移動
3DPOLY	3D ポリライン
3DPRINT	3D プリント
3DPRINTSERVICE	3D プリント サービス
3DROTATE	3D 回転
3DSCALE	3D 尺度変更
3DSIN	3DS 読み込み
3DSWIVEL	3D 旋回
'3DSWIVEL	3D 旋回
3DWALK	3D ウォークスルー
'3DWALK	3D ウォークスルー
3DZOOM	3D ズーム
'3DZOOM	3D ズーム
A	
ABOUT	バージョン情報
'ABOUT	バージョン情報
ACADBLOCKDIALOG（BLOCK）	ブロック登録
ACADINFO（Express Tool）	AutoCAD インストール情報
ACADSTATUS	AutoCAD の状態を ACAD.SLG に書き出し
ACADWBLOCKDIALOG（WBLOCK）	ブロック書き出し
ACISIN	ACIS 読み込み
ACISOUT	ACIS 書き出し
ACTBASEPOINT	アクション マクロ基点挿入
ACTMANAGER	アクション マクロ管理
ACTRECORD	アクション マクロ記録
ACTSTOP	アクション マクロ記録停止
ACTUSERINPUT	アクション マクロ ユーザ入力
ACTUSERMESSAGE	アクション マクロ メッセージ挿入

ADCCLOSE	デザインセンターを閉じる
'ADCCLOSE	デザインセンターを閉じる
ADCCUSTOMNAVIGATE	デザインセンター（ツールパレット等で使用）
ADCENTER	デザインセンター
'ADCENTER	デザインセンター
ADCNAVIGATE	デザインセンター パス設定
ADDSELECTED	選択オブジェクト追加
ADJUST	調整
AECTOACAD	AEC オブジェクトを AutoCAD に書き出し
AI_BROWSE	ホームページを表示
AI_CIRCTAN	3 接点で円を作図
AI_CUSTOM_SAFE	ADN ページを表示
AI_DESELECT	選択セットを空に
AI_DIM_TEXTABOVE	寸法値を上に移動
AI_DIM_TEXTCENTER	寸法値を中央に移動
AI_DIM_TEXTHOME	寸法値を元の位置に移動
AI_DOWNLOAD_LANGUAGE_PACKS	言語パックのダウンロードページを表示
AI_DOWNLOAD_OFFLINEHELP	ヘルプのダウンロードページを表示
AI_DRAWORDER	表示順序を変更
AI_EDITCUSTFILE	カスタムファイルの編集
AI_EMPTYPRINC	空文字の表示
AI_FMS	最初のモデルビューに移動
AI_MOLC	選択したオブジェクトの画層を現在画層に
AI_OPEN_FACEBOOK_WITH_PRODUCT	フェイスブックを開く
AI_OPEN_HWCERTIFICATION	認証ハードウェアページを開く
AI_OPEN_SUBSCRIPTION	サブスクリプションページを開く
AI_OPEN_TWITTER_WITH_PRODUCT	Twitter を開く
AI_OPEN_YOUTUBE_WITH_PRODUCT	Youtube を開く
AI_PRODUCT_SUPPORT	サポートホームページの表示
AI_PRODUCT_SUPPORT_SAFE	サポートホームページの表示
AI_PSPACE	ペーパー空間に切り替え
AI_SELALL	すべて選択
AI_SEND_FEEDBACK	Feedback を開く
AI_TILEMODE1	TILEMODE1 に設定
AI_TRAINING_SAFE	トレーニングを開く
AIDIMFLIPARROW	矢印を反転
AIDIMPREC	寸法精度
AIDIMSTYLE	寸法スタイル
AIDIMTEXTMOVE	寸法値移動
AIMLEADEREDITADD	マルチ引出線に追加
AIMLEADEREDITREMOVE	マルチ引出線から削除
AIOBJECTSCALEADD	尺度を追加
AIOBJECTSCALEREMOVE	尺度を削除
ALIGN	位置合わせ
ALIASEDIT（Express Tool）	コマンドエイリアスを編集
ALIGNSPACE（Express Tool）	スペース間の位置合わせ
AMECONVERT	AME 変換
ANALYSISCURVATURE	曲率解析
ANALYSISDRAFT	勾配解析
ANALYSISOPTIONS	解析オプション
ANALYSISZEBRA	ゼブラ解析
ANIPATH	アニパス
ANNORESET	尺度表現位置リセット
ANNOUPDATE	異尺度対応オブジェクト更新
APERTURE	オブジェクト スナップ範囲設定
'APERTURE	オブジェクト スナップ範囲設定
APPAUTOLOADER	アプリケーション自動ロード
APPLOAD	アプリケーション ロード"

APPSTORE	Autodesk App Store
ARC	円弧
ARCHIVE	アーカイブ
-ARCHIVE	アーカイブ (コマンドライン)
ARCTEXT (Express Tool)	円弧状テキスト
AREA	面積計算
ARRAY	配列複写
-ARRAY	配列複写 (コマンドライン)
ARRAYCLASSIC	配列複写
ARRAYCLOSE	配列複写編集モード終了
ARRAYEDIT	配列複写編集
ARRAYPATH	パス配列複写
ARRAYPOLAR	円形状配列複写
ARRAYRECT	矩形状配列複写
ARX	ARX 管理
ATTACH	アタッチ
-ATTACH	アタッチ (コマンドライン)
ATTACHURL	URL アタッチ
ATTDEF	属性定義
-ATTDEF	属性定義 (コマンドライン)
ATTDISP	属性表示
'ATTDISP	属性表示
ATTEDIT	属性編集
-ATTEDIT	属性編集 (コマンドライン)
ATTEXT	属性書き出し
-ATTEXT	属性書き出し (コマンドライン)
ATTIN (Express Tool)	属性値をファイルから読み込み
ATTIPEDIT	属性値インプレイス編集
ATTOUT (Express Tool)	属性値をファイルに書き出し
ATTREDEF	属性再定義
ATTSYNC	属性同期
AUDIT	監査
AUTOCONSTRAIN	自動拘束
AUTOPUBLISH	自動パブリッシュ
B	
BACKGROUND	背景
BACTION	ブロックアクション
BACTIONBAR	ブロック アクション バー
BACTIONSET	ブロックアクション選択セット
BACTIONTOOL	ブロックアクション追加
BASE	基点設定
'BASE	基点設定
BASSOCIATE	ブロックアクション関連付け
BATTMAN	ブロック属性管理
BATTORDER	ブロック属性順序
BAUTHORPALETTE	ブロックオーサリングを開く
BAUTHORPALETTECLOSE	ブロックオーサリングを閉じる
BCLOSE	ブロックエディタを閉じる
BCONSTRUCTION	構造ジオメトリ変換
BCOUNT (Express Tool)	ブロックをカウント
BCPARAMETER	ブロック拘束パラメータ
BCYCLEORDER	循環順序
BEDIT	ブロック エディタ
-BEDIT	ブロックエディタを開く (コマンドライン)
BESETTINGS	ブロック エディタ設定
BEXTEND (Express Tool)	オブジェクトをブロックまで延長
BGRIPSET	ブロックグリップ設定
BLEND	ブレンド曲線

BLOCK	ブロック登録
-BLOCK	ブロック登録（コマンドライン）
BLOCK?（Express Tool）	ブロック内のオブジェクト一覧
BLOCKICON	ブロック アイコン
BLOCKREPLACE（Express Tool）	ブロック置き換え
BLOCKSPALETTE	ブロック パレット
BLOCKSPALETTECLOSE	ブロック パレットを閉じる
BLOCKTOXREF（Express Tool）	ブロックを外部参照に
BLOOKUPTABLE	ブロックルックアップテーブル
BMPOUT	BMP 書き出し
BOUNDARY	境界作成
-BOUNDARY	境界作成（コマンドライン）
BOX	直方体
BPARAMETER	ブロックパラメータ
BREAK	部分削除
BREAKLINE（Express Tool）	破断線を作成
BREP	境界表現
BROWSER	ブラウザ
BSAVE	ブロック定義保存
BSAVEAS	名前を付けてブロック定義保存
BSCALE（Express Tool）	ブロック尺度を変更
BTABLE	ブロック プロパティ テーブル
BTESTBLOCK	ブロック テスト
BTRIM（Express Tool）	ブロックでトリム（旧機能）
BURST（Express Tool）	拡張分解
BVHIDE	ブロック可視非表示
-BVHIDE	ブロック可視非表示（コマンドライン）
BVSHOW	ブロック可視表示
-BVSHOW	ブロック可視表示（コマンドライン）
BVSTATE	ブロック可視状態
-BVSTATE	ブロック可視状態（コマンドライン）
C	
CAL	ジオメトリック計算
'CAL	ジオメトリック計算
CAMERA	カメラ
CDORDER（Express Tool）	表示順序を色番号で並べ替え
CENTERDISASSOCIATE	中心自動調整解除
CENTERLINE	中心線
CENTERMARK	中心マーク
CENTERREASSOCIATE	中心自動調整再割り当て
CENTERRESET	中心リセット
CHAMFER	面取り
CHAMFEREDGE	面取りエッジ
CHANGE	データ変更
CHECKSTANDARDS	標準仕様を確認
CHPROP	プロパティ変更
CHSPACE	空間変更
CHURLS（Express Tool）	アタッチされた URL を編集
CIRCLE	円
CLASSICGROUP	旧オブジェクト グループ設定
CLASSICIMAGE	旧イメージ管理
CLASSICINSERT	旧ブロック挿入
CLASSICLAYER	旧画層管理
CLASSICXREF	旧外部参照管理
CLEANSCREENOFF	フル スクリーン表示オフ
CLEANSCREENON	フル スクリーン表示オン
CLIP	クリップ
CLIPIT（Express Tool）	拡張クリップ

CLOSE	閉じる
CLOSEALL	すべて閉じる
CLOSEALLOTHER	他の図面をすべて閉じる
CMATTACH	CM アタッチ
COLOR	色設定
'COLOR	色設定
'-COLOR	色設定 (コマンドライン)
COLOUR (COLOR)	色設定
'COLOUR ('COLOR)	色設定
COMMANDLINE	コマンドライン表示
COMMANDLINEHIDE	コマンドライン非表示
COMPARE	図面比較
-COMPARE	図面比較（コマンドライン）
COMPARECLOSE	比較モード終了
COMPARECOLOR	比較色を設定
COMPAREDIFFNEXT	次を比較
COMPAREDIFFPREV	前を比較
COMPAREDISPLAYORDER	図面比較相違点の表示順
COMPAREEXPORT	比較結果書き出し
COMPAREEXPORTWORKER	比較結果書き出しワーカー
COMPAREIMPORT	比較図面読み込み
COMPAREINFO	図面比較情報
COMPARETOGGLEREFERENCE	比較を切り替え
COMPILE	コンパイル
CONE	円錐
CONSTRAINTBAR	拘束バー表示
CONSTRAINTSETTINGS	拘束バー設定
CONVERT	変換
CONVERTCTB	CTB 変換
CONVERTOLDLIGHTS	光源変換
CONVERTOLDMATERIALS	マテリアル変換
CONVERTPSTYLES	印刷スタイル変換
CONVTOMESH	メッシュ変換
CONVTONURBS	NURBS 変換
CONVTOSOLID	ソリッドに変換
CONVTOSURFACE	サーフェスに変換
COORDINATIONMODELATTACH	コーディネーション モデル アタッチ
COPY	複写
COPYBASE	基点コピー
COPYCLIP	コピー
COPYHIST	ヒストリ コピー
COPYLINK	ビュー コピー
COPYM (Express Tool)	オブジェクトの複写を複数作成
COPYTOLAYER	指定画層に複写
-COPYTOLAYER	指定画層に複写
CUI	ユーザ インタフェースをカスタマイズ
CUIEXPORT	CUI 書き出し
CUIIMPORT	CUI 読み込み
CUILOAD	CUI ロード
CUIUNLOAD	CUI ロード解除
CUSTOMIZE	カスタマイズ
CUTCLIP	切り取り
CVADD	制御点追加
CVHIDE	制御点非表示
CVREBUILD	制御点再生成
CVREMOVE	制御点除去
CVSHOW	制御点表示
CYLINDER	円柱

D	
DATAEXTRACTION	データ書き出し
DATALINK	データ リンク マネージャ
DATALINKUPDATE	データ リンク更新
DBCCLOSE	データベース接続解除
'DBCCLOSE	データベース接続解除
DBCCONFIGURE	データベース接続マネージャ
DBCONNECT	データベース接続
DBLIST	オブジェクト情報一覧
DCALIGNED	平行寸法拘束
DCANGULAR	角度寸法拘束
DCCONVERT	寸法拘束変換
DCDIAMETER	直径寸法拘束
DCDISPLAY	寸法拘束表示 / 非表示
DCFORM	寸法拘束フォーム
DCHORIZONTAL	水平寸法拘束
DCLINEAR	長さ寸法拘束
DCRADIUS	半径寸法拘束
DCVERTICAL	垂直寸法拘束
DELAY	タイマ
'DELAY	タイマ
DELCONSTRAINT	拘束削除
DETACHURL	URL アタッチ解除
DGNADJUST	DGN 調整
DGNATTACH	DGN アタッチ
-DGNATTACH	DGN アタッチ (コマンドライン)
DGNCLIP	DGN クリップ
DGNEXPORT	DGN 書き出し
-DGNEXPORT	DGN 書き出し (コマンドライン)
DGNIMPORT	DGN 読み込み
-DGNIMPORT	DGN 読み込み (コマンドライン)
DGNLAYERS	DGN 画層
DGNMAPPING	DGN マッピング
DIGITALSIGN	デジタル署名
DIM	寸法記入
DIMALIGNED	平行寸法記入
DIMANGULAR	角度寸法記入
DIMARC	弧長寸法記入
DIMBASELINE	並列寸法記入
DIMBREAK	寸法マスク
DIMCENTER	中心記入
DIMCONSTRAINT	寸法拘束
DIMCONTINUE	直列寸法記入
DIMDIAMETER	直径寸法記入
DIMDISASSOCIATE	寸法自動調整解除
DIMEDIT	寸法編集
DIMEX (Express Tool)	寸法スタイルをファイルに書き出し
DIMIM (Express Tool)	寸法スタイルをファイルから読み込み
DIMINSPECT	検査寸法
-DIMINSPECT	検査寸法 (コマンドプロンプトバージョン)
DIMJOGGED	折り曲げ半径寸法記入
DIMJOGLINE	寸法線折り曲げ
DIMLINEAR	長さ寸法記入
DIMORDINATE	座標寸法記入
DIMOVERRIDE	寸法スタイル優先
DIMRADIUS	半径寸法記入
DIMREASSOC (Express Tool)	寸法値を計測値に / 上書き値に
DIMREASSOCIATE	寸法自動調整再割り当て

DIMREGEN	寸法位置更新
DIMROTATED	回転寸法記入
DIMSPACE	寸法線間隔
DIMSTYLE	寸法スタイル管理
'DIMSTYLE	寸法スタイル管理
-DIMSTYLE	寸法スタイル管理（コマンドライン）
DIMTEDIT	寸法値位置変更
DIST	距離計算
'DIST	距離計算
DISTANTLIGHT	遠隔光源
DIVIDE	ディバイダ
DONUT	ドーナツ
DOUGHNUT (DONUT)	ドーナツ
DOWNLOADMANAGER	ダウンロード管理
DRAGMODE	ドラッグ モード
'DRAGMODE	ドラッグ モード
DRAWINGRECOVERY	図面修復管理
DRAWINGRECOVERYHIDE	図面修復管理を閉じる
DRAWORDER	表示順序
DSETTINGS	作図補助設定
'DSETTINGS	作図補助設定
DUMPSHX (Express Tool)	SHX から SHP に（DOS コマンド dumpshx.exe）
DVIEW	3D ダイナミック ビュー
DWFADJUST	DWF 調整
-DWFADJUST	DWF 調整（コマンドライン）
DWFATTACH	DWF アタッチ
-DWFATTACH	DWF アタッチ（コマンドライン）
DWFCLIP	DWF クリップ
DWFFORMAT	DWF 形式
DWFLAYERS	DWF 画層
DWGCONVERT	DWG 変換
DWGEXTRACTOR	json 出力パッケージ
DWGEXTRACTORSCRIPTED	json 出力パッケージスクリプト
DWGLOG (Express Tool)	図面アクセスログを作成
DWGPROPS	図面プロパティ
DXBIN	DXB 読み込み
DXFIN (OPEN)	ファイルを開く
DXFOUT (SAVEAS)	名前を付けて保存
E	
EATTEDIT	拡張属性編集
EATTEXT	拡張属性書き出し
-EATTEXT	拡張属性書き出し（コマンドライン）
EDGE	エッジ
EDGESURF	エッジ サーフェス
EDITSHOT	ショット編集
EDITTABLECELL	表のセル選択
EDITTIME (Express Tool)	図面編集時間
ELEV	高度設定
'ELEV	高度設定
ELLIPSE	楕円
ERASE	削除
ERECEIVE	ERECEIVE ※日本語コマンドなし
-ERECEIVE	ERECEIVE（コマンドライン）
ETRANSMIT	e- トランスミット
-ETRANSMIT	e- トランスミット（コマンドライン）
EXOFFSET (Express Tool)	拡張オフセット
EXPLAN (Express Tool)	拡張プランビュー
EXPLODE	分解

EXPORT	書き出し
EXPORTDWF	DWF 書き出し
EXPORTDWFX	DWFx 書き出し
EXPORTLAYOUT	レイアウト - モデル変換
EXPORTPDF	PDF 書き出し
EXPORTSETTINGS	書き出し設定
EXPORTTOAUTOCAD	AutoCAD に書き出し
-EXPORTTOAUTOCAD	AutoCAD に書き出し
EXPRESSMENU (Express Tool)	[Express] メニューを表示
EXPRESSTOOLS (Express Tool)	Express Tools をロード
EXTEND	延長
EXTERNALREFERENCES	外部参照パレット
EXTERNALREFERENCESCLOSE	外部参照パレットを閉じる
EXTRIM (Express Tool)	拡張トリム
EXTRUDE	押し出し
F	
FIELD	フィールド挿入
FILETAB	ファイル タブを表示
FILETABCLOSE	ファイル タブ非表示
FILL	塗り潰しモード
'FILL	塗り潰しモード
FILLET	フィレット
FILLETEDGE	フィレット エッジ
FILTER	オブジェクト選択フィルタ
'FILTER	オブジェクト選択フィルタ
FIND	文字検索
FLATSHOT	フラットショット
FLATTEN (Express Tool)	3D 図形を 2D に変換
FREESPOT	フリー スポットライト
FREEWEB	フリー配光光源
FS (Express Tool)	ある図形に接触する図形を選択
G	
GATTE (Express Tool)	拡張属性編集
GCCOINCIDENT	一致拘束
GCCOLLINEAR	同一直線上拘束
GCCONCENTRIC	同心円拘束
GCEQUAL	同値拘束
GCFIX	固定拘束
GCHORIZONTAL	水平拘束
GCPARALLEL	平行拘束
GCPERPENDICULAR	直交拘束
GCSMOOTH	スムーズ拘束
GCSYMMETRIC	対称拘束
GCTANGENT	正接拘束
GCVERTICAL	垂直拘束
GEOGRAPHICLOCATION	地理的位置
GEOLOCATEME	自分の位置を表示
GEOMAP	マップ オン / オフ
GEOMAPIMAGE	地理マップ イメージ
GEOMAPIMAGEUPDATE	地理マップ イメージ更新
GEOMARKLATLONG	緯度と経度で地理マーカーを配置
GEOMARKME	計測した現在位置に地理マーカーを配置
GEOMARKPOINT	指定点で地理マーカーを配置
GEOMARKPOSITION	地理的位置をマーク
GEOMCONSTRAINT	幾何拘束
GEOREMOVE	地理的位置除去
GEOREORIENTMARKER	地理マーカーの方向を変更
GETSEL (Express Tool)	拡張選択

GOTOSTART	開始タブに移動
GOTOURL	URL を表示
GRADIENT	グラデーション
GRAPHICSCONFIG	ハードウェア パフォーマンスの調整
GRAPHSCR	グラフィックス スクリーン
'GRAPHSCR	グラフィックス スクリーン
GRID	グリッド
'GRID	グリッド
GROUP	オブジェクト グループ設定
-GROUP	オブジェクト グループ設定 (コマンドライン)
GROUPEDIT	グループ編集
H	
HATCH	ハッチング
-HATCH	ハッチング (コマンドライン)
HATCHEDIT	ハッチング編集
-HATCHEDIT	ハッチング編集 (コマンドライン)
HATCHGENERATEBOUNDARY	ハッチング境界生成
HATCHSETBOUNDARY	ハッチング境界再設定
HATCHSETORIGIN	ハッチング原点設定
HATCHTOBACK	ハッチングを背面に移動
HELIX	らせん
HELP	ヘルプ
'HELP	ヘルプ
HIDE	隠線処理
HIDEOBJECTS	オブジェクト非表示
HIDEPALETTES	パレット非表示
HIGHLIGHTNEW	新機能ハイライト表示
HLSETTINGS	隠線処理設定
HYPERLINK	ハイパーリンク
-HYPERLINK	ハイパーリンク (コマンドライン)
HYPERLINKOPTIONS	ハイパーリンク オプション
I	
ID	位置表示
'ID	位置表示
IGESEXPORT	IGES 書き出し
IGESIMPORT	IGES 読み込み
IMAGE	イメージ
-IMAGE	イメージ (コマンドライン)
IMAGEADJUST	イメージ調整
-IMAGEADJUST	イメージ調整 (コマンドライン)
IMAGEAPP (Express Tool)	イメージの外部アプリによる編集設定
IMAGEATTACH	イメージ アタッチ
IMAGECLIP	イメージ クリップ
IMAGEEDIT (Express Tool)	イメージの外部アプリによる編集
IMAGEQUALITY	イメージ画質
IMPORT	読み込み
IMPRINT	インプリント
INPUTSEARCHOPTIONS	検索オプションを入力
INSERT	ブロック挿入
-INSERT	ブロック挿入 (コマンドライン)
INSERTOBJ	オブジェクトの作成と貼り付け
INTERFERE	干渉
-INTERFERE	干渉 (コマンドライン)
INTERSECT	交差
ISODRAFT	アイソメ作図のオン／オフ
ISOLATEOBJECTS	オブジェクト選択表示
ISOPLANE	アイソメ図法
'ISOPLANE	アイソメ図法

J	
JOIN	結合
JPGOUT	JPEG 書き出し
JULIAN (Express Tool)	日付変換
JUSTIFYTEXT	文字位置合わせ
L	
LAYCUR	現在の画層に変更
LAYDEL	画層削除
-LAYDEL	画層削除 (コマンドライン)
LAYER	画層管理
'LAYER	画層管理
'-LAYER	画層管理 (コマンドライン)
LAYERCLOSE	画層管理を閉じる
LAYERP	画層復元
LAYERPALETTE	画層管理パレット
LAYERPMODE	画層復元モード
LAYERSTATE	画層状態管理
LAYERSTATESAVE	画層状態を保存
LAYFRZ	画層フリーズ
LAYISO	画層選択表示
LAYLCK	画層ロック
LAYMCH	指定画層に移動
-LAYMCH	指定画層に移動 (コマンドライン)
LAYMCUR	現在画層に移動
LAYMRG	画層合成
-LAYMRG	画層合成 (コマンドライン)
LAYOFF	選択オブジェクトの画層を非表示
LAYON	全画層表示
LAYOUT	レイアウト
-LAYOUT	レイアウト
LAYOUTMERGE (Express Tool)	レイアウトの合成
LAYOUTWIZARD	レイアウト ウィザード
LAYTHW	全画層フリーズ解除
LAYTRANS	画層標準を適用
LAYULK	画層ロック解除
LAYUNISO	画層選択表示解除
LAYVPI	ビューポート画層選択表示
LAYWALK	画層閲覧
LEADER	引出線記入
LENGTHEN	長さ変更
LIGHT	光源
LIGHTLIST	光源一覧
LIGHTLISTCLOSE	光源一覧を閉じる
LIMITS	図面範囲設定
'LIMITS	図面範囲設定
LINE	線分
LINETYPE	線種設定
'LINETYPE	線種設定
'-LINETYPE	線種設定 (コマンドライン)
LIST	オブジェクト情報
LIVESECTION	ライブ断面
LMAN	画層状態管理
LOAD	シェイプ ファイルのロード
LOFT	ロフト
LOGFILEOFF	ログ ファイル オフ
LOGFILEON	ログ ファイル オン
LSP (Express Tool)	AutoLISP の要素一覧
LSPSURF (Express Tool)	AutoLISP の関数定義を表示

LTSCALE	線種尺度
'LTSCALE	線種尺度
LWEIGHT	線の太さ
'LWEIGHT	線の太さ
'-LWEIGHT	線の太さ（コマンドライン）
M	
MARKUP	マークアップ セット管理
MARKUPCLOSE	マークアップ セット管理を閉じる
MASSPROP	マスプロパティ
MATBROWSERCLOSE	マテリアル ブラウザを閉じる
MATBROWSEROPEN	マテリアル ブラウザを開く
MATCHCELL	セル プロパティ コピー
MATCHPROP	プロパティ コピー
'MATCHPROP	プロパティ コピー
MATEDITORCLOSE	マテリアル エディタを閉じる
MATEDITOROPEN	マテリアル エディタを開く
MATERIALASSIGN	マテリアル割り当て
MATERIALATTACH	マテリアルアタッチ
MATERIALMAP	マテリアル マップ
MATERIALS	マテリアル
MATERIALSCLOSE	マテリアル パレットを閉じる
MEASURE	メジャー
MEASUREGEOM	ジオメトリ計測
MENU	メニュー
MESH	メッシュ作成
MESHCAP	メッシュの穴を閉じる
MESHCOLLAPSE	メッシュ折りたたみ
MESHCREASE	メッシュ折り目作成
MESHEXTRUDE	メッシュ押し出し
MESHMERGE	メッシュ合成
MESHOPTIONS	メッシュ分割オプション
MESHPRIMITIVEOPTIONS	メッシュ プリミティブ オプション
MESHREFINE	メッシュ リファイン
MESHSMOOTH	スムーズ オブジェクト変換
MESHSMOOTHLESS	メッシュ スムーズ減少
MESHSMOOTHMORE	メッシュ スムーズ増加
MESHSPIN	メッシュ スピン
MESHSPLIT	メッシュ 2 分割
MESHUNCREASE	メッシュ折り目解除
MIGRATEMATERIALS	マテリアルをマイグレート
MINSERT	ブロック一括挿入
MIRROR	鏡像
MIRROR3D	3D 鏡像
MKLTYPE（Express Tool）	線種定義の作成
MKSHAPE（Express Tool）	シェイプ定義の作成
MLEADER	マルチ引出線
MLEADERALIGN	マルチ引出線位置合わせ
MLEADERCOLLECT	マルチ引出線グループ化
MLEADEREDIT	マルチ引出線編集
MLEADERSTYLE	マルチ引出線スタイル管理
MLEDIT	マルチライン編集
-MLEDIT	マルチライン編集（コマンドライン）
MLINE	マルチライン
MLSTYLE	マルチライン スタイル管理
MOCORO（Express Tool）	移動、コピー、回転、尺度変更
MODEL	モデル
MOVE	移動
MOVEBAK（Express Tool）	BAK ファイルの書き込みフォルダを設定

MPEDIT (Express Tool)	複数のポリラインの編集
MREDO	複数の UNDO を戻す
MSLIDE	スライド保存
MSPACE	モデル空間
MSTRETCH (Express Tool)	マルチストレッチ
MTEDIT	マルチ テキスト編集
MTEXT	マルチ テキスト
-MTEXT	マルチ テキスト (コマンドライン)
MULTIPLE	繰り返し操作
MVIEW	浮動ビューポート管理
MVSETUP	浮動ビューポート設定
N	
NAVBAR	ナビゲーション バー
NAVSMOTION	ShowMotion を表示
NAVSMOTIONCLOSE	ShowMotion を閉じる
NAVSWHEEL	SteeringWheels を表示
NAVVCUBE	ViewCube 切替
NCOPY	ネストを複写
NETLOAD	.NET アプリケーションロード
NEW	新規作成
NEWSHEETSET	シート セット新規作成
NEWSHOT	ショットを新規作成
NEWVIEW	ビューを新規作成
O	
OBJECTSCALE	異尺度対応オブジェクトの尺度
OFFSET	オフセット
OFFSETEDGE	オフセット エッジ
OLELINKS	リンクの設定
OLESCALE	OLE 尺度
OOPS	オブジェクト復活
OPEN	開く
OPENDWFMARKUP	マークアップ DWF を開く
OPENFROMWEBMOBILE	Web およびモバイルから開く
OPENSHEETSET	シートセットを開く
-OPENSHEETSET	シートセットを開く (コマンドライン)
OPTIONS	オプション
ORTHO	直交モード
'ORTHO	直交モード
OSNAP	オブジェクト スナップ設定
'OSNAP	オブジェクト スナップ設定
'-OSNAP	オブジェクト スナップ設定 (コマンドライン)
OVERKILL	重複オブジェクト削除
P	
PAGESETUP	ページ設定
PAN	リアルタイム画面移動
'PAN	リアルタイム画面移動
'-PAN	リアルタイム画面移動 (コマンドライン)
PARAMETERS	パラメータ管理
-PARAMETERS	パラメータ管理 (コマンドライン)
PARAMETERSCLOSE	パラメータ管理を閉じる
PARTIALOAD	部分ロード
-PARTIALOAD	部分ロード (コマンドライン)
PARTIALOPEN	部分的に開く
-PARTIALOPEN	部分的に開く (コマンドライン)
PASTEASHYPERLINK	ハイパーリンクとして貼り付け
'PASTEASHYPERLINK	ハイパーリンクとして貼り付け
PASTEBLOCK	ブロック貼り付け
PASTECLIP	貼り付け

PASTEORIG	同一位置に貼り付け
PASTESPEC	形式を選択して貼り付け
PCEXTRACTCENTERLINE	点群から中心線抽出
PCEXTRACTCORNER	点群からコーナー抽出
PCEXTRACTEDGE	点群からエッジ抽出
PCEXTRACTSECTION	点群から断面線抽出
PCINWIZARD	印刷設定読み込みウィザード
PDFADJUST	PDF 調整
-PDFADJUST	PDF 調整 (コマンドライン)
PDFATTACH	PDF アタッチ
-PDFATTACH	PDF アタッ (コマンドライン)
PDFCLIP	PDF クリップ
PDFIMPORT	PDF 読み込み
-PDFIMPORT	PDF 読み込み
PDFLAYERS	PDF 画層
PDFSHXTEXT	PDF SHX 文字変換
-PDFSHXTEXT	PDF SHX 文字変換
PEDIT	ポリライン編集
PFACE	ポリ メッシュ
PLAN	プラン ビュー
PLANESURF	平面サーフェス
PLINE	ポリライン
PLOT	印刷
-PLOT	印刷 (コマンドライン)
PLOTSTAMP	印刷スタンプ
-PLOTSTAMP	印刷スタンプ (コマンドライン)
PLOTSTYLE	印刷スタイル
PLOTTERMANAGER	プロッタ管理
PLT2DWG (Express Tool)	HPGL ファイルの読み込み
PMTOGGLE	パフォーマンス レコーダのオン / オフ
PNGOUT	PNG 書き出し
POINT	点
POINTCLOUDATTACH	点群アタッチ
POINTCLOUDCOLORMAP	点群カラー マップ管理
POINTCLOUDCROP	点群クロップ
POINTCLOUDCROPSTATE	点群のクロップ状態
POINTCLOUDMANAGER	点群マネージャを開く
POINTCLOUDMANAGERCLOSE	点群マネージャを閉じる
POINTCLOUDSTYLIZE	点群スタイル設定
POINTCLOUDUNCROP	点群クロップ解除
POINTLIGHT	点光源
POLYGON	ポリゴン
POLYSOLID	ポリソリッド
PREPAREFORPROPERTYEXTRACTION	json から抽出を準備
PRESSPULL	境界引き伸ばし
PREVIEW	印刷プレビュー
PROJECTGEOMETRY	ジオメトリ投影
PROPERTIES	オブジェクト プロパティ管理
'PROPERTIES	オブジェクト プロパティ管理
PROPERTIESCLOSE	オブジェクト プロパティ管理を閉じる
'PROPERTIESCLOSE	オブジェクト プロパティ管理を閉じる
PROPULATE (Express Tool)	図面のプロパティ データの編集
PSBSCALE (Express Tool)	ブロック尺度をペーパー空間を基に変更
PSETUPIN	ページ設定読み込み
PSOUT	PS 書き出し
PSPACE	ペーパー空間
PSTSCALE (Express Tool)	文字尺度をペーパー空間を基に変更
PTYPE	点スタイル管理

PUBLISH	マルチシート DWF パブリッシュ
PURGE	名前削除
-PURGE	名前削除 (コマンドライン)
PYRAMID	角錐
Q	
QCCLOSE	クイック計算を閉じる
QDIM	クイック寸法記入
QLATTACH (Express Tool)	引出線のアタッチ (旧機能)
QLATTACHSET (Express Tool)	引出線のアタッチ (旧機能)
QLDETACHSET (Express Tool)	引出線のアタッチ (旧機能)
QLEADER	クイック引出線記入
QNEW	クイック新規作成
QQUIT (Express Tool)	全図面の保存終了
QSAVE	上書き保存
QSELECT	クイック選択
QTEXT	文字省略
'QTEXT	文字省略
QUICKCALC	クイック計算
QUICKCUI	クイック UI カスタマイズ
QUICKPROPERTIES	クイック プロパティ
QUIT	AutoCAD の終了
QVDRAWING	クイックビュー図面
QVDRAWINGCLOSE	クイックビュー図面を閉じる
QVLAYOUT	クイックビューレイアウト
QVLAYOUTCLOSE	クイックビューレイアウトを閉じる
R	
RAY	放射線
RECOVER	修復
RECOVERALL	図面と外部参照を修復
RECTANG	長方形
REDEFINE	再定義
REDIR (Express Tool)	外部参照等のパスを再定義
REDIRMODE (Express Tool)	REDIR コマンドの設定
REDO	やり直し
REDRAW	再描画
'REDRAW	再描画
REDRAWALL	全再描画
'REDRAWALL	全再描画
REFCLOSE	インプレイス参照編集を閉じる
REFEDIT	インプレイス参照編集
-REFEDIT	インプレイス参照編集 (コマンドライン)
REFSET	インプレイス参照編集選択
REGEN	再作図
REGENALL	全再作図
'REGENAUTO	自動再作図モード
REGION	リージョン
REINIT	再初期化
RENAME	名前変更
-RENAME	名前変更 (コマンドライン)
RENDER	レンダリング
-RENDER	レンダリング (コマンドプロンプトバージョン)
RENDERCROP	レンダリング クロップ
RENDERENVIRONMENT	レンダリング環境
RENDERENVIRONMENTCLOSE	レンダリング環境パレットを閉じる
RENDEREXPOSURECLOSE	レンダリング露出パレットを閉じる
RENDEREXPOSURE	レンダリング露出調整
RENDERONLINE	オンライン レンダリング
RENDERPRESETS	レンダリング プリセット

RENDERWINDOW	レンダリング ウィンドウ
RENDERWINDOWCLOSE	レンダリング ウィンドウを閉じる
REPURLS (Express Tool)	ハイパーリンク URL の検索・置換
RESETBLOCK	ブロックをリセット
RESUME	スクリプト再開
'RESUME	スクリプト再開
REVCLOUD	雲マーク
REVERSE	方向反転
REVERT (Express Tool)	現在の図面を閉じて開き直し
REVOLVE	回転ソリッド
REVSURF	回転サーフェス
RIBBON	リボン表示
RIBBONCLOSE	リボン非表示
ROTATE	回転
ROTATE3D	3D 回転
RPREF	レンダリング基本設定
RPREFCLOSE	レンダリング詳細設定閉じる
RSCRIPT	ファイル実行ループ
'RSCRIPT	ファイル実行ループ
RTEDIT (Express Tool)	リモート テキスト編集
RTEXT (Express Tool)	リモート テキスト作成
'RTPAN	リアルタイム画面移動
RTPAN (PAN)	リアルタイム画面移動
RTUCS (Express Tool)	UCS をマウスで回転
RULESURF	ルールド サーフェス
S	
SAVE	保存
SAVEALL (Express Tool)	全保存
SAVEAS	名前を付けて保存
+SAVEAS	名前を付けて保存 (コマンドライン)
SAVEIMG	イメージ保存
SAVETOWEBMOBILE	Web およびモバイルに保存
SCALE	尺度変更
SCALELISTEDIT	尺度リスト編集
'SCALELISTEDIT	尺度リスト編集
-SCALELISTEDIT	尺度リスト編集 (コマンドライン)
SCALETEXT	文字尺度変更
SCRIPT	スクリプト実行
'SCRIPT	スクリプト実行
SCRIPTCALL	スクリプト ファイルを選択
SECTION	断面
SECTIONPLANE	断面オブジェクト
SECTIONPLANEJOG	折り曲げ断面
SECTIONPLANESETTINGS	断面オブジェクト設定
SECTIONPLANETOBLOCK	断面オブジェクトをブロックで保存
SECTIONSPINNERS	断面スピナー
SECURITYOPTIONS	セキュリティ オプション
SELECT	オブジェクト選択
SELECTSIMILAR	類似オブジェクト選択
SETBYLAYER	ByLayer に変更
SETBYLAYERMODE	ByLayer に設定
SETVAR	変数設定
'SETVAR	変数設定
SHADEMODE	シェーディング モード設定
-SHADEMODE	シェーディング モード設定 (コマンドライン)
SHAPE	シェイプ挿入
SHAREDVIEWS	共有ビュー パネルを表示
SHAREDVIEWSCLOSE	共有ビュー パネルを閉じる

SHAREVIEW	ビューを共有
-SHAREVIEW	ビューを共有（コマンドライン）
SHEETSET	シート セット マネージャ
SHEETSETHIDE	シート セット マネージャを閉じる
SHELL	OS コマンド実行
SHOWPALETTES	パレット表示
SHOWRENDERGALLERY	レンダリング ギャラリー
SHOWURLS (Express Tool)	ハイパーリンク URL の表示
SHP2BLK (Express Tool)	シェイプをブロックに変換
SIGVALIDATE	デジタル署名検証
SKETCH	スケッチ
SLICE	切断
SNAP	スナップ
'SNAP	スナップ
SOLDRAW	ソリッド断面
SOLID	2D 塗り潰し
SOLIDEDIT	ソリッド編集
SOLPROF	ソリッド外形線
SOLVIEW	ソリッド ビューポート
SPACETRANS	空間での長さを変換
SPELL	スペルチェック
'SPELL	スペルチェック
SPHERE	球
SPLINE	スプライン
SPLINEDIT	スプライン編集
SPOTLIGHT	スポットライト
SSX (Express Tool)	選択したオブジェクトに基づいて選択
STANDARDS	標準仕様を設定
STATUS	図面情報
STLOUT	STL 書き出し
STRETCH	ストレッチ
STYLE	文字スタイル管理
'STYLE	文字スタイル管理
'-STYLE	文字スタイル管理（コマンドライン）
STYLESMANAGER	印刷スタイル管理
SUBTRACT	差
SUNPROPERTIES	日照プロパティ
SUNPROPERTIESCLOSE	日照プロパティ閉じる
SUPERHATCH (Express Tool)	スーパーハッチング
SURFBLEND	ブレンド サーフェス
SURFEXTEND	延長サーフェス
SURFEXTRACTCURVE	面分割線抽出
SURFFILLET	サーフェス フィレット
SURFNETWORK	ネットワーク サーフェス
SURFOFFSET	オフセット サーフェス
SURFPATCH	パッチ サーフェス
SURFSCULPT	サーフェス スカルプ
SURFTRIM	サーフェス トリム
SURFUNTRIM	サーフェス トリム解除
SWEEP	スイープ
SYSVARMONITOR	システム変数モニタ
SYSVDLG (Express Tool)	システム変数の表示・編集
SYSWINDOWS	システム ウィンドウ
T	
TABLE	表
-TABLE	表（コマンドライン）
TABLEDIT	表セル文字編集
TABLEEXPORT	表データ書き出し

TABLESTYLE	表スタイル管理
TABLET	タブレット設定
TABSURF	タビュレート サーフェス
TARGETPOINT	指向性点光源
TASKBAR	タスクバー
TCASE (Express Tool)	大文字 / 小文字を変更
TCIRCLE (Express Tool)	テキストを囲む円、スロット、長方形を作成
TCOUNT (Express Tool)	テキストに連続番号
TEXT	文字記入
-TEXT	文字記入 (コマンドライン)
TEXTALIGN	文字位置合わせ
TEXTEDIT	文字編集
TEXTFIT (Express Tool)	テキストを始点と終点で拡大・圧縮
TEXTMASK (Express Tool)	テキストの背後に空白
TEXTSCR	テキスト スクリーン
'TEXTSCR	テキスト スクリーン
TEXTTOFRONT	文字と寸法を前面へ移動
TEXTUNMASK (Express Tool)	テキストの背後の空白削除
TFRAMES (Express Tool)	ワイプアウトのフレームの表示 / 非表示
THICKEN	サーフェスの厚さを設定
TIFOUT	TIFF 書き出し
TIME	時間管理
'TIME	時間管理
TINSERT	表にブロック挿入
TJUST (Express Tool)	テキストの位置合わせ点の変更
TOLERANCE	幾何公差
TOOLBAR	ツールバー
-TOOLBAR	ツールバー (コマンドライン)
TOOLPALETTES	ツール パレットを開く
TOOLPALETTESCLOSE	ツール パレットを閉じる
TORIENT (Express Tool)	テキストの回転
TORUS	円環体
TPNAVIGATE	ツール パレット ナビゲート
TRANSPARENCY	イメージ透過性
TRAYSETTINGS	ステータスバー トレイ設定
TREESTAT	ツリー情報
'TREESTAT	ツリー情報
TREX (Express Tool)	トリム + 延長 (旧機能)
TRIM	トリム
TSCALE (Express Tool)	テキスト尺度の変更
TXT2MTXT (Express Tool)	1 行文字をマルチテキストに変換
TXTEXP (Express Tool)	テキストをポリラインに
U	
U	一回元に戻す
UCS	UCS 管理
UCSICON	UCS アイコン管理
UCSMAN	UCS 定義管理
+UCSMAN 0	UCS 管理
+UCSMAN 1	UCS プリセット
ULAYERS	アンダーレイ画層
UNDEFINE	コマンド定義解除
UNDO	元に戻す
UNGROUP	グループ解除
UNION	和
UNISOLATEOBJECTS	オブジェクト選択表示終了
UNITS	単位管理
'UNITS	単位管理
'-UNITS	単位管理 (コマンドライン)

UPDATEFIELD	フィールド更新
UPDATETHUMBSNOW	サムネール更新
V	
VBAIDE	VBA エディタ
VBALOAD	VBA ロード
-VBALOAD	VBA ロード (コマンドライン)
VBAMAN	VBA 管理
VBARUN	VBA 実行
-VBARUN	VBA 実行 (コマンドライン)
VBASTMT	VBA 文実行
VBAUNLOAD	VBA ロード解除
VIEW	ビュー管理
-VIEW	ビュー管理 (コマンドライン)
VIEWBASE	ベースビュー作成
VIEWCOMPONENT	構成要素表示
VIEWDETAIL	詳細ビュー作成
VIEWDETAILSTYLE	詳細ビュー スタイル管理
VIEWEDIT	ビュー編集
VIEWGO	ビュー呼び出し
VIEWPLAY	ビュー再生
VIEWPLOTDETAILS	印刷とパブリッシュの詳細
VIEWPROJ	投影ビュー作成
VIEWRES	表示精度
VIEWSECTION	断面ビュー作成
VIEWSECTIONSTYLE	断面ビュー スタイル管理
VIEWSETPROJ	ビュー プロジェクト設定
VIEWSKETCHCLOSE	シンボル スケッチ終了
VIEWSTD	ビュー標準設定
VIEWSYMBOLSKETCH	シンボル スケッチ
VIEWUPDATE	ビュー更新
VISUALSTYLES	表示スタイル管理
-VISUALSTYLES	表示スタイル管理 (コマンドライン)
VISUALSTYLESCLOSE	表示スタイル管理を閉じる
VLIDE (VLISP)	Visual LISP エディタ
VLISP	VLISP エディタ
VPCLIP	ビューポート クリップ
VPLAYER	ビューポート画層管理
VPMAX	ビューポートを最大化
VPMIN	ビューポートを元に戻す
VPOINT	3D 視点
VPORTS	ビューポート管理
-VPORTS	ビューポート管理 (コマンドライン)
VPSCALE (Express Tool)	ビューポート尺度の表示
VPSYNC (Express Tool)	ビューポート間の位置合わせ
VSCURRENT	ビューポート表示スタイル
VSLIDE	スライド表示
VSSAVE	表示スタイル保存
VTOPTIONS	推移を表示
W	
WALKFLYSETTINGS	ウォークスルー / フライスルー設定
WBLOCK	ブロック書き出し
WEBLIGHT	配光光源
WEBLOAD	Web ロード
WEDGE	くさび
WHOHAS	所有者情報
WIPEOUT	ワイプアウト
WMFIN	WMF 読み込み
WMFOPTS	WMF オプション

WMFOUT	WMF 書き出し
WORKSPACE	ワークスペース
WSSAVE	ワークスペース保存
-WSSAVE	ワークスペース保存 (コマンドライン)
WSSETTINGS	ワークスペース設定
X	
XATTACH	外部参照アタッチ
XBIND	個別バインド
XCLIP	外部参照クリップ
XDATA (Express Tool)	拡張データ (xdata) のアタッチ
XDLIST (Express Tool)	拡張データ (xdata) の一覧表示
XEDGES	エッジ抽出
XLINE	構築線
XLIST (Express Tool)	ブロック内オブジェクトの情報を一覧表示
XOPEN	外部参照を開く
XPLODE	拡張分解
XREF	外部参照
-XREF	外部参照 (コマンドライン)
Z	
ZOOM	ズーム
'ZOOM	ズーム

3. システム変数一覧

変数名	日本語名 / 解説
*_TOOLPALETTEPATH	ツールパレットパス
_PKSER	シリアル番号
_SERVER	ネットワークライセンスサーバーの状態
_VERNUM	ビルド番号
3DCONVERSIONMODE	マテリアルと光源定義の変換
3DDWFPREC	3DDWF パブリッシュの精度
3DOSMODE	定常 3D オブジェクトスナップを設定
3DSELECTIONMODE	オブジェクトの選択の優先順位
A	
ACADLSPASDOC	acad.lsp のロード
ACADPREFIX	ACAD パス
ACADVER	バージョン番号
ACTPATH	再生時にロードするアクションマクロの追加パス
ACTRECORDERSTATE	アクションレコーダの現在の状態
ACTRECPATH	新しいアクションマクロの保存先のパス
ACTUI	マクロの記録および再生時の［アクションレコーダ］パネルの動作
ADCSTATE	デザインセンターがアクティブか
AFLAGS	属性フラグ値
ANGBASE	角度 0 の方向
ANGDIR	角度の指定方向
ANNOALLVISIBLE	異尺度対応オブジェクトの表示 / 非表示
ANNOAUTOSCALE	注釈尺度が変更の異尺度対応オブジェクトの更新
ANNOMONITOR	注釈モニターのオン / オフ
ANNOTATIVEDWG	図面として挿入した場合に異尺度対応として動作
APBOX	ターゲットボックスを表示、非表示
APERTURE	O スナップの実行のターゲットボックスのサイズ
APPAUTOLOAD	プラグインアプリケーションがいつロードされるか
APPLYGLOBALOPACITIES	すべてのパレットの透明化の設定
APSTATE	［ブロック オーサリング パレット］が開かれているかどうか
AREA	AREA［面積計算］コマンドで最後に計算された面積
ARRAYASSOCIATIVITY	新しい配列複写の既定の動作
ARRAYEDITSTATE	図面が配列編集状態か
ARRAYTYPE	既定の配列複写タイプ
ATTDIA	属性値を入力する場合にダイアログボックスを使用
ATTIPE	マルチライン属性の作成に使用するインプレイスデータの表示
ATTMODE	属性表示モード
ATTMULTI	マルチライン属性を作成できるか
ATTREQ	既定値の属性値を使用
AUDITCTL	ADT ファイルを作成
AUNITS	角度の単位
AUPREC	角度の精度（小数点以下の桁数）を設定
AUTODWFPUBLISH	自動パブリッシュ機能のオン / オフ
AUTOMATICPUB	DWF/PDF を自動的に作成
AUTOSNAP	AutoSnap マーカーおよびスナップチップの表示
AUXSTAT	入力デバイスの状態
B	
BACKGROUNDPLOT	バックグラウンド印刷のオン／オフ
BACKZ	後方クリップ平面までの距離
BACTIONBARMODE	ブロックエディタに、アクションバーを表示
BACTIONCOLOR	ブロック エディタのアクションの文字の色
BCONSTATUSMODE	拘束表示状態のオン / オフ
BDEPENDENCYHIGHLIGHT	ブロック エディタの従属ハイライト表示
BGRIPOBJCOLOR	ブロック エディタのグリップの色
BGRIPOBJSIZE	ブロック エディタのカスタム グリップの表示サイズ
BINDTYPE	外部参照をバインド時の命名ルール
BLOCKEDITLOCK	ブロック エディタの表示

BLOCKEDITOR	ブロック エディタが開かれているかどうか
BLOCKMRULIST	[ブロック] パレットの [最近使用] タブのブロックの数
BLOCKNAVIGATE	[ブロック] パレットの [他の図面] タブの設定
BLOCKREDEFINEMODE	[ブロック] パレットから挿入するときに、ダイアログ ボックスを表示するか
BLOCKSTATE	[ブロック] パレットが開いているか
BLOCKTESTWINDOW	現在テストブロックウィンドウ表示か
BPARAMETERCOLOR	ブロック エディタのパラメータの色
BPARAMETERFONT	ブロック エディタのフォント
BPARAMETERSIZE	ブロック エディタの文字の表示サイズ
BPTEXTHORIZONTAL	アクションパラメータと拘束パラメータの文字を水平に表示
BTMARKDISPLAY	ダイナミック ブロックに値セット マーカーを表示するかどうか
BVMODE	可視状態で非表示のオブジェクトの表示方法
C	
CACHEMAXFILES	グラフィックスキャッシュファイルの最大数
CACHEMAXTOTALSIZE	グラフィックスキャッシュファイルの最大合計サイズ
CALCINPUT	式を評価するかどうか
CAMERADISPLAY	カメラ オブジェクトの表示
CAMERAHEIGHT	カメラ オブジェクトの既定の高さ
CANNOSCALE	現在の空間で現在の注釈尺度の名前
CANNOSCALEVALUE	現在の注釈尺度の値
CAPTURETHUMBNAILS	戻るツールにサムネイルをキャプチャ
CBARTRANSPARENCY	拘束バーの透過性
CCONSTRAINTFORM	オブジェクトに注釈拘束を適用するか
CDATE	カレンダーの日付と時刻
CECOLOR	新しく作成するオブジェクトの色
CELTSCALE	現在のオブジェクトの線種尺度
CELTYPE	新しく作成するオブジェクトの線種
CELWEIGHT	新しく作成するオブジェクトの線の太さ
CENTERCROSSGAP	中心マークとその中心線の間のギャップ
CENTERCROSSSIZE	自動調整中心マークのサイズ
CENTEREXE	中心線の延長長さ
CENTERLAYER	中心マークと中心線の既定画層
CENTERLTSCALE	中心マークと中心線の線種尺度
CENTERLTYPE	中心マークと中心線の線種
CENTERLTYPEFILE	中心マークと中心線の線種ライブラリファイル
CENTERMARKEXE	中心線が、新しい中心マークから自動的に伸びるか
CENTERMT	マルチテキストのグリップ編集方法
CETRANSPARENCY	新しく作成するオブジェクトの透過性レベル
CGEOCS	GIS 座標系の名前
CHAMFERA	1 本目の面取りの距離
CHAMFERB	2 本目の面取りの距離
CHAMFERC	面取りの長さ
CHAMFERD	面取りの角度
CHAMMODE	面取りの指定方法
CIRCLERAD	円の半径の既定値
CLAYER	現在の画層を設定
CLAYOUT	現在のレイアウト
CLEANSCREENSTATE	フル スクリーン表示されているか
CLIPROMPTLINES	コマンドウィンドウに表示されるテンポラリプロンプト行の数
CLIPROMPTUPDATE	AutoLISP とスクリプの実行中のメッセージをコマンドラインに表示
CLISTATE	コマンド ウィンドウが表示されているか
CMATERIAL	新しいオブジェクトのマテリアル
CMDACTIVE	コマンド、スクリプト、ダイアログボックスがアクティブかどうかを示す
CMDDIA	特定のコマンドでダイアログボックスを使用
CMDECHO	プロンプトとユーザ入力をエコーバック表示 / 非表示
CMDINPUTHISTORYMAX	格納された直前の入力値の最大値
CMDNAMES	アクティブなコマンドの名前
CMFADECOLOR	コーディネーションモデルにブレンドされる黒の量

CMFADEOPACITY	コーディネーションモデルの透明なものを通した減光量
CMLEADERSTYLE	現在のマルチ引出線スタイル
CMLJUST	マルチラインの位置合わせ
CMLSCALE	マルチラインの幅
CMLSTYLE	マルチラインのスタイル
CMOSNAP	コーディネーションモデル内のジオメトリにオブジェクトスナップを有効にするか
COLORTHEME	リボン、パレットのインタフェース要素の色調
COMMANDPREVIEW	コマンドの実行結果のプレビューを表示するか
COMPARECOLOR1	比較結果の図面ファイルで、最初の図面にのみ存在するオブジェクトの色
COMPARECOLOR2	比較結果の図面ファイルで、2番目の図面にのみ存在するオブジェクトの色
COMPARECOLORCOMMON	比較している2つの図面で同一であるオブジェクトの色
COMPAREFRONT	比較結果の図面で重なり合っているオブジェクトの既定の表示順序
COMPAREHATCH	図面比較にハッチング オブジェクトが含まれるか
COMPAREPROPS	表示されないプロパティの変更を、図面の2つの改訂間で変更として識別するか
COMPARERCMARGIN	比較結果の図面内のオブジェクトの差異を含む雲マークの境界ボックスからのオフセット距離を指定
COMPARERCSHAPE	比較結果図面が1つの大きな矩形にされるのか
COMPARESHOW1	最初の図面にのみ存在するオブジェクトが表示
COMPARESHOW2	2番目の図面にのみ存在するオブジェクトが表示
COMPARESHOWCOMMON	比較している図面の両方で同一であるオブジェクトを表示
COMPARESHOWRC	比較結果の図面で、差異の周囲に雲マークを表示
COMPARETEXT	図面比較に文字オブジェクトが含まれるか
COMPARETOLERANCE	図面ファイルを比較するときに使用する許容差
COMPASS	3D オービットで表示されるコンパスのオン／オフ
COMPLEXLTPREVIEW	複合線種のプレビューを表示するか
CONSTRAINTBARDISPLAY	幾何拘束の拘束バーの表示
CONSTRAINTBARMODE	拘束バーの幾何拘束の表示
CONSTRAINTINFER	ジオメトリの作成および編集中に幾何拘束を推測するか
CONSTRAINTNAMEFORMAT	寸法拘束の文字書式
CONSTRAINTSOLVEMODE	拘束を適用または編集している間の拘束の動作
COORDS	座標値の表示更新時間
COPYMODE	COPY コマンドを自動的に繰り返すか
CPLOTSTYLE	新しいオブジェクトの現在の印刷スタイル
CPROFILE	現在のプロファイル名
CPUTICKS	CPU クロック
CROSSINGAREACOLOR	交差選択中の選択領域の色
CTAB	現在のタブ名
CTABLESTYLE	現在の表スタイル名
CULLINGOBJ	ビューからは見えない3D サブオブジェクトをハイライト表示または選択可能にするか
CULLINGOBJSELECTION	ビューからは見えない3D オブジェクトをハイライト表示または選択可能にするか
CURSORBADGE	作図領域に特定のカーソルバッジが表示されるか
CURSORSIZE	クロスヘアカーソルのサイズ
CURSORTYPE	ポインティングデバイスで使用するカーソルの表示
CVIEWDETAILSTYLE	現在の詳細ビュースタイルの名前
CVIEWSECTIONSTYLE	現在の断面ビュースタイルの名前
CVPORT	現在のビューポートID（識別）番号
D	
DATALINKNOTIFY	更新されたデータリンクを通知
DATE	現在の日付と時刻
DBCSTATE	データベース接続マネージャの状態
DBLCLKEDIT	ダブルクリック編集モード
DBMOD	図面の変更状況
DCTCUST	スペルチェック用のカスタムディクショナリのパス名とファイル名
DCTMAIN	スペルチェック用基本ディクショナリのファイル名
DEFAULTGIZMO	3D 移動ギズモ、3D 回転ギズモ、3D 尺度変更ギズモを設定
DEFAULTLIGHTING	ビューポートの既定の照明
DEFAULTLIGHTINGTYPE	既定の照明の種類を指定
DEFLPLSTYLE	新しい画層の既定値の印刷スタイル名

DEFPLSTYLE	新しいオブジェクトの既定値の印刷スタイル名
DELOBJ	元のオブジェクトに関して図面データベースに対する保持 / 削除
DEMANDLOAD	デマンドロードの切り替え
DGNFRAME	DGN アンダーレイフレームを表示するか
DGNIMPORTMAX	DGN ファイル読み込み時に変換する最大要素数
DGNIMPORTMODE	DGNIMPORT コマンドの既定の動作
DGNMAPPINGPATH	dgnsetups.ini ファイルの場所
DGNOSNAP	DGN アンダーレイに対するオブジェクトスナップ
DIASTAT	直前に使用したダイアログボックスの終了状況
DIGITIZER	ディジタイザのシステムへの接続
DIMADEC	寸法角度精度
DIMALT	2 単位併記
DIMALTD	併記寸法精度
DIMALTF	併記変換係数
DIMALTRND	併記丸め単位
DIMALTTD	併記寸法許容差精度
DIMALTTZ	併記寸法許容差 0 省略
DIMALTU	併記寸法単位
DIMALTZ	併記寸法 0 省略
DIMANNO	現在の寸法スタイルが異尺度対応であるか
DIMAPOST	併記接頭 / 末尾表記
DIMARCSYM	弧長シンボル
DIMASO	自動調整設定
DIMASSOC	自動調整管理
DIMASZ	矢印サイズ
DIMATFIT	寸法値矢印フィット
DIMAUNIT	角度単位
DIMAZIN	角度寸法 0 省略
DIMBLK	矢印名
DIMBLK1	矢印 1
DIMBLK2	矢印 2
DIMCEN	中心サイズ
DIMCLRD	寸法線の色
DIMCLRE	補助線の色
DIMCLRT	寸法値の色
DIMCONSTRAINTICON	寸法拘束の鍵のアイコンの表示
DIMCONTINUEMODE	直列寸法または並列寸法の寸法スタイルと画層が選択した直列寸法から継承されるか
DIMDEC	寸法精度
DIMDLE	寸法線延長長さ
DIMDLI	寸法線間隔
DIMDSEP	寸法小数点区切り
DIMEXE	寸法補助線延長長さ
DIMEXO	補助線間隔
DIMFIT	寸法値フィット
DIMFRAC	分数表記
DIMFXL	寸法補助線長さ
DIMFXLON	寸法補助線長さ固定
DIMGAP	寸法ギャップ
DIMJOGANG	半径寸法線折り曲げ角度
DIMJUST	寸法値水平位置
DIMLAYER	新しい寸法の既定の画層
DIMLDRBLK	引出線矢印タイプ
DIMLFAC	長さの係数
DIMLIM	許容限界表示
DIMLTEX1	寸法線線種 1
DIMLTEX2	寸法線線種 2
DIMLTYPE	寸法線線種
DIMLUNIT	長さ寸法表記形式

DIMLWD	寸法線太さ
DIMLWE	寸法補助線太さ
DIMPICKBOX	DIM コマンド内でのピックボックスのサイズ
DIMPOST	接頭 / 末尾表記
DIMRND	丸めの値
DIMSAH	矢印切り替え
DIMSCALE	寸法の尺度
DIMSD1	寸法線省略 /1
DIMSD2	寸法線省略 /2
DIMSE1	補助線省略 /1
DIMSE2	補助線省略 /2
DIMSHO	ドラッグ同時計算
DIMSOXD	外側寸法省略
DIMSTYLE	寸法スタイル管理
DIMTAD	寸法線上記入
DIMTDEC	寸法許容差精度
DIMTFAC	許容差尺度
DIMTFILL	寸法値背景
DIMTFILLCLR	寸法値背景色
DIMTIH	補助線内水平
DIMTIX	寸法値内側設定
DIMTM	最小許容差
DIMTMOVE	寸法値移動規則
DIMTOFL	寸法線内側記入
DIMTOH	寸法線外水平
DIMTOL	許容差表示
DIMTOLJ	許容差垂直位置
DIMTP	最大許容差
DIMTSZ	斜線サイズ
DIMTVP	縦方向位置
DIMTXSTY	寸法スタイル
DIMTXT	寸法値高さ
DIMTXTDIRECTION	寸法値の可読方向
DIMTXTRULER	寸法値の編集時のルーラーの表示
DIMTZIN	寸法許容差 0 省略
DIMUNIT	寸法単位
DIMUPT	寸法値位置指定
DIMZIN	0 省略表記
DISPSILH	ワイヤフレームモード時のソリッドオブジェクトのシルエット曲面表示のオン / オフ
DISTANCE	DIST [距離計算] コマンドの計算結果
DIVMESHBOXHEIGHT	メッシュ直方体の Z 軸方向の高さの分割数
DIVMESHBOXLENGTH	メッシュ直方体の X 軸方向の長さの分割数
DIVMESHBOXWIDTH	メッシュ直方体の Y 軸方向の幅の分割数
DIVMESHCONEAXIS	メッシュ円錐の底面の円周に沿った分割数
DIVMESHCONEBASE	メッシュ円錐の底面の中心点と円周間の分割数
DIVMESHCONEHEIGHT	メッシュ円錐の底面と頂点または上面間の分割数
DIVMESHCYLAXIS	メッシュ円柱の底面の円周に沿った分割数
DIVMESHCYLBASE	メッシュ円柱の底面の中心から円周に向けての放射状の分割数
DIVMESHCYLHEIGHT	メッシュ円柱の底面と上面間の分割数
DIVMESHPYRBASE	メッシュ角錐の底面の中心と外周間の放射状の分割数
DIVMESHPYRHEIGHT	メッシュ角錐の底面と上面間の分割数
DIVMESHPYRLENGTH	メッシュ角錐の底面の各辺の分割数
DIVMESHSPHEREAXIS	メッシュ球の軸を中心とする放射状の分割数
DIVMESHSPHEREHEIGHT	メッシュ球の軸の両端点間の分割数
DIVMESHTORUSPATH	メッシュトーラスのチューブの断面がスイープされるパスの分割数
DIVMESHTORUSSECTION	メッシュトーラスのパスにスイープされるチューブの断面の分割数
DIVMESHWEDGEBASE	メッシュくさびの三角形の面の中心点と外周間の分割数
DIVMESHWEDGEHEIGHT	メッシュくさびの Z 軸方向の高さの分割数

DIVMESHWEDGELENGTH	メッシュくさびの X 軸方向の長さの分割数
DIVMESHWEDGESLOPE	メッシュくさびの頂上から底面のエッジまでの傾斜面の分割数
DIVMESHWEDGEWIDTH	メッシュくさびの Y 軸方向の幅の分割数
DONUTID	ドーナツの内径の既定値
DONUTOD	ドーナツの外径の既定値
DRAGMODE	ドラッグされたオブジェクトの表示方法
DRAGP1	再生ドラッグモードでの入力のサンプリング周期
DRAGP2	高速ドラッグモードでの入力のサンプリング周期
DRAGVS	押し出されたソリッドおよびサーフェスの表示スタイル
DRAWORDERCTL	表示順序機能をコントロール
DRSTATE	[図面修復] ウィンドウが開いているか
DTEXTED	1 行文字の編集方法
DWFFRAME	DWF アンダーレイ フレームを表示するかどうか
DWFOSNAP	DWF アンダーレイのオブジェクト スナップ
DWGCHECK	図面を最後に編集したのが AutoCAD 以外の製品かどうかを判別
DWGCODEPAGE	システム変数 SYSCODEPAGE と同じ値
DWGNAME	図面名
DWGPREFIX	図面のドライブまたはディレクトリ
DWGTITLED	現在の図面に名前が付いているかどうか
DXEVAL	表とデータソースの更新通知をいつ表示するか
DYNCONSTRAINTMODE	寸法拘束されたオブジェクトが選択された場合、非表示の寸法拘束を表示
DYNDIGRIP	グリップ編集中にどのダイナミック寸法を表示するか
DYNDIVIS	グリップ編集中にいくつのダイナミック寸法を表示するか
DYNINFOTIPS	グリップを使用して編集するときに [Shift] および [Ctrl] を使用するためのチップを表示
DYNMODE	ダイナミック入力機能の切り替え
DYNPICOORDS	ポインタの入力で [相対]、[絶対] どちらの座標形式を使用するか
DYNPIFORMAT	ポインタの入力で [極]、[デカルト] どちらの座標形式を使用するか
DYNPIVIS	ポインタ入力を表示するタイミング
DYNPROMPT	ダイナミック入力ツールチップのプロンプトの表示
DYNTOOLTIPS	ツールチップの表示設定
E	
EDGEMODE	切り取り、境界エッジの決定方法
ELEVATION	UCS の高度
ENTERPRISEMENU	共有 CUI のファイル名
ENTEXTS	図面範囲計算方法
ENTMODS	図面データベース編集カウンタ
EPDFSHX	PDF 書き出し時に SHX フォントを使用した文字オブジェクトを PDF ファイルに格納するか
ERHIGHLIGHT	[外部参照] パレットで参照名を選択して参照オブジェクトをハイライト表示するか
ERRNO or *ERRNO	AutoLISP のエラー番号
ERSTATE	[外部参照] パレットが開いているか
EXPERT	確認プロンプトの表示
EXPLMODE	非均一尺度の（NUS）ブロックをサポートするかどうか
EXPORTEPLOTFORMAT	既定の電子ファイル出力形式（PDF、DWF、DWFx）
EXPORTMODELSPACE	モデル空間から図面のどの部分を DWF、DWFx、PDF ファイルに書き出すか
EXPORTPAGESETUP	現在のページ設定を使用して DWF、DWFx、PDF を出力するか
EXPORTPAPERSPACE	ペーパー空間から図面のどの部分を DWF、DWFx、PDF ファイルに書き出すか
EXPVALUE	レンダリング中に適用する露出値
EXPWHITEBALANCE	レンダリング中に適用するケルビン色温度（ホワイトバランス）値
EXTMAX	オブジェクト範囲の右上点
EXTMIN	オブジェクト範囲の左下点
EXTNAMES	名前の付いたオブジェクト（線種や画層など）のパラメータ
F	
FACETERDEVNORMAL	隣接するメッシュ面のサーフェス法線間の最大角度
FACETERDEVSURFACE	変換後のメッシュオブジェクトが、ソリッドまたはサーフェスの元の形状にどれだけ近いか
FACETERGRIDRATIO	メッシュに変換されるソリッドまたはサーフェスに対して作成されるメッシュ分割の最大縦横比
FACETERMAXEDGELENGTH	ソリッドまたはサーフェスを変換して作成されるメッシュオブジェクトのエッジの最大長

FACETERMAXGRID	MESHSMOOTH コマンドの U グリッド線および V グリッド線の最大数に影響する内部パラメータ
FACETERMESHTYPE	作成されるメッシュの種類
FACETERMINUGRID	MESHSMOOTH コマンドの U グリッド線の最小数に影響する内部パラメータ
FACETERMINVGRID	MESHSMOOTH コマンドの V グリッド線の最小数に影響する内部パラメータ
FACETERPRIMITIVEMODE	オブジェクトのメッシュ変換時に適用するスムーズ化設定の方法
FACETERSMOOTHLEV	メッシュに変換したオブジェクトに適用する既定のスムーズレベル
FACETRATIO	円柱などのメッシュ表示をコントロール
FACETRES	シェーディング表示などの滑らかさ
FIELDDISPLAY	フィールドの表示方法
FIELDEVAL	フィールドの更新方法
FILEDIA	ファイルダイアログボックスの表示のオン / オフ
FILETABPREVIEW	図面ファイルタブの上にカーソルを置いたときのプレビューの種類
FILETABSTATE	作図領域の上部に表示されるファイルタブの状態
FILETABTHUMBHOVER	ファイルタブのサムネイルからモデルまたはレイアウトがロードされるか
FILLETPOLYARC	円弧を含むポリラインのフィレット動作
FILLETRAD	フィレットの半径
FILLETRAD3D	3D オブジェクトの現在のフィレット半径
FILLMODE	塗り潰しを行うかどうか
FONTALT	代替フォント
FONTMAP	フォントマッピング用ファイル
FRAME	イメージ、マップイメージ、アンダーレイ、外部参照、ワイプアウトオブジェクトのフレームの表示
FRAMESELECTION	イメージ、アンダーレイ、クリップされた外部参照、ワイプアウトの非表示のフレームを選択できるか
FRONTZ	前方クリップ平面までの距離
FULLOPEN	現在の図面が部分的に開いているかどうか
FULLPLOTPATH	図面ファイルの絶対パスを印刷スプーラに送るかどうか
G	
GALLERYVIEW	リボンのドロップダウンギャラリーのプレビューのタイプ
GEOLATLONGFORMAT	[地理的位置] ダイアログボックス、およびステータスバーの緯度および経度の形式
GEOLOCATEMODE	位置追跡がオンであるかオフであるか
GEOMAPMODE	現在のビューポートで使用されているオンラインマップのスタイル
GEOMARKERVISIBILITY	地理マーカーの表示
GEOMARKPOSITIONSIZE	位置マーカーを作成する場合、点オブジェクトとマルチテキストオブジェクトに使用する尺度
GFANG	グラデーション塗り潰しの角度
GFCLR1	グラデーション塗り潰しの色
GFCLR2	グラデーション塗り潰しの 2 番目の色
GFCLRLUM	グラデーション塗り潰しの色を明るくするか
GFCLRSTATE	グラデーション塗り潰しに 1 色か 2 色を使用するか
GFNAME	グラデーション塗り潰しのパターン
GFSHIFT	グラデーション塗り潰しのパターンの変化
GLOBALOPACITY	すべてのパレットの透明度
GRIDDISPLAY	グリッドの表示動作および表示範囲
GRIDMAJOR	副グリッド線に対する主グリッド線の頻度
GRIDMODE	グリッド表示 / 非表示
GRIDSTYLE	グリッドがドットとして表示されるか、線として表示されるか
GRIDUNIT	グリッドの間隔
GRIPBLOCK	ブロックに対するグリップの割り当て方法
GRIPCOLOR	選択していないグリップの色
GRIPCONTOUR	グリップ輪郭線の色
GRIPDYNCOLOR	ダイナミック ブロックのカスタム グリップの色
GRIPHOT	選択しているグリップの色
GRIPHOVER	カーソルをグリップ上に置いたときのグリップ色
GRIPMULTIFUNCTIONAL	多機能グリップのオプションへのアクセス方法
GRIPOBJLIMIT	グリップ表示の最大数
GRIPS	グリップの各モードで選択したオブジェクトすべてにグリップを表示するかどうか
GRIPSIZE	グリップボックスのサイズ

GRIPSUBOBJMODE	サブオブジェクトを選択したときに、グリップを自動的にホットグリップにするか
GRIPTIPS	グリップチップの表示／非表示
GROUPDISPLAYMODE	グループ選択をオンにしてグループ内のオブジェクトを選択したときのグリップの表示方法
GTAUTO	3D 表示スタイルでグリップ ツールを自動的に表示するかどうか
GTDEFAULT	3D ビューで 3D 編集コマンドを実行するかどうか
GTLOCATION	3D 編集コマンド実行時のグリップ ツールの最初の場所
H	
HALOGAP	陰線処理時のギャップ表示
HANDLES	オブジェクトハンドル番号をアプリケーションから使用できるかどうか
HELPPREFIX	ヘルプシステムのファイルパス
HIDETEXT	陰線処理時の文字の表示
HIGHLIGHT	ハイライト表示するかどうか
HIGHLIGHTSMOOTHING	オブジェクトのハイライト表示でのアンチエイリアシング効果
HPANG	ハッチングパターンの角度
HPANNOTATIVE	このセッションで新しく作成するハッチングパターンを自動調整にするか
HPASSOC	ハッチングパターンの自動調整
HPBACKGROUNDCOLOR	現在の図面で新しく作成するハッチングパターンの既定の背景色
HPBOUND	BHATCH ［境界ハッチング］コマンドおよび BOUNDARY ［境界作成］コマンドで作成するオブジェクトのタイプ
HPBOUNDRETAIN	このセッションで、新しく作成されるハッチングと塗り潰しで境界オブジェクトを作成するか
HPCOLOR	現在の図面で新しく作成するハッチングの既定の色
HPDLGMODE	［ハッチングとグラデーション］ダイアログボックスと［ハッチング編集］ダイアログボックスの表示
HPDOUBLE	［ユーザ定義］でダブルハッチングを行うかどうか
HPDRAWORDER	ハッチングと塗り潰しの表示順序
HPGAPTOL	閉じたハッチング境界として扱うための許容値
HPINHERIT	［プロパティを継承］オプションを使用したときのハッチング原点
HPISLANDDETECTION	このセッションで、新しいハッチング境界内の島がどのように扱われるか
HPISLANDDETECTIONMODE	このセッションで、新しいハッチングおよびフィル内の島を検出するか
HPLAYER	現在の図面で新しく作成するハッチングおよび塗り潰しの既定の画層
HPLINETYPE	ハッチングパターンでの実線以外の線種の表示方法
HPMAXAREAS	ハッチングオブジェクの閉じた領域の最大数
HPMAXLINES	生成されるハッチング線分の最大数
HPNAME	ハッチングパターン名の既定値
HPOBJWARNING	選択可能なハッチング境界オブジェクトの数
HPORIGIN	新しく作成されるハッチング オブジェクトのハッチング原点
HPORIGINMODE	ハッチング原点をどのように決定するか
HPPICKMODE	ハッチング領域を指定するための既定の方法
HPQUICKPREVIEW	ハッチング領域を指定するときに、ハッチングプレビューを表示するか
HPQUICKPREVTIMEOUT	生成されたハッチングプレビューが自動的にキャンセルされるまでの最大時間
HPSCALE	ハッチングパターンの尺度
HPSEPARATE	独立したハッチングを作成するかどうか
HPSPACE	［ユーザ定義］でハッチングを行う場合のハッチングパターンの線間隔
HPTRANSPARENCY	現在の図面で新しく作成するハッチングおよび塗り潰しの既定の透過性
HQGEOM	2D ワイヤフレーム表示のパフォーマンスを向上
HYPERLINKBASE	相対ハイパーリンクに使用されるパス
I	
IBLENVIRONMENT	イメージベースの照明を有効
IMAGEFRAME	イメージおよびマップイメージのフレームの表示 / 非表示、および印刷する / しない
IMAGEHLT	ラスターイメージ全体をハイライト表示するか、フレームだけをハイライト表示するか
IMPLIEDFACE	仮想面の検出
INDEXCTL	画層および空間インデックスを図面ファイルに保存するかどうか
INETLOCATION	インターネットの位置
INPUTHISTORYMODE	ユーザ入力の履歴表示の内容と場所
INPUTSEARCHDELAY	コマンドライン入力候補リストの表示を遅延するミリ秒数
INSBASE	BASE ［基点設定］コマンドで設定された挿入基点
INSNAME	INSERT ［ブロック挿入］コマンドで使用する既定値のブロック名

INSUNITS	AutoCADDesignCenter からブロックをドラッグする場合の作図単位
INSUNITSDEFSOURCE	ソース内容の単位の値
INSUNITSDEFTARGET	ターゲット図面の単位の値
INTELLIGENTUPDATE	グラフィックス リフレッシュ レート
INTERFERECOLOR	干渉オブジェクトの色
INTERFEREOBJVS	干渉オブジェクトの表示スタイル
INTERFEREVPVS	干渉チェック中のビューポートの表示スタイル
INTERSECTIONCOLOR	交線を表すポリラインの色
INTERSECTIONDISPLAY	交線を表すポリラインの表示／非表示
ISAVEBAK	インクリメンタル保存の処理速度
ISAVEPERCENT	消費できる空間のパーセンテージ
ISOLINES	サーフェスごとの等角線分数
L	
LARGEOBJECTSUPPORT	図面を開いたり保存するときの、大きなオブジェクトに対するサイズ制限
LASTANGLE	最後に入力された円弧の終点での角度
LASTPOINT	最後に入力された点
LASTPROMPT	コマンドライン文字列
LATITUDE	図面モデルの緯度を十進表記形式で指定
LAYERDLGMODE	旧形式の［画層プロパティ管理］を開くか、現在の［画層プロパティ管理］を開くか
LAYEREVAL	［新しい一時画層］が新規画層の評価を実行するか
LAYEREVALCTL	新規画層を評価する、［画層プロパティ管理］の［新しい一時画層］フィルタリスト全体
LAYERFILTERALERT	画層フィルタを削除する方法
LAYERMANAGERSTATE	［画層プロパティ管理］が開いているか閉じているか
LAYERNOTIFY	正規画層とされていない新規画層への警告
LAYEROVERRIDEHIGHLIGHT	画層の背景色のハイライト表示の表示／非表示
LAYLOCKFADECTL	ロックされた画層上のオブジェクトの表示
LAYOUTREGENCTL	レイアウト表示の更新方法
LAYOUTTAB	［モデル］タブおよびレイアウトタブの表示／非表示
LAZYLOAD	デマンドロードをコントロール
LEGACYCODESEARCH	実行可能ファイルの検索にプログラム起動フォルダを含めるか
LEGACYCTRLPICK	選択循環に使用するキーおよび［Ctrl］＋左クリックの動作
LENSLENGTH	透視図のレンズ長（mm）
LIGHTGLYPHDISPLAY	光源記号を表示するかどうか
LIGHTINGUNITS	一般光源を使用するか測光光源を使用するか
LIGHTLISTSTATE	［モデルの光源］ウィンドウが開いているかどうか
LIGHTSINBLOCKS	ブロックに含まれる光源をレンダリング時に使用するか
LIMCHECK	図面範囲を超えてオブジェクトを作成できるかどうか
LIMMAX	図面範囲の右上点
LIMMIN	図面範囲の左下点
LINEFADING	ハードウェアアクセラレーションがオンの場合、線分の表示をフェードするか
LINEFADINGLEVEL	ハードウェアアクセラレーションがオンの場合に、線分のフェード効果の強度
LINESMOOTHING	アンチエイリアシングが、2D ワイヤフレーム表示スタイルの 2D オブジェクトに適用されるか
LISPINIT	LISP 関数の有効範囲
LOCALE	AutoCAD バージョンの言語コード
LOCALROOTPREFIX	ローカルフォルダのパス名
LOCKUI	ドッキング可能ウィンドウの位置とサイズをロック
LOFTANG1	ロフト操作での最初の断面に対するドラフト角度
LOFTANG2	ロフト操作での最後の断面に対するドラフト角度
LOFTMAG1	ロフト操作での最初の断面に対するドラフト角度の大きさ
LOFTMAG2	ロフト操作での最後の断面に対するドラフト角度の大きさ
LOFTNORMALS	ロフトするオブジェクトの断面と交差する地点での法線
LOFTPARAM	ロフトしたソリッドおよびサーフェスの形状
LOGFILEMODE	テキストウィンドウの内容をログに書き込むかどうか
LOGFILENAME	ログファイルのパスと名前
LOGFILEPATH	セッション内のすべての図面のログファイルのパス
LOGINNAME	ログインユーザ名
LONGITUDE	図面モデルの経度を十進表記形式で指定
LTGAPSELECTION	実線以外の線種で定義されたオブジェクトの空白部分で選択またはスナップできるか

LTSCALE	グローバルな線種尺度
LUNITS	長さの単位
LUPREC	線分単位に対する表示精度
LWDEFAULT	既定値の線の太さの値
LWDISPLAY	線の太さを表示するかどうか
LWUNITS	線の太さの表示単位
M	
MACROTRACE	コマンドマクロをトレース
MATBROWSERSTATE	[マテリアルブラウザ] が表示されている閉じているか
MATEDITORSTATE	[マテリアルエディタ] が表示されているか閉じているか
MAXACTVP	一度にアクティブにできるビューポートの最大数
MAXOBJMEM	メモリ設定
MAXSORT	シンボル名 / ブロック名の一覧表示の最大数
MAXTOUCHES	接続されているディジタイザがサポートするタッチ点の数
MBUTTONPAN	マウスの第 3 ボタン、ホイールの動作
MEASUREINIT	新規図面の作図単位
MEASUREMENT	現在の図面についてのみの作図単位
MENUBAR	メニューバーの表示
MENUCTL	スクリーン メニューのページ切り替え
MENUECHO	エコー、プロンプト表示をコントロール
MENUNAME	メニューファイル名
MESHTYPE	REVSURF、TABSUR、RULESURF、EDGESURF コマンドで作成されるメッシュの種類
MILLISECS	ミリ秒カウンター
MIRRHATCH	MIRROR コマンドでハッチングパターンがどのように鏡像化されるか
MIRRTEXT	MIRROR [鏡像] コマンドで文字を鏡像表示
MLEADERSCALE	マルチ引出線オブジェクトに適用する全体の尺度を設定
MODEMACRO	文字列をステータス行に表示
MSLTSCALE	線種尺度を注釈尺度の応じて変更
MSMSTATE	[マークアップセット管理] が表示されているか
MSOLESCALE	OLE オブジェクトのサイズ
MTEXTAUTOSTACK	MTEXT コマンドの自動スタック
MTEXTCOLUMN	マルチテキストオブジェクトの既定の段組み設定
MTEXTDETECTSPACE	MTEXT コマンドでリスト項目を作成するためにキーボードのスペースバーを使用するか
MTEXTED	マルチテキストの 1 次と 2 次のテキストエディタ
MTEXTFIXED	マルチテキストエディタの表示方法
MTEXTTOOLBAR	[文字の書式設定] ツールバーの表示
MTJIGSTRING	マルチテキストエディタのサンプル文字
MVIEWPREVIEW	新しいレイアウト ビューポートを挿入するときのプレビュー
MYDOCUMENTSPREFIX	「マイ ドキュメント」フォルダのパス名
N	
NAVBARDISPLAY	すべてのビューポートでのナビゲーションバーの表示
NAVSWHEELMODE	SteeringWheels の現在のモード
NAVSWHEELOPACITYBIG	大きい SteeringWheels の不透明度
NAVSWHEELOPACITYMINI	ミニ SteeringWheels の不透明度
NAVSWHEELSIZEBIG	大きい SteeringWheels のサイズ
NAVSWHEELSIZEMINI	ミニ SteeringWheels のサイズ
NAVVCUBEDISPLAY	現在の表示スタイルおよび現在のビューポートでの ViewCube ツールの表示
NAVVCUBELOCATION	ビューポートのどのコーナーに ViewCube ツールを表示するか
NAVVCUBEOPACITY	アクティブでないときの ViewCube ツールの不透明度
NAVVCUBEORIENT	ViewCube ツールが現在の UCS と WCS のどちらを反映するか
NAVVCUBESIZE	ViewCube ツールのサイズ
NODENAME	ノード名
NOMUTT	コマンドラインメッセージの省略
NORTHDIRECTION	北からの太陽の角度を指定
O	
OBJECTISOLATIONMODE	非表示のオブジェクトを図面セッション間で非表示のままにしておくか
OBSCUREDCOLOR	陰線の色
OBSCUREDLTYPE	陰線の線種

OFFSETDIST	オフセット間隔の既定値
OFFSETGAPTYPE	オフセットのギャップをコントロール
OLEFRAME	OLE オブジェクトのフレーム表示
OLEHIDE	OLE オブジェクトの表示
OLEQUALITY	埋め込み OLE オブジェクトの既定値の品質レベル
OLESTARTUP	埋め込みの OLE オブジェクトのソースアプリケーションを印刷時にロードするかどうか
OPMSTATE	[プロパティ] パレットが開いているか
ORBITAUTOTARGET	3DORBIT コマンドの目標点の取得方法
ORTHOMODE	カーソル移動を垂直方向に限定
OSMODE	定常 O スナップモードの設定
OSNAPCOORD	座標入力時の優先度
OSNAPHATCH	オブジェクト スナップでハッチング オブジェクトを無視するかどうか
OSNAPNODELEGACY	[点] オブジェクト スナップでマルチ テキスト オブジェクトにスナップするかどうか
OSNAPOVERRIDE	一時優先キーによる OSNAP
OSNAPZ	オブジェクト スナップで Z 値を使用するかどうか
OSOPTIONS	オブジェクト スナップでハッチングまたはダイナミック UCS の負の Z 値を持つ図形を無視するかどうか
P	
PALETTEOPAQUE	既定値とは異なる用紙サイズでレイアウトを印刷しようとした場合の警告ダイアログボックスの表示
PAPERUPDATE	印刷時の用紙サイズについての警告表示
PARAMETERCOPYMODE	拘束および被参照ユーザパラメータの処理方法
PARAMETERSSTATUS	[パラメータ管理] が表示されているか、表示されていないか
PCMSTATE	[点群マネージャ] が開いているか閉じているか
PDFFRAME	PDF アンダーレイフレームを表示するか
PDFIMPORTFILTER	PDF ファイルから読み込み、AutoCAD オブジェクトに変換するデータのタイプ
PDFIMPORTIMAGEPATH	PDF ファイルを読み込むときに、参照イメージファイルを抽出して保存するフォルダ
PDFIMPORTLAYERS	PDF ファイルから読み込んだオブジェクトに割り当てる画層
PDFIMPORTMODE	PDF ファイルからオブジェクトを読み込むときの既定の処理
PDFOSNAP	PDF アンダーレイ内のジオメトリに対してオブジェクトスナップを有効にするか
PDFSHX	PDF 書き出しで SHX フォントを使用した文字オブジェクトを PDF ファイルに格納するか
PDFSHXBESTFONT	PDF ジオメトリを文字に変換する際のフォントの扱い
PDFSHXLAYER	SHX ジオメトリを文字オブジェクトに変換するときに、新しく作成される文字オブジェクトに割り当てる画層
PDFSHXTHRESHOLD	ジオメトリが文字オブジェクトに変換される前に、フォントと一致しなければならない選択したジオメトリのパーセンテージ
PDMODE	点オブジェクトの表示モード
PDSIZE	点オブジェクトの表示サイズ
PEDITACCEPT	ポリライン編集時の変更表示
PELLIPSE	楕円の作成方法
PERIMETER	AREA [面積計算]、DBLIST [オブジェクト情報一覧]、または LIST [オブジェクト情報] コマンドで最後に計算した周囲の長さ
PERSPECTIVE	透視図を表示するかどうか
PERSPECTIVECLIP	視点クリップの位置
PFACEVMAX	サーフェスの最大頂点数
PHANDLE	パレットポインター
PICKADD	現在の選択セットと置き換えるか、追加するか
PICKAUTO	オブジェクトを選択する場合に選択窓を自動表示
PICKBOX	オブジェクトを選択する場合のピックボックスのサイズ
PICKDRAG	選択窓の作成方法
PICKFIRST	コマンドの発行前、発行後のどちらにオブジェクトを選択するか
PICKSTYLE	グループ、自動調整ハッチングパターンの選択方法
PLATFORM	使用中の AutoCAD の動作環境
PLINECONVERTMODE	スプラインをポリラインに変換するときに使用されるフィット方法
PLINEGCENMAX	図心を計算するアプリケーションに対してポリラインが有することができるセグメントの最大数
PLINEGEN	2 次元ポリラインの各頂点での線種パターンの生成方法
PLINEREVERSEWIDTHS	ポリラインの方向を反転するときのポリラインの外観
PLINETYPE	最適化された 2D ポリラインを使用するかどうか

PLINEWID	ポリラインの幅の既定値
PLOTOFFSET	印刷オフセット原点の基準
PLOTROTMODE	プロッタの印刷方向
PLOTTRANSPARENCYOVERRIDE	オブジェクトの透過性を印刷に反映するか
PLQUIET	スクリプト印刷時のエラー表示
POINTCLOUD2DVSDISPLAY	2D ワイヤフレーム表示スタイルで点群を表示したときの境界ボックスと文字メッセージの表示 / 非表示
POINTCLOUDAUTOUPDATE	旧形式の点群オブジェクトについて画面移動、ズーム、オービットで点群を自動的に再作図するか
POINTCLOUDBOUNDARY	点群の境界ボックスを表示するか
POINTCLOUDCACHESIZE	点群を表示するために予約するメモリ量
POINTCLOUDCLIPFRAME	旧形式の点群のクリップ境界を画面に表示するか、および印刷するか
POINTCLOUDDENSITY	旧形式の点群オブジェクトについて、表示する点のパーセンテージ
POINTCLOUDLIGHTING	点群に対する照明効果の表示方法
POINTCLOUDLIGHTSOURCE	照明がオンのときの点群の光源
POINTCLOUDLOCK	アタッチされた点群を操作、移動、クロップ、回転できるようにするか
POINTCLOUDLOD	点群の表示の詳細レベル
POINTCLOUDPOINTMAX	図面にアタッチされているすべての点群の表示可能な点の最大数
POINTCLOUDPOINTMAXLEGACY	旧形式の点群についてアタッチされているすべての点群の表示可能な点の最大数
POINTCLOUDPOINTSIZE	新しい点群オブジェクトの点のサイズ
POINTCLOUDRTDENSITY	旧形式の点群オブジェクトについてズーム、画面移動、オービット中に表示される点の数
POINTCLOUDSHADING	点群内の点の明るさが拡散光か反射光か
POINTCLOUDVISRETAIN	アタッチされている点群プロジェクトファイルのリージョン等の表示 / 非表示の状態が旧形式の図面で保持されるか
POLARADDANG	ユーザ定義の極角度
POLARANG	極角度の増分
POLARDIST	システム変数 SNAPSTYL が極スナップに設定されている場合のスナップの増分
POLARMODE	極トラッキング、O スナップトラッキングの設定
POLYSIDES	POLYGON［ポリゴン］コマンドのためのエッジの本数の既定値
POPUPS	ディスプレイドライバの機能を表示
PREVIEWCREATIONTRANSPARENCY	SURFBLEND、SURFPATCH、SURFFILLET、FILLETEDGE、CHAMFEREDGE、LOFT コマンドの使用時のプレビューの透過性
PREVIEWFILTER	特定のオブジェクト タイプを選択プレビューから除外
PREVIEWTYPE	図面サムネイルプレビューに使用するビューをコントロール
PRODUCT	製品名
PROGRAM	プログラム名
PROJECTNAME	図面に付けられたプロジェクト名
PROJMODE	投影モードの現在値
PROPERTYPREVIEW	プロパティのドロップダウンリストにカーソルを合わせたときに、現在選択している変更をプレビューするか
PROPOBJLIMIT	［プロパティ］パレットまたは［クイックプロパティ］パレットで一度に変更できるオブジェクトの数
PROPPREVTIMEOUT	プロパティのプレビューの生成に使用できる最長時間
PROXYGRAPHICS	プロキシオブジェクトのイメージを図面に保存するかどうか
PROXYNOTICE	カスタムオブジェクトを含む図面を開くときに通知メッセージを表示
PROXYSHOW	プロキシオブジェクトの表示
PSLTSCALE	ペーパー空間での線種尺度
PSOLHEIGHT	スイープ ソリッド オブジェクトの既定の高さ
PSOLWIDTH	スイープ ソリッド オブジェクトの既定の幅
PSPROLOG	PSOUT 時、acad.psf ファイルから読み込まれるプロローグセクション
PSQUALITY	PostScript イメージの描画 / 品質
PSTYLEMODE	色従属 / 名前付き印刷スタイルモード
PSTYLEPOLICY	オブジェクトの色の印刷スタイルとの関連付け
PSVPSCALE	新しいビューポートの表示倍率
PUBLISHALLSHEETS	［マルチシート DWF をパブリッシュ］ダイアログ ボックス リストに含める情報
PUBLISHCOLLATE	マルチシート印刷をするか
PUBLISHHATCH	DWF または DWFx 形式にパブリッシュされるハッチング パターンを AutodeskImpression で開いたときに、単一のオブジェクトとして扱うか
PUCSBASE	ペーパー空間での直交投影 UCS 設定の原点、方向を定義する UCS 名
Q	

QAFLAGS	リスト表示時など一時停止の設定
QAUCSLOCK	UCS の割り込み設定をロック
QCSTATE	[クイック計算] パレットが開いているか
QPLOCATION	[クイックプロパティ] パレットの場所
QPMODE	オブジェクトを選択したときに、[クイックプロパティ] パレットを表示するか
QTEXTMODE	文字の表示状態
QUEUEDREGENMAX	3D キューの深さ
QVDRAWINGPIN	図面のプレビューイメージの既定の表示状態
QVLAYOUTPIN	図面のモデル空間とレイアウトのプレビューイメージの既定の表示状態
R	
RASTERDPI	ミリメートル-ピクセルの換算乗数
RASTERPERCENT	ラスターイメージ印刷に使用可能な仮想メモリの最大パーセント
RASTERPREVIEW	サムネイルプレビューイメージを作成して、図面とともに保存するか
RASTERTHRESHOLD	印刷時のラスターイメージのスレッショルドをメガバイトで指定
REBUILD2DCV	スプラインを再生成するときの制御点の数
REBUILD2DDEGREE	スプラインを再生成するときのグローバル次数
REBUILD2DOPTION	スプラインを再生成するときに元の曲線を削除するか
REBUILDDEGREEU	NURBS サーフェスを再生成するときの U 方向の次数
REBUILDDEGREEV	NURBS サーフェスを再生成するときの V 方向の次数
REBUILDOPTIONS	NURBS サーフェスを再生成するときの削除およびトリムオプション
REBUILDU	NURBS サーフェスを再生成するときの U 方向のグリッド線の数
REBUILDV	NURBS サーフェスを再生成するときの V 方向のグリッド線の数
RECOVERAUTO	破損した図面ファイルを開く前または開いた後の修復通知の表示
RECOVERYMODE	図面修復情報を記録するかどうか
REFEDITNAME	編集中の外部参照名
REFPATHTYPE	参照ファイルがホスト図面ファイルに最初にアタッチされるときに、絶対パス、相対パス、パスなしのいずれを使うか
REGENMODE	図面の自動再作図（旧機能）
RE-INIT	acad.pgp などを再初期化
REMEMBERFOLDERS	ファイル選択ダイアログ ボックスの既定値を保存
RENDERENVSTATE	[レンダリング環境と露出] パレットが表示されているか閉じているか
RENDERLEVEL	レンダリングイメージを作成するためにレンダリングエンジンが実行するレベルの数
RENDERLIGHTCALC	光源とマテリアルのレンダリング精度
RENDERPREFSSTATE	[レンダリング設定] パレットが開かれているか
RENDERTARGET	レンダリングエンジンが使用するレンダリング時間のタイプ
RENDERTIME	レンダリングエンジンが反復的にレンダリングイメージを微調整する分数
RENDERUSERLIGHTS	ユーザー定義の光源をレンダリング時に変換
REPORTERROR	オートデスクにエラーをレポート
REVCLOUDCREATEMODE	雲マークを作成する際の既定の入力
REVCLOUDGRIPS	雲マークに表示されるグリップの数
RIBBONBGLOAD	プロセッサのアイドル時にバックグラウンド処理でリボンタブをメモリにロードするか
RIBBONCONTEXTSELLIM	リボンのプロパティコントロールまたはコンテキストタブを使用して一度に変更できるオブジェクトの数を制限
RIBBONDOCKEDHEIGHT	水平にドッキングされたリボンの高さを、現在のタブの高さに設定するか、定義済みの高さに設定するか
RIBBONICONRESIZE	リボンのアイコンを標準サイズにサイズ変更するか
RIBBONSELECTMODE	リボンのコマンド完了後も、PickFirst（編集コマンド選択前にクリック）の選択セットが選択された状態のまま保持されるか
RIBBONSTATE	リボンパレットが表示されているか閉じているか
ROAMABLEROOTPREFIX	カスタマイズ可能ファイルがインストールされているフォルダのパス名
ROLLOVEROPACITY	カーソルをパレット上に移動したときのパレットの透明化
ROLLOVERTIPS	カーソルをオブジェクトに重ねたときのロールオーバーツールチップの表示
RTDISPLAY	リアルタイムでのズーム、画面移動におけるラスターイメージの表示
S	
SAFEMODE	現在の AutoCAD セッションで、実行コードをロードして実行できるか
SAVEFIDELITY	表示精度を図面と一緒に保存するか
SAVEFILE	現在の自動保存ファイル名
SAVEFILEPATH	自動保存ファイルのディレクトリのパス
SAVENAME	保存後の図面のファイル名とディレクトリパス

SAVETIME	自動保存の実行間隔
SCREENBOXES	スクリーン メニュー領域のボックスの数
SCREENMODE	表示されているスクリーンの状態
SCREENSIZE	現在のビューポートのサイズ
SDI	単一 / 複数ドキュメントインタフェース
SECTIONOFFSETINC	断面平面をオフセットするためのコントロールをクリックしたときに断面オブジェクトが移動する距離
SECTIONTHICKNESSINC	断面スライスの厚さコントロールの増減単位となる点の数
SECURELOAD	実行可能ファイルのロード元を信頼できるフォルダのみに制限するか
SECUREREMOTEACCESS	インターネットの場所またはリモート サーバからのファイルへのアクセスを制限するか
SELECTIONANNODISPLAY	異尺度対応オブジェクトを選択時の別の尺度表現の表示
SELECTIONAREA	選択領域に対する効果の表示
SELECTIONAREAOPACITY	窓選択および交差選択中の選択領域の透明性
SELECTIONCYCLING	重なっているオブジェクトに関連する表示オプションと選択循環
SELECTIONEFFECT	オブジェクトが選択されているときに使用される視覚効果
SELECTIONEFFECTCOLOR	オブジェクト選択時の光るハイライト効果の色
SELECTIONOFFSCREEN	オフスクリーンのオブジェクトの選択
SELECTIONPREVIEW	選択プレビューの表示
SELECTIONPREVIEWLIMIT	窓選択または交差選択時にプレビューハイライトを表示できるオブジェクトの数を制限
SELECTSIMILARMODE	SELECTSIMILAR コマンドで同じ種類のオブジェクトとして選択されるようにするために一致させるプロパティ
SETBYLAYERMODE	SETBYLAYER コマンド実行時のプロパティ
SHADEDGE	レンダリング処理時のエッジのシェーディング方法
SHADEDIF	周囲光に対する拡散反射光の比率
SHADOWPLANELOCATION	影の表示に使用されている見えない地表の位置
SHAREVIEWPROPERTIES	図面のプロパティを共有ビューに含めるか
SHAREVIEWTYPE	共有ビューが現在のビューから作成されるか
SHORTCUTMENU	既定値、編集、コマンドのショートカットメニューが作図領域で使用可能かどうか
SHORTCUTMENUDURATION	ショートカットメニューが表示されるまでに、マウス右ボタンを押していなければならない時間
SHOWHIST	ソリッドの [履歴を表示] プロパティをコントロール
SHOWLAYERUSAGE	[画層プロパティ管理] ダイアログ ボックスに使用中の画層を示すアイコンを表示
SHOWMOTIONPIN	サムネイルイメージの既定の状態
SHOWNEWSTATE	更新プログラム内の新機能のハイライト表示がアクティブか
SHOWPAGESETUPFORNEWLAYOUTS	新しいレイアウトを作成したときに、[ページ設定管理] を表示するか
SHOWPALETTESTATE	パレットが、HIDEPALETTES コマンドで非表示にされているか、SHOWPALETTES コマンドで元の表示に戻されているか
SHPNAME	既定値のシェイプ名
SIGWARN	署名のあるファイルを開く時に警告
SKETCHINC	スケッチの線分単位
SKPOLY	スケッチが作成する図形
SKTOLERANCE	スプラインをフリーハンドスケッチにどの程度近づけるか
SKYSTATUS	レンダリング時に空の照度を計算するか
SMOOTHMESHCONVERT	3D ソリッドまたはサーフェスに変換したメッシュオブジェクトを、スムーズ化または切り子面化するのか面を合成するのか
SMOOTHMESHGRID	3D メッシュオブジェクトに表示されるメッシュ切り子面グリッドのスムーズ化の最大レベル
SMOOTHMESHMAXFACE	メッシュオブジェクトに許される面の最大数
SMOOTHMESHMAXLEV	メッシュオブジェクトの最大スムーズレベル
SNAPANG	スナップ / グリッドの回転角度
SNAPBASE	スナップ / グリッドの原点
SNAPGRIDLEGACY	カーソルが操作中にのみスナップグリッドにスナップするか
SNAPISOPAIR	等角座標平面の位置
SNAPMODE	スナップモードのオン / オフ
SNAPSTYL	スナップ方式（矩形状 / 等角図）
SNAPTYPE	スナップ方式（グリッド / 極スナップ）
SNAPUNIT	スナップ間隔
SOLIDCHECK	ソリッドの有効性
SOLIDHIST	既定のソリッドの [履歴] プロパティ設定

SORTENTS	オブジェクトのソート方法
SPACESWITCH	ビューポート内のダブルクリックでモデル空間にアクセスできるようにするかどうか
SPLFRAME	スプライン、スプラインフィットポリラインの表示
SPLINESEGS	スプラインフィットポリラインの線分のセグメント数
SPLINETYPE	PEDIT［ポリライン編集］の［スプライン（S）］オプションで生成される曲線のタイプ
SPLKNOTS	SPLINE コマンドでフィット点を指定したときの既定のノットオプション
SPLMETHOD	SPLINE コマンドが使用する既定の作成方法がフィット点か制御点か
SPLPERIODIC	接合点または継ぎ目で最も滑らかな連続性を保持するために、周期性のプロパティを使用して閉じたスプラインおよび NURBS サーフェスを生成
SSFOUND	シートセットのパス名
SSLOCATE	図面と同時にシートセットを開く
SSMAUTOOPEN	図面と同時にシートセットマネージャを表示
SSMPOLLTIME	シート セットの状態データが自動更新される時間間隔
SSMSHEETSTATUS	シート セット内の状態データの更新方法
SSMSTATE	シートセットマネージャがアクティブか
STANDARDSVIOLATION	標準違反を通知するか
STARTINFOLDER	製品が起動されたドライブとフォルダのパス
STARTMODE	［スタート］タブの表示
STARTUP	スタートアップダイアログボックスの表示
STATUSBAR	ステータスバーの表示
STEPSIZE	ウォークスルー モードまたはフライスルー モードでの各ステップのサイズを図面単位
STEPSPERSEC	ウォークスルー モードまたはフライスルー モード時の 1 秒あたりのステップ数
STUDENTDRAWING	現在の図面が学生版製品で保存されたかどうか
SUBOBJSELECTIONMODE	面、エッジ、頂点、またはソリッド履歴サブオブジェクトにカーソルを移動したときにハイライト表示
SUNPROPERTIESSTATE	［日照プロパティ］ウィンドウが開いているか
SUNSTATUS	ビューポートで太陽の光を表示するかどうか
SUPPRESSALERTS	古いバージョンの製品で新しい図面を開いたり保存したりするとデータが失われる可能性があることを示す警告
SURFACEASSOCIATIVITY	サーフェスと作成元のオブジェクトとの関連性を保持するか
SURFACEASSOCIATIVITYDRAG	自動調整サーフェスのプレビューをドラッグしたときの動作
SURFACEAUTOTRIM	サーフェス上にジオメトリを投影した場合、サーフェスが自動的にトリムされるか
SURFACEMODELINGMODE	サーフェスを、プロシージャサーフェスとして作成するか、NURBS サーフェスとして作成するか
SURFTAB1	サーフェスの面の数 1
SURFTAB2	サーフェスの面の数 2
SURFTYPE	PEDIT で生成される曲線タイプ
SURFU	PEDIT で生成されるサーフェース密度（M 方向）
SURFV	PEDIT で生成されるサーフェース密度（N 方向）
SYSCODEPAGE	システムコードページ
SYSMON	定義されたシステム変数の一覧をモニタするか
T	
TABLEINDICATOR	表のセル編集時の行番号と列文字の表示
TABLETOOLBAR	［表］ツールバーの表示
TABMODE	タブレットの使用
TARGET	目標点の位置
TASKBAR	タスクバーに開いている図面を表示
TBCUSTOMIZE	ツール パレット グループがカスタマイズ可能かどうか
TBSHOWSHORTCUTS	［Ctrl］および［Alt］キーを使用するショートカットを、ツールバーのツールチップに表示するか
TDCREATE	作成した日付と時刻
TDINDWG	総編集時間
TDUCREATE	作成されたときの世界標準時の日付および時刻
TDUPDATE	最後に更新または保存を行ったときの日付と時刻
TDUSRTIMER	開いてからの経過時間
TDUUPDATE	最後の更新 / 保存のときの世界標準時の日付および時刻
TEMPOVERRIDES	一時優先キーのオン / オフの切り替え
TEMPPREFIX	一時ファイルの置かれるフォルダのパス名
TEXTALIGNMODE	位置合わせされた文字列の位置合わせオプション

TEXTALIGNSPACING	位置合わせされた文字の間隔オプション
TEXTALLCAPS	TEXT または MTEXT コマンドで作成されたすべての新しい文字列を大文字に変換
TEXTAUTOCORRECTCAPS	[CapsLock] が誤って有効になっていることによって生じる一般的なテキストのエラーを修正
TEXTED	1 行文字の作成と編集のために表示されるユーザインタフェース
TEXTEDITMODE	TEXTEDIT コマンドを自動的に繰り返すか
TEXTEVAL	文字列の解釈方法
TEXTFILL	TrueType フォントの出力、PSOUT [PS 書き出し] での書き出し、レンダリングでの塗り潰し
TEXTJUSTIFY	1 行文字を作成するための TEXT コマンドによって使用される既定の位置合わせを表示 .
TEXTLAYER	新規文字の既定の画層
TEXTOUTPUTFILEFORMAT	Unicord によるテキストファイル出力のオプション
TEXTQLTY	TrueType フォントの出力、PSOUT [PS 書き出し] での書き出し、レンダリング文字アウトラインの鮮明さ
TEXTSIZE	文字の高さ
TEXTSTYLE	文字スタイル名
THICKNESS	3D ソリッドオブジェクトに対する現在の厚さ
THUMBSAVE	サムネイルプレビューイメージを図面内に保存するか
THUMBSIZE	すべてのサムネイルプレビューイメージの表示解像度をピクセル単位で指定
THUMBSIZE2D	図面のサムネイル プレビューを 256 x 256 ピクセルに設定
TILEMODE	現在のタブを [モデル] タブ / 最後の [レイアウト] タブ
TIMEZONE	図面の日照光のタイムゾーン
TOOLTIPMERGE	作図ツールチップを 1 つのツールチップにまとめて表示
TOOLTIPS	ツールチップの表示
TOOLTIPSIZE	作図ツールチップの表示サイズ、およびダイナミック入力文字列
TOOLTIPTRANSPARENCY	作図ツールチップの透過性
TOUCHMODE	タッチ対応画面やインタフェースを使用している場合は、リボンの [タッチ] パネルの表示
TPSTATE	ツールパレットがアクティブか
TRACEWID	太線の幅の既定値
TRACKPATH	位置合わせパスの表示
TRANSPARENCYDISPLAY	個々のオブジェクトまたは画層に割り当てられた透過性プロパティを表示するか、省略するか
TRAYICONS	トレイアイコン
TRAYNOTIFY	通知をトレイに表示
TRAYTIMEOUT	通知がトレイに表示される時間
TREEDEPTH	ツリー構造の最大深度
TREEMAX	空間インデックスのノード数を制限
TRIMMODE	面取り、フィレット時に選択したエッジのトリム
TRUSTEDDOMAINS	AutoCAD が JavaScript コードを実行できるドメイン名または URL
TRUSTEDPATHS	コードを含むファイルをロードして実行する権限があるフォルダ
TSPACEFAC	マルチラインテキストの行間隔
TSPACETYPE	マルチラインテキストの行間隔のタイプ
TSTACKALIGN	スタック文字の垂直方向の位置合わせ
TSTACKSIZE	選択された文字の高さに対するスタック文字の断片の高さの比率
U	
UCS2DDISPLAYSETTING	現在の表示スタイルが 2D ワイヤフレームのとき、UCS アイコンを表示
UCS3DPARADISPLAYSETTING	パースビューがオフで現在の表示スタイルが 3D 表示スタイルのとき、UCS アイコンを表示
UCS3DPERPDISPLAYSETTING	パースビューがオンで現在の表示スタイルが 3D 表示スタイルのとき、UCS アイコンを表示
UCSAXISANG	UCS を軸回りで回転させるときの既定値の角度
UCSBASE	正投影の UCS 設定の原点と方向を定義する UCS 名
UCSDETECT	ダイナミック UCS をアクティブにするかどうか
UCSFOLLOW	UCS とプランビューの変更
UCSICON	UCS アイコンを表示
UCSNAME	現在使用中の座標系の名前
UCSORG	現在使用中の座標系の原点
UCSORTHO	直交投影ビューと直交投影 UCS 設定の自動的呼び出し
UCSSELECTMODE	UCS アイコンを選択してグリップ操作できるか

UCSVIEW	UCS と名前の付いたビューを一緒に保存
UCSVP	ビューポートごとの UCS で固定
UCSXDIR	現在使用中の UCS の X 方向
UCSYDIR	現在使用中の UCS の Y 方向
UNDOCTL	UNDO［元に戻す］の［自動（A）］と［コントロール（C）］オプションの状態
UNDOMARKS	UNDO［元に戻す］の［マーク（M）］オプションで指定したコントロールストリーム内に入っているマーク数
UNITMODE	単位の表示形式
UOSNAP	DWF、DWFx、PDF、DGN アンダーレイ内のジオメトリに対してオブジェクトスナップを利用できるか
UPDATETHUMBNAIL	サムネイルの更新
USERI1-5	ユーザ定義システム変数（整数）
USERNAME	ユーザ名
USERR1-5	ユーザ定義システム変数（実数）
USERS1-5	ユーザ定義システム変数（文字列）
V	
VERSION	バージョン番号
VIEWBACKSTATUS	直前のビューが VIEWBACK コマンドで使用可能か
VIEWCTR	ビューの中心
VIEWDIR	ビューの方向
VIEWFWDSTATUS	直前のビューが VIEWFORWARD コマンドで使用可能か
VIEWMODE	使用するビューモード
VIEWSIZE	ビューの高さ
VIEWSKETCHMODE	システムがシンボルスケッチモードであるか
VIEWTWIST	使用中のビューの傾斜角度
VIEWUPDATEAUTO	元のモデルが変更されたときに、モデルドキュメント図面ビューを自動的に更新するか
VISRETAIN	外部参照に依存する画層の表示 / 非表示、色、線種、線の太さ、および印刷スタイル / ネストされた外部参照パスの変更を保存
VISRETAINMODE	VISRETAIN = 1 に設定されているときの動作
VPCONTROL	ビューポート、ビュー、表示スタイルのオプションをすべてのビューポートの左上隅に表示するか
VPLAYEROVERRIDES	優先使用されるビューポート（VP）プロパティを持つ画層が存在するか
VPLAYEROVERRIDESMODE	画層の優先プロパティを使用して表示、印刷するか
VPMAXIMIZEDSTATE	ビューポートが最大化されているか
VPROTATEASSOC	ビューポートが回転されたときに、ビューポート内のビューも一緒に回転させるか
VSACURVATUREHIGH	曲率解析（ANALYSISCURVATURE）でサーフェスを緑色で表示する値
VSACURVATURELOW	曲率解析（ANALYSISCURVATURE）においてサーフェスを青色で表示する値
VSACURVATURETYPE	ANALYSISCURVATURE コマンドで使用される曲率解析のタイプ
VSADRAFTANGLEHIGH	勾配解析（ANALYSISDRAFT）でモデルを緑色で表示する値
VSADRAFTANGLELOW	勾配解析（ANALYSISDRAFT）でモデルを青色で表示する値
VSAZEBRACOLOR1	ゼブラ解析（ANALYSISZEBRA）で表示されるゼブラ縞の 1 番目の色
VSAZEBRACOLOR2	ゼブラ解析（ANALYSISZEBRA）で表示されるゼブラ縞の 2 番目の色（対比色）
VSAZEBRADIRECTION	ゼブラ解析（ANALYSISBRA）でゼブラ縞を垂直に表示するか、水平に表示するか、特定の角度で表示するか
VSAZEBRASIZE	ゼブラ解析（ANALYSISZEBRA）で表示されるゼブラ縞の幅
VSAZEBRATYPE	ゼブラ解析（ANALYSISZEBRA）を使用したときのゼブラ表示の種類
VSBACKGROUNDS	背景を表示するかどうか
VSEDGECOLOR	ビューポートの表示スタイルでエッジの色を
VSEDGEJITTER	鉛筆でスケッチしたように表示される度合い
VSEDGELEX	手書き効果のために、線とエッジが端点を越えて表示されるピクセル数
VSEDGEOVERHANG	交点を超えて伸びるようにして手書きの効果を表現
VSEDGES	ビューポートに表示するエッジの種類
VSEDGESMOOTH	折り目エッジが表示される角度
VSFACECOLORMODE	面の色を計算する方法
VSFACEHIGHLIGHT	マテリアルがない面の鏡面ハイライトの表示
VSFACEOPACITY	面の透過性
VSFACESTYLE	ビューポートでの面の表示方法
VSHALOGAP	ビューポートに適用される表示スタイルでハロー ギャップを設定
VSHIDEPRECISION	現在のビューポートに適用される表示スタイルで隠線処理とシェーディングの精度（旧機能）

VSINTERSECTIONCOLOR	ビューポートに適用される表示スタイルで交線を表すポリラインの色
VSINTERSECTIONEDGES	ビューポートに適用される表示スタイルで交線のエッジの表示
VSINTERSECTIONLTYPE	ビューポートに適用された表示スタイルでの交線の線種
VSISOONTOP	シェーディングしたオブジェクトの上に面分割線を表示
VSLIGHTINGQUALITY	ビューポートの照明の品質
VSMATERIALMODE	ビューポートでのマテリアルの表示
VSMAX	仮想スクリーンの右上コーナー
VSMIN	仮想スクリーンの左下コーナー
VSMONOCOLOR	面の白黒表示および明表示の色
VSOBSCUREDCOLOR	ビューポートに適用される表示スタイルで隠線の色
VSOBSCUREDEDGES	隠される（非表示の）エッジを表示するかどうか
VSOBSCUREDLTYPE	ビューポートに適用される表示スタイルで隠線の線種
VSOCCLUDEDCOLOR	表示スタイルで表示される隠線の色
VSOCCLUDEDEDGES	表示スタイルで隠線エッジを表示するか
VSOCCLUDEDLTYPE	表示スタイルで表示される隠線の線種
VSSHADOWS	表示スタイルで影を表示するかどうか
VSSILHEDGES	ソリッド オブジェクトのシルエット エッジの表示
VSSILHWIDTH	現在のビューポートでのシルエットエッジの幅をピクセル数で指定
VSSTATE	［表示スタイル管理］ウィンドウが表示されているか
VTDURATION	スムーズ推移表示の間隔をミリ秒単位で設定
VTENABLE	いつスムーズ表示推移を使用するか
VTFPS	スムーズ推移表示の最低速度の 1 秒あたりのフレーム数
W	
WHIPARC	円、円弧の表示の滑らかさ
WHIPTHREAD	マルチ CPU の場合の描画処理
WINDOWAREACOLOR	窓選択を実行中の透明選択領域の色
WIPEOUTFRAME	ワイプアウトオブジェクトのフレームの表示
WMFBKGND	メタファイル形式のオブジェクトの背景色
WMFFOREGND	メタファイル形式のオブジェクトの前景色
WORKINGFOLDER	プロセスに対するオペレーティングシステムの作業フォルダのドライブとフォルダのパス
WORKSPACELABEL	ステータスバーに現在のワークスペースの名前を表示するか
WORLDUCS	UCS とワールド座標系（WCS）
WORLDVIEW	3DORBIT［3D オービット］、DVIEW［3D ダイナミックビュー］、VPOINT［3D 視点］使用時の、WCS/UCS の決定
WRITESTAT	図面は書き込み可能か
WSAUTOSAVE	他のワークスペースに切り替えたときに、ワークスペースに対して行った変更を保存
WSCURRENT	現在のワークスペースの名前
X	
XCLIPFRAME	外部参照クリッピング境界の表示 / 非表示
XDWGFADECTL	すべての DWG 外部参照オブジェクトの影表示
XEDIT	インプレイス編集できるかどうか
XFADECTL	インプレイス編集表示の暗さ
XLOADCTL	外部参照ファイルのディマンドロードをオン / オフ
XLOADPATH	ディマンドロードした外部参照ファイルの一時的コピーを格納するためのパス
XREFCTL	.xlg ファイル（外部参照ログファイル）に書き込みを行うかどうか
XREFLAYER	新しい外部参照の既定の画層
XREFNOTIFY	外部参照が変更された時に通知
XREFOVERRIDE	参照画層上でのオブジェクトのプロパティの表示
XREFREGAPPCTL	外部参照内に格納されている登録アプリケーション（RegApp）をホスト図面にコピーするか
XREFTYPE	外部参照をアタッチまたはオーバーレイする場合の既定の参照タイプ
Z	
ZOOMFACTOR	ホイールを回転させて前方 / 後方にスクロールできる距離の増分
ZOOMWHEEL	ホイールをスクロールするときの透過ズーム操作の方向を切り替え

4. VBA メソッドと AutoCAD 図形

VBA メソッド	図形名 (英語)	図形名 (日本語)	クラス名	DXF コード 100 サブクラスマーカー
Add3DFace	3DFACE	3D 面	Acad3DFace	AcDbFace
Add3DMesh	3DMESH	メッシュ	AcadPolygonMesh	AcDbSubDMesh
Add3DPoly	3DPOLY	ポリライン	Acad3DPolyline	AcDb3dPolyline
AddArc	ARC	円弧寸法	AcadArc	AcDbCircle
AddAttribute	ATTRIBUTE	属性	AcadAttribute	AcDbText
AddBox	3DSOLID	3D ソリッド	Acad3DSolid	AcDbModelerGeometry
AddCircle	CIRCLE	円	AcadCircle	AcDbCircle
AddCone	3DSOLID	3D ソリッド	Acad3DSolid	AcDbModelerGeometry
AddCustomObject	CUSTOMOBJECT	カスタムオブジェクト	AcadObject	AcDbProxyEntity
AddCylinder	3DSOLID	3D ソリッド	Acad3DSolid	AcDbModelerGeometry
AddDim3PointAngular	DIM3POINTANGULAR	角度寸法	AcadDim3PointAngular	AcDb3PointAngularDimension
AddDimAligned	DIMALIGNED	平行寸法	AcadDimAligned	AcDbAlignedDimension
AddDimAngular	DIMANGULAR	角度寸法	AcadDimAngular	AcDb3PointAngularDimension
AddDimArc	DIMARC	弧長寸法	AcadDimArcLength	AcDbDimension
AddDimDiametric	DIMDIAMETRIC	直径寸法	AcadDimDiametric	AcDbDiametricDimension
AddDimOrdinate	DIMORDINATE	座標寸法	AcadDimOrdinate	AcDbOrdinateDimension
AddDimRadial	DIMRADIAL	半径寸法	AcadDimRadial	AcDbRadialDimension
AddDimRadialLarge	DIMRADIALLARGE	折り曲げ半径寸法	AcadDimRadialLarge	AcDbEntity
AddDimRotated	DIMROTATED	回転寸法	AcadDimRotated	AcDbAlignedDimension
AddEllipse	ELLIPSE	だ円	AcadEllipse	AcDbEllipse
AddEllipticalCone	3DSOLID	3D ソリッド	Acad3DSolid	AcDbModelerGeometry
AddEllipticalCylinder	3DSOLID	3D ソリッド	Acad3DSolid	AcDbModelerGeometry
AddExtrudedSolid	3DSOLID	3D ソリッド	Acad3DSolid	AcDbModelerGeometry
AddExtrudedSolidALongPath	3DSOLID	3D ソリッド	Acad3DSolid	AcDbModelerGeometry
AddHatch	HATCH	ハッチング	AcadHatch	AcDbHatch
AddLeader	LEADER	引出線	AcadLeader	AcDbLeader
AddLightWeightPolyline	LIGHTWEIGHTPOLYLINE	ライトウェイト ポリライン	AcadLightweightPolyline	AcDbPolyline
AddLine	LINE	線分	AcadLine	AcDbLine
AddMInsertBlock	MINSERTBLOCK	一括挿入ブロック	AcadMInsertBlock	AcDbEntity
AddMLeader	MLEADER	マルチ引出線	AcadMLeader	AcDbMLeader
AddMLine	MLINE	マルチライン	AcadMLine	AcDbMline
AddMText	MTEXT	マルチ テキスト	AcadMText	AcDbMText
AddPoint	POINT	点	AcadPoint	AcDbPoint
AddPolyfaceMesh	POLYFACEMESH	ポリメッシュ	AcadPolyfaceMesh	AcDbEntity
AddPolyline	POLYLINE	ポリライン	AcadPolyline	AcDb2dPolyline
AddRaster	RASTER	ラスター図形	AcadRasterImage	AcDbRasterImage
AddRay	RAY	放射線	AcadRay	AcDbRay
AddRegion	REGION	リージョン	AcadRegion	AcDbModelerGeometry
AddRevolvedSolid	3DSOLID	3D ソリッド	Acad3DSolid	AcDbModelerGeometry
AddSection	SECTION	断面	AcadSection	AcDbSection
AddShape	SHAPE	シェイプ図形	AcadShape	AcDbShape
AddSolid	SOLID	2D 塗り潰し図形	AcadSolid	AcDbTrace
AddSphere	3DSOLID	3D ソリッド	Acad3DSolid	AcDbModelerGeometry
AddSpline	SPLINE	スプライン	AcadSpline	AcDbSpline
AddTable	TABLE	表	AcadTable	AcDbTable
AddText	TEXT	文字	AcadText	AcDbText
AddTolerance	TOLERANCE	幾何公差	AcadTolerance	AcDbFcf
AddTorus	3DSOLID	3D ソリッド	Acad3DSolid	AcDbModelerGeometry
AddTrace	TRACE	太線	AcadTrace	AcDbTrace
AddWedge	3DSOLID	3D ソリッド	Acad3DSolid	AcDbModelerGeometry
AddXLine	XLINE	構築線	AcadXLine	AcDbXline

＜著者プロフィール＞

鈴木 裕二（すずき・ゆうじ）

1954 年大阪生まれ。アド設計代表（http://www.adds.co.jp/）。
建材メーカーに勤務後、 1991年、兵庫県西宮市に一級建築士事務所 アド設計を
設立。 2013年にはBIMの普及をめざしBIM LABO（http://www.bimlabo.
jp/）を大阪市に設立する。建築専用CAD「addCad」をはじめ、 AutoCAD アプ
リケーション「アドメニュー」の開発・販売も手掛ける。『徹底解説AutoCAD LT』
シリーズをはじめ『AutoCAD神テク105』『ARCHICAD 21ではじめるBIM設
計入門』（いずれもエクスナレッジ刊）など著書多数。

カバーデザイン：会津勝久
本文デザイン　：リブロワークス
カバーイラスト：江口修平
本文イラスト　：鈴木裕二

AutoCAD 自動化攻略読本

2019年 11月 22日　初版第1刷発行

著　者————　鈴木 裕二

発行者————　澤井 聖一
発行所————　株式会社エクスナレッジ
　　　　　　　〒106-0032　東京都港区六本木7-2-26
　　　　　　　http://www.xknowledge.co.jp/

問合せ先
編集　　TEL：03-3403-5898
　　　　FAX：03-3403-0582
販売　　TEL：03-3403-1321
　　　　FAX：03-3403-1829
　　　　info@xknowledge.co.jp